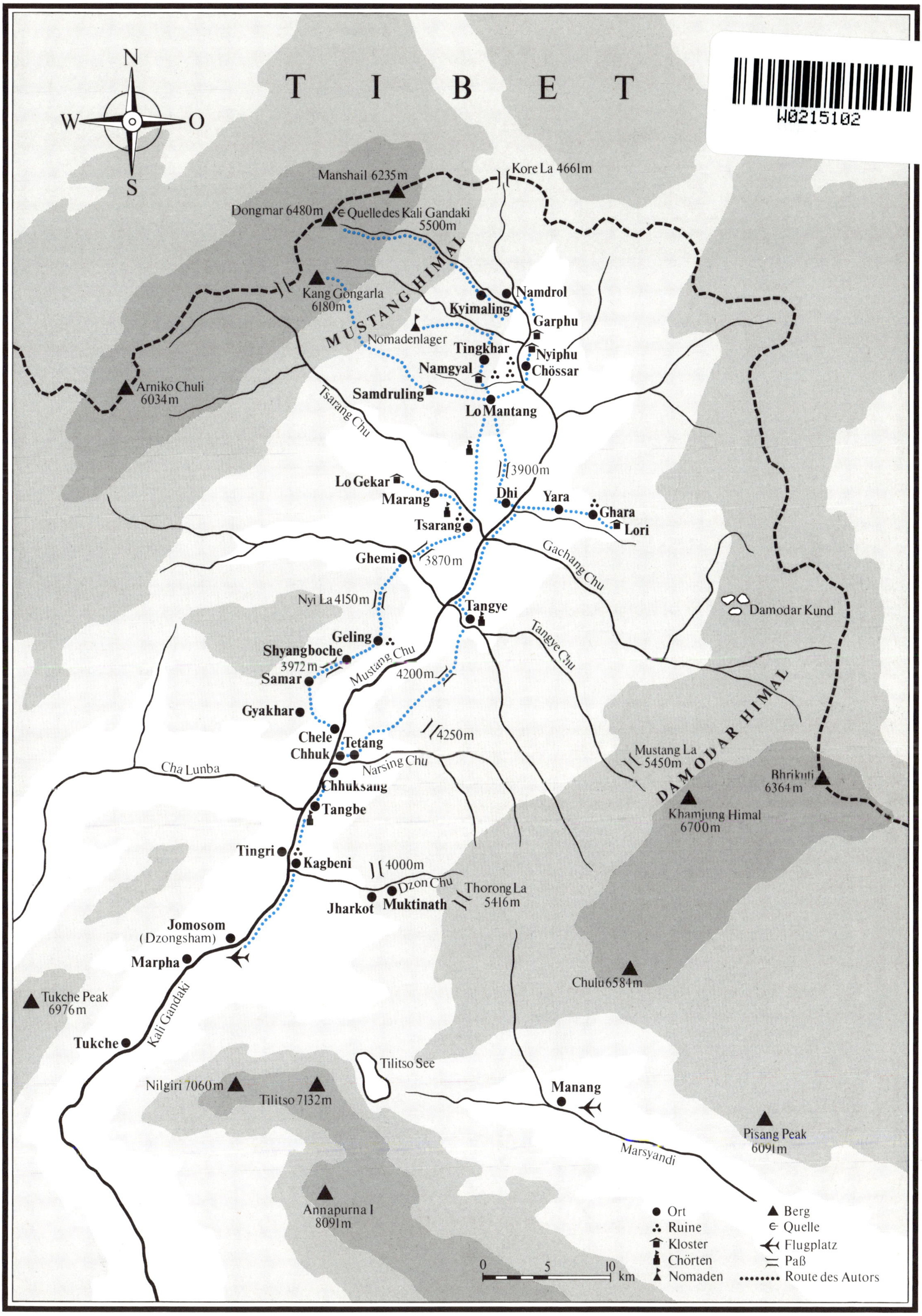

N
W
O
S
T I B E T
Manshail 6235m
Kore La 4661m
Dongmar 6480m
Quelle des Kali Gandaki 5500m
MUSTANG HIMAL
Kang Gongarla 6180m
Namdrol
Kyimaling
Garphu
Nomadenlager
Tingkhar
Nyiphu
Namgyal
Chössar
Arniko Chuli 6034m
Samdruling
Lo Mantang
Tsarang Chu
3900m
Lo Gekar
Marang
Dhi
Yara
Ghara
Lori
Tsarang
Ghemi
3870m
Gachang Chu
Nyi La 4150m
Tangye
Damodar Kund
Geling
Shyangboche
3972m
Samar
Mustang Chu
4200m
Tangye Chu
Gyakhar
4250m
Chele
Tetang
Chhuk
Narsing Chu
Cha Lunba
Mustang La 5450m
DAMODAR HIMAL
Chhuksang
Bhrikuti 6364m
Tangbe
Khamjung Himal 6700m
Tingri
Kagbeni
4000m
Dzon Chu
Thorong La 5416m
Jharkot
Muktinath
Jomosom
(Dzongsham)
Marpha
Chulu 6584m
Tukche Peak 6976m
Kali Gandaki
Tukche
Tilitso See
Nilgiri 7060m
Tilitso 7132m
Manang
Pisang Peak 6091m
Marsyandi
Annapurna I 8091m
Ort
Ruine
Kloster
Chörten
Nomaden
Berg
Quelle
Flugplatz
Paß
Route des Autors
0
5
10
km

MUSTANG

Wien, den 22.11.94

Mit besten Wünschen

Ihr

[illegible]

Vorhergehende Bildseiten:

Lopas, die Bewohner von Mustang, lieben wie alle Tibeter Schmuck aus Türkisen und geschliffenen Korallen. Die Gesichter spiegeln Offenheit und Lebensfreude wider, trotz der harten Lebensbedingungen, die sich nach der chinesischen Annexion Tibets und der darauffolgenden Isolation weiter verschlechtert haben.

Mustang ist eine karge trockene Gebirgswüste im Schatten des Himalaya. Nur dort, wo das Wasser des Kali Gandaki oder einer der Nebenflüsse durch künstliche Kanäle auf die Terrassenfelder geleitet wird, ist Leben möglich. Die Häuser des Dorfes Chele drücken sich an die Bergwand, damit nichts von der landwirtschaftlichen Nutzfläche verloren geht.

Ein Sandmandala, das die Mönche von Lo Mantang in einer Woche hergestellt haben, wird in einer feierlichen Prozession zum Fluß gebracht und in das Wasser gestreut.

Vom Grenzpaß nach Mustang fällt der Blick zurück auf Muktinath und die weiße Pyramide des Dhaulagiri, die in einsamer Größe über die kahlen braunen Hügel hinausragt. Jetzt im Winter zeigt sich nirgendwo ein Grün und ein eisiger Wind fegt tagein, tagaus über das Land.

Mehr als die Hälfte der Bevölkerung verläßt im Winter das Land, um im Süden Nepals und in Indien das Auskommen zu finden, zurück bleiben im wesentlichen nur alte Menschen, Frauen und Kleinkinder. Viele Frauen nutzen die kalten Wintermonate, um mit archaisch anmutenden Webstühlen Stoffe für Kleidung herzustellen.

Überall in Mustang sieht man solche Höhlensiedlungen. Vieles deutet darauf hin, daß dies einmal die ursprünglichen Dörfer in Lo waren. Nach alten Quellen sollen die meisten Lopas unter der Herrschaft des legendären Königs Amepäl (15. Jh.) noch in den Höhlen gelebt haben.

Vom Dach des fünfstöckigen Königspalastes in Lo Mantang reicht der Blick weit nach Norden bis auf das tibetische Plateau. Zu Füßen des Palastes erstreckt sich ein verschachteltes Häusergewirr, das von einer Stadtmauer zusammengehalten wird. Das rote Gebäude in der Ecke ist Chöde Gompa, das Neue Kloster, und auf der Spitze der braunen Erdpyramide thront die Ruine der Burg von König Amepäl.

Bruno Baumann

MUSTANG

Das verborgene Königreich im Himalaya

Mit Beiträgen von
Beat Curti,
Toni Hagen und
Ludmilla Tüting

Mit 146 Fotos

Herbig

Das vorliegende Buch ist das Ergebnis zweier Reisen nach Mustang, die ich im Sommer 1992 und im Winter 1993 (Februar) durchführte. Der erste Besuch im erst wenige Monate zuvor geöffneten Königreich fiel in die Zeit der wichtigsten Feste von Lo. Weitere Höhepunkte waren die erfolgreiche Erstbesteigung eines Sechstausenders im Mustang Himal und die Entdeckung der Hauptquelle des Kali Gandaki.

Schon damals entstand der Wunsch, das kleine Königreich noch einmal zu besuchen, und so folgte wenige Monate später die Reise in den Winter Mustangs. Dabei lernte ich das andere Gesicht Mustangs kennen, jene Seite des Landes, von der noch kein Fremder berichten konnte.

Mit beiden Reisen verbinde ich unauslöschliche Erinnerungen, und deshalb gilt mein besonderer Dank den Partnern, mit denen ich diese teile. Lopsang Lama begleitete mich auf beiden Mustang-Trips, mit Helmut Burisch stand ich am Gipfel des Kang Gongarla und an der Quelle des Kali Gandaki, und mit Dr. Beat Curti und Daniel Schmid wohnte ich der Entstehung des Sandmandala bei.

Danken möchte ich auch Marianne Kreuzer, Andreas Pracht, Axel Strasser und Katharina Vouk, die am Buch mitarbeiteten bzw. wichtiges Bildmaterial beisteuerten.

Tsewang Norbu schaffte es, die Tonbandaufzeichnungen der Gespräche mit Tashi Chusang zu übersetzen, Loden S. Dagyab Rinpoche und Namgyal G. Ronge halfen bei der Identifizierung der buddhistischen Gottheiten.

Zuletzt möchte ich Dr. Toni Hagen und Ludmilla Tüting danken, die mit ihren Beiträgen wertvolle Ergänzungen zu diesem Buch lieferten.

Bruno Baumann

THE DALAI LAMA

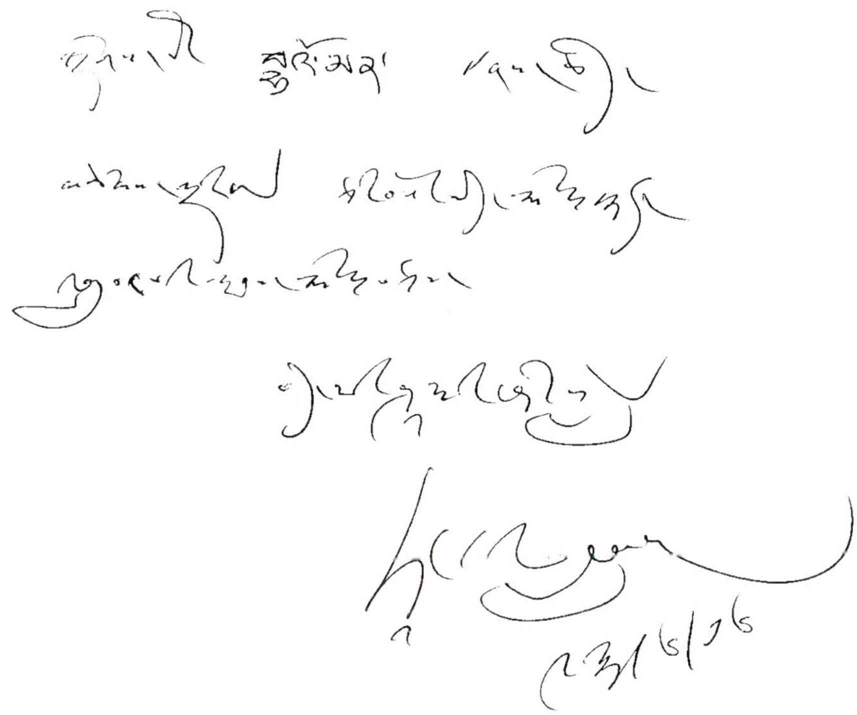

»Meinem Freund Bruno Baumann mit meinem Gruß, Segen und Gebeten, damit seine Wünsche in Erfüllung gehen.«

Der Dalai Lama
Buddhistischer Mönch aus Tibet
16. Juni 1993

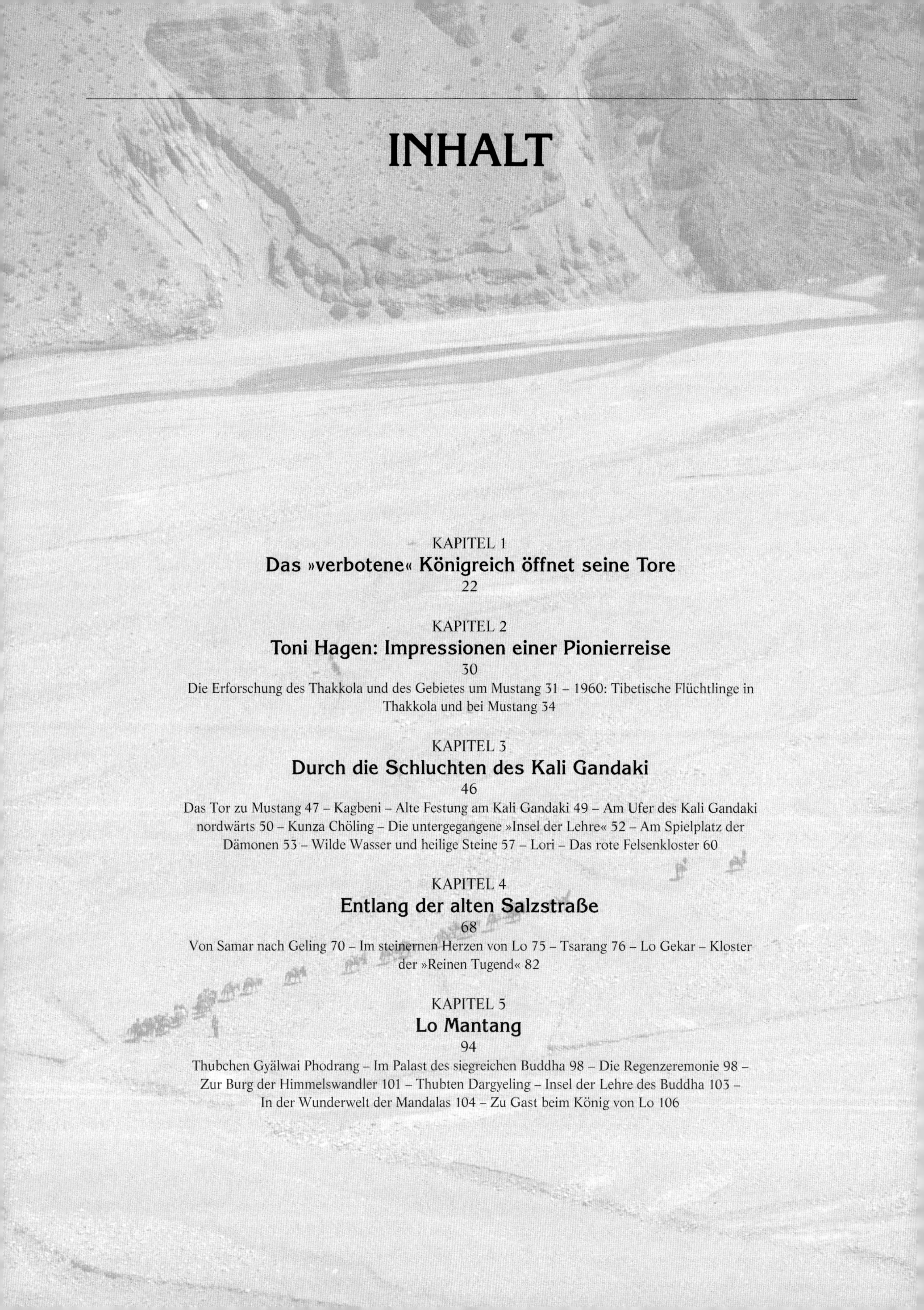

INHALT

KAPITEL 1
Das »verbotene« Königreich öffnet seine Tore
22

KAPITEL 2
Toni Hagen: Impressionen einer Pionierreise
30
Die Erforschung des Thakkola und des Gebietes um Mustang 31 – 1960: Tibetische Flüchtlinge in Thakkola und bei Mustang 34

KAPITEL 3
Durch die Schluchten des Kali Gandaki
46
Das Tor zu Mustang 47 – Kagbeni – Alte Festung am Kali Gandaki 49 – Am Ufer des Kali Gandaki nordwärts 50 – Kunza Chöling – Die untergegangene »Insel der Lehre« 52 – Am Spielplatz der Dämonen 53 – Wilde Wasser und heilige Steine 57 – Lori – Das rote Felsenkloster 60

KAPITEL 4
Entlang der alten Salzstraße
68
Von Samar nach Geling 70 – Im steinernen Herzen von Lo 75 – Tsarang 76 – Lo Gekar – Kloster der »Reinen Tugend« 82

KAPITEL 5
Lo Mantang
94
Thubchen Gyälwai Phodrang – Im Palast des siegreichen Buddha 98 – Die Regenzeremonie 98 – Zur Burg der Himmelswandler 101 – Thubten Dargyeling – Insel der Lehre des Buddha 103 – In der Wunderwelt der Mandalas 104 – Zu Gast beim König von Lo 106

KAPITEL 6

Einsamer Mustang Himal

114

Zum Gipfel des Kang Gongarla 118

KAPITEL 7

Tenpa Chirim – Das große Fest von Lo

128

Die Cham-Tänze 129 – Namse Dongmarchen – Der Beschützer des Königs 131 –
Das Nyungnä-Fest 136

KAPITEL 8

Zur Quelle des Kali Gandaki

144

Zur tibetischen Grenze 146 – Die Quelle in den Wolken 150

KAPITEL 9

Winter in Mustang

162

Im Eiltempo nach Tsarang 163 – Wintertage in Lo Mantang 167 – Die letzten Nomaden 171 –
Auf alten Khampa-Pfaden nach Muktinath 175

Anhang

182

Ludmilla Tüting: Zum Schweigen verpflichtet 182 – Abriß der Geschichte von Lo 187 –
Literaturhinweise 189 – Bildnachweis 192

DAS »VERBOTENE« KÖNIGREICH ÖFFNET SEINE TORE

»Als ich meinen Fuß nach Mustang setzte, betrat ich ein fremdartiges Land, eines wie ich es noch nie zuvor auf meinen Reisen gesehen hatte. Die gigantische Schlucht des Kali Gandaki ist wie ein aufgeschlagenes Buch für Erdgeschichte, in dem die Entstehung des Himalaya herauszulesen ist, und auf den steinernen Zeugenbergen liegen die Reste einer glanzvollen Vergangenheit.«

BRUNO BAUMANN

Der Palast des Königs von Lo (Mustang) ist zu allen Seiten von einer Girlande weißer Felsberge umgeben, von denen ein nie versiegender Quell von Wasser herabstürzt, rein und klar wie ein Kristall. Von Zeit zu Zeit sprießen alle zum Leben notwendigen Dinge hervor, wie die Blätter und Früchte in den Tälern, die sich nach allen Richtungen hin erstrecken.« So hat der in Lo geborene große Gelehrte Jonang Kunda im 16. Jahrhundert seine Heimat beschrieben. Was durch die visionäre Kraft des Lama wie ein Garten Eden anmutet, ist mit der Realität kaum zu vergleichen. In Wirklichkeit ist das kleine Königreich jenseits des Himalaya eher ein steinerner Garten und weitgehend so trocken und unfruchtbar wie die Wüste Gobi. Und was der Gelehrte als »nie versiegenden Wasserquell« suggeriert, sind in Wirklichkeit künstliche Bewässerungskanäle, an denen winzige Oasen hängen, eingesprenkelt in eine kahle, zerfurchte Gebirgswüste. Mit ihren sattgrünen Gerstenfeldern, die sich wie ein Gürtel um die weißen, festungsartigen Dörfer legen, und den schattenspendenden Bäumen entlang der Wasserkanäle erscheinen sie in der Tat wie Oasen inmitten einer von Unfruchtbarkeit und in hohen Lagen von Gletschern bestimmten Gebirgswelt.

Aber selbst hier »sprießen die lebensnotwendigen Dinge« nicht wie im Schlaraffenland aus dem Boden, sondern sind die Frucht harter Arbeit vieler Menschenhände, die kraftvoll zupacken können. Außerhalb dieser künstlichen Oasen gibt es kaum Vegetation; Weideflächen sind so spärlich, daß sich nicht einmal die genügsamen Yaks sattfressen können und in früheren Zeiten in Herden über die Grenze ins benachbarte Tibet getrieben wurden. Das Klima ist extrem. Der Himalaya, diese in den Himmel geschriebene Grenze, wirkt wie eine Klimascheide und blockt den Monsun ab, der zweimal im Jahr von Süden heranbrandet, so daß Mustang dahinter kaum Feuchtigkeit abbekommt. Statt dessen suchen stürmische Winde das Land heim. Sie wehen beständig – Sommer wie Winter – durch die Kali-Gandaki-Schlucht hinauf, und breiten einen Schleier von Staub über das Land.

Trotz der wüstenartigen Kargheit des Landes und des rauhen Klimas entwickelte sich hier eine der wichtigsten transhimalayschen Karawanenrouten. Denn an keiner anderen Stelle läßt sich der Himalaya leichter überwinden als durch die Kali-Gandaki-Schlucht, und nirgendwo ist Tibet – das Dach der Welt – einfacher zu ersteigen als über den Kore-Paß. Das Salz von den abflußlosen Seen der Changthang, den berüchtigten Nordsteppen Tibets, wurde jahrhundertelang auf Yakrücken über diesen Paß und durch das Kali-Gandaki-Tal zu den Handelszentren und Umschlagplätzen auf der Südseite des Himalaya transportiert. Burgen und Festungen säumten den Karawanenweg, von denen lokale Herrscher den Salzhandel kontrollierten. Im Jahre 1380 gelang es Amepäl, der einem westtibetischen Adelsgeschlecht entstammte, die Festungen entlang des Kali Gandaki zu vereinen und in Lo (Mustang) eine Herrscherdynastie zu installieren, die – glaubt man den Quellen – bis heute in ununterbrochener Linie existiert. Er ließ die ummauerte Stadt Lo Mantang bauen und verankerte durch die Errichtung neuer Klöster den Buddhismus weiter im Land. In den folgenden Jahrhunderten erlebte das Königreich seine glanzvollste Epoche. Große Gelehrte und bedeutende Künstler wirkten in Mustang. Sie brachten eine Kultur zum Erblühen, die sich durch reiches Kunstschaffen auszeichnete, das bis heute als Vermächtnis in den Klöstern erhalten ist und ein eindrucksvolles Zeugnis dieser kulturell und politisch großartigen Ära ablegt. Trotz unruhiger Zeiten konnte sich das kleine Königreich vier Jahrhunderte lang behaupten und infolge seiner Schlüsselposition an der Salzstraße zu beträchtlichem Reichtum gelangen. Das forderte den Neid mächtiger Nachbarn heraus. Im Jahre 1760 beendente der König von Jumla die Unabhängigkeit Mustangs. Er eroberte das kleine Königreich und die Festungen entlang des Kali Gandaki. Als die Gurkha dreißig Jahre später Jumla in ihr Königreich eingliederten, wurde auch Mustang automatisch Teil des nepalischen Gurkha-Reiches. Damit begann die Zugehörigkeit zu Nepal, aber auch der Verfall. Nach dem

Andreas Pracht ist Maler und seit vielen Jahren im Himalayaraum unterwegs. Er hat seine Eindrücke in Zeichnungen und Bildern festgehalten. Eine Auswahl seiner Zeichnungen wurden jeweils an den Beginn der einzelnen Kapitel gestellt.

Verlust der politischen Macht verlor Mustang auch seine Monopolstellung im Salzhandel. Das Land verarmte immer mehr und wurde schließlich vollends von der Außenwelt isoliert, als Maos Armeen in den fünfziger Jahren in Tibet einmarschierten. Die chinesische Annexion Tibets traf Mustang doppelt. Sie unterbrach den Handel mit Tibet und beraubte die Lopas – wie die Bewohner Mustangs heißen – der Möglichkeit, ihr Vieh auf tibetische Weiden zu treiben. Die traditionelle Lebensgrundlage von Tierhaltung und Ackerbau im Sommer und Handel im Winter brach zusammen. Tibetische Widerstandskämpfer – Khampas – nisteten sich in Mustang ein, bauten Stützpunkte, von denen aus sie mit amerikanischer Unterstützung einen erbitterten Guerillakrieg gegen die verhaßten Chinesen führten. Nepal erklärte daraufhin das sensible Königreich an seiner Nordgrenze zum Sperrgebiet und zensierte alle Nachrichten. Mustang wurde für Jahrzehnte für Fremde gesperrt, zum verschlossenen, zum verbotenen Königreich. Anfang der siebziger Jahre, nachdem der CIA die Unterstützung der Khampas eingestellt hatte, rückte die nepalische Armee in Mustang ein und beendete die Aktivitäten der tibetischen Freiheitskämpfer. In der Folgezeit errichtete Nepal Verwaltungsstationen und Schulen. Mit dem Anspruch einer pannepalischen Identität begann Nepal Mustang zu »integrieren« und die Gesellschaft nach Hindu-Normen umzuwandeln.

Als die Regierung Nepals im Oktober 1991 die Sperre über Mustang aufhob und zunächst einer begrenzten Anzahl von Fremden unter besonderen Auflagen einen Besuch gestattete, folgte eine hitzige Diskussion in der nepalischen Presse über Für und Wider und die politischen Hintergründe dieses Schrittes. Wüste Spekulationen wurden in der Presse verbreitet. Je nach politischer Färbung sah die eine Zeitung (»Arpan«, 18. 10. 1991) darin eine »Anti-China-Verschwörung der USA und Indien, der sich die Regierung beuge«, eine andere (»TRN«, 26. 4. 1991) mutmaßte, ob die Öffnung Mustangs nicht der Bankrotterklärung des Staates gleich-

komme, der dadurch »seine Devisenknappheit dokumentierte«, auch »ein Wandel in der Außenpolitik« (»Hindu«, 11. 10. 1991) wurde in Erwägung gezogen. Die meisten Stimmen warnten vor den Folgen der Öffnung. Die einzigartige Kultur Mustangs müsse bewahrt und die sensible Umwelt geschützt werden, lautete der Tenor. Da wird jeder zustimmen. Aber ich frage mich ernsthaft, welche Kultur da gemeint ist. Die tibetisch-buddhistische wohl kaum. Denn merkwürdig ist, daß niemand dagegen protestiert hat, als Nepal in Mustang Schulen installierte, in denen nur Nepali unterrichtet wird, und Hindu-Lehrer entsandte, die jedem Schüler einen Hindu-Namen geben. Niemand sorgte sich um die Kultur, als die Klöster zu verfallen und die einzigartigen Fresken abzubröckeln begannen, als – anstatt das traditionelle Neujahrsfest zu feiern – der größte Teil der Bevölkerung aus Not im Winter das Land verließ, um in anderen Teilen Nepals und vor allem in Indien ein Auskommen zu finden. Auch wird weiterhin der Eindruck vermittelt, daß Mustang eine bisher von der Außenwelt isolierte, unberührte Enklave tibetischer Kultur sei – gewissermaßen ein Tibet wie vor der chinesischen Annexion. Anders als in Tibet, wo durch den gewaltsamen Angriff auf die Kultur und die Repressalien durch die Chinesen die Tibeter sich nur noch stärker am Glauben festhalten und daraus immer neue Kraft und Hoffnung schöpfen, hat in Mustang die schleichende Hinduisierung und der Kontakt mit der objektivierten Daseinswelt draußen viel mehr verändert als in Tibet. »Ich verließ diesen Ort mit dem Gefühl, auf die letzten Tage des tibetischen Buddhismus geblickt zu haben«, schrieb David Snellgrove angesichts der vernachlässigten und verfallenen Heiligtümer in Mustang. Um sich in der hindu-dominierten Gesellschaft Nepals zu emanzipieren, nennen sich die meisten Lopas heute Gurung – nach der gleichnamigen Volksgruppe, und aus dem alten tibetischen Adel – den Kudaks – wurden Bistas, die sich mit Nepals herrschendem Thakuri-Clan gleichsetzen. Nach dem »Raja-Akt« des Jahres 1961 muß jeder lokale Herrscher Hindu sein, um in Nepal anerkannt zu werden und seine Privilegien beizubehalten. Was blieb dem König von Mustang da anderes übrig, als einen Hindu-Namen (Bista) anzunehmen. So wurde Mustangs altes Feudalsystem nur durch ein neues ersetzt, mit Kathmandu als Zentrum.

Bild links: Durch einen ockerfarbenen Torchörten führt der Weg in die Oase Tsarang hinein. Das weiße Gebäude im Hintergrund ist Samdrup Gephel, der verfallene Palast der Herrscherfamilie von Lo.

Oben: Mit Beat Curti in Lo Mantang. Beat interessiert sich für den tibetischen Kulturkreis und pilgerte bereits im Jahre 1985 zum heiligen Berg Kailas.

Die 13 000 Lopas, die den gesamten Mustang-Distrikt bewohnen, sind nicht so weltentrückt, wie es gerne dargestellt wird. Das ehemalige Königreich war zwar für Fremde, abgesehen von einer kurzen Zeitspanne während der fünfziger Jahre, verschlossen, aber die Lopas waren deshalb nicht eingesperrt. Ihnen stand der Weg nach Süden offen. Dorthin macht sich jeden Winter ein Teil der Bevölkerung auf den Weg. Auf der Suche nach Möglichkeiten, Geld zu verdienen, trifft man sie im Süden Nepals, in Indien; manche reisen sogar nach Hongkong und Taiwan. Sie verkaufen Nippes an Touristen entlang vielbegangener Trekkingrouten, verhökern Pullover »made in India« an Inder oder handeln mit elektronischen Geräten aus Fernost.

Gespalten wie ihre Gesellschaft, sind die Menschen selbst. Hin- und hergerissen zwischen der überkommenen Tradition, in der sie noch wurzeln, und den Erfordernissen eines modernen Lebens, wirken sie wie Wanderer zwischen zwei Welten. Sie durchstreifen eine Landschaft, in der die Zeugen einer glanzvollen Vergangenheit wie ausgebleichte Knochen umherliegen und wo die blutroten Hügel und zerfrästen Canyons von Dämonen geschaffen scheinen. Sie bestellen im Sommer wie eh und je ihre Felder und feiern ihre Feste. Im Winter aber ziehen die Männer nach Süden, um in den Städten Nepals und Indiens einem schnellen Dollar nachzujagen. Von ihrer geistigen Heimat Tibet getrennt und der Entwicklung in Nepal abgekoppelt, sind die Lopas auf der Suche nach einer neuen Identität. Dieser Weg führt freilich über eine schwankende Brücke, wo man nur allzu leicht abstürzen, den Glauben – auch an sich selbst – verlieren kann.

»Ich sollte eigentlich im Kloster leben, aber nun bin ich verheiratet. Was kann ich tun, wenn niemand mehr an mich glaubt« – mit diesen Worten drückte der letzte Abt von Tsarang sein Dilemma aus und verließ das Land.

Für Fremde war Lo nur ein einziges Mal in seiner Geschichte wirklich offen, das war für eine kurze Zeitspanne in den fünfziger Jahren unseres Jahrhunderts. Durch indirekte Kontakte hatte das Abendland – vor allem die Briten – schon viel früher Kenntnisse über das kleine Königreich. Im Jahre 1873 tauchte dort der indische Pundit Hari Ram auf. Er reiste offiziell im Auftrag der Survey of India, aber zählte zu einer Reihe von Spionen, die von den Briten in Sachen Vermessung und Kartographie ausgebildet waren, um die Länder des Himalaya, insbesondere Tibet, zu erkunden. Mit ganz anderen Absichten kam der japanische Zen-Mönch Ekai Kawaguchi nach Lo. Sein Interesse galt der buddhistischen Lehre, und zum Zwecke des Studiums hielt er sich ein ganzes Jahr lang als Gast von Lama Sherab Gyaltsen in Tsarang auf – ehe er nach Tibet weiterreiste.

Oben links: Lopsang Lama, der aus Arunachal Pradesh stammt, begleitete mich zweimal nach Mustang.
Oben: Der japanische Zen-Mönch Ekai Kawaguchi, der als erster Mustang bereiste.

Lopa-Frauen mit Säcken voll gesammeltem Dung auf dem Weg nach Dhi.

Der erste Europäer, der das Königreich durchquerte, war Hans Kopp, ein Fluchtgefährte von Aufschnaiter und Harrer. In seinem Buch »Sechsmal über den Himalaya« beschreibt er die abenteuerliche Flucht aus dem indischen Internierungslager nach Tibet. Bei Tradüm verließ er die beiden Gefährten, die sich nach Lhasa durchschlagen konnten, und marschierte nach Süden. Das Königreich betrat er am Kore La, jenem Paß, über den bereits vorher – im Jahre 1907 – Sven Hedin ein Stück nach Mustang hineingeritten war. Anders als der schwedische Forscherpionier, der noch nördlich von Lo Mantang umkehrte, weil er fürchtete, die Tibeter könnten ihm den Rückweg versperren, zog Kopp über Lo Mantang und den Dörfern entlang des Kali Gandaki in den Süden Nepals. Einige Jahre später erkundete der britische Bergsteiger H. W. Tilman das Gebiet nördlich der Annapurna und den Damodar Himal. Dabei berührte er auch das südliche Mustang. Er überquerte den Mustang La und marschierte über Tangye nach Muktinath.

Der erste offizielle europäische Besucher in Lo Mantang war der Schweizer Geologe Toni Hagen im Jahre 1952. Die Exkursion nach Lo stand am Beginn einer langen fruchtbaren Arbeit in Nepal. Toni Hagen hat die Eindrücke dieser Pionierreise im folgenden Kapitel zusammengefaßt.

IMPRESSIONEN EINER PIONIERREISE

»Das halbautonome Königreich Mustang, rund sieben Tagesmärsche nördlich von Dhaulagiri und Annapurna gelegen, war schon zu meiner Zeit sagenumwoben, denn bis dahin hatte kein Fremder jene Stadt gesehen. 1952 war ich der erste Weiße, der diese Chance erhalten sollte.«

TONI HAGEN

Einführung

Das breite, für Nepal fremdartig anmutende wüstenhafte Tal des oberen Thakkhola und von Mustang nördlich der Annapurna und Dhaulagiri-Kette übte auf mich seit meiner ersten Expedition im November 1950 und vor allem seit ich bei den Vermessungsflügen im Winter 1950 einen fernen Blick dorthin erlangen konnte, aus zwei Gründen eine besondere Anziehungskraft aus.

1. Bei Mustang reicht das nepalische Territorium am weitesten nach Norden, nämlich rund 80 Kilometer von der Annapurna- und Dhaulagiri-Kette bis zur tibetischen Grenze auf dem Kore La. Der geologische Querschnitt von der Gangesebene bei Butwal bis zum Kore La war also der längste und vollständigste von ganz Nepal, bis weit auf das tibetische Plateau hinauf reichend. Die geheimnisvollen schwarzen Saligram (versteinerte Ammoniten) waren Beweis, daß in diesem Querschnitt die Sedimentzone nördlich der Hauptkette zu finden war und damit eine Altersbestimmung der Gesteine ermöglichte. Dies sollte auch wertvolle Aufschlüsse über die komplexe Gebirgsbildung liefern.

2. Der Kore La ist mit nur 4480 Meter ü. M. der niedrigste Paßübergang zwischen Nepal und Tibet. Folglich mußte es die wichtigste Route für den Salzhandel zwischen Tibet und Nepal sein.

Rückblick

Rückblickend haben meine damaligen Erlebnisse im genannten Gebiet für mich eine besondere Bedeutung: Zum erstenmal kam ich im nördlichen Thakkhola mit rein tibetischer Kultur in Kontakt. Geologisch wurden bedeutende Entdeckungen gemacht, indem das ungewöhnlich große Quertal seine Entstehung einem geologischen Einbruchsgraben verdankt, wie etwa der Rheingraben nördlich von Basel. Der Querschnitt durch den ganzen Himalaya, von der Gangesebene bis zur tibetischen Grenze nördlich von Mustang, sollte sich als der weitaus vollständigste und interessanteste des ganzen Nepal-Himalaya erweisen.

Ab 1959 wurde das Tal von tibetischen Flüchtlingen überflutet, und das IKRK leistete dort unter meiner Leitung Nothilfe und Arbeitsbeschaffung. Eine der damaligen Frauen des Maharaja von Mustang offerierte im Dispensarium in Kathmandu freiwillige Mitarbeit für die tibetischen Flüchtlinge. Und schließlich war ich Augenzeuge des Beginns des Khampa-Dramas um Mustang.

Die Erforschung des Thakkhola und des Gebietes um Mustang

Der Trek von Kathmandu über Pokhara nach Mustang, April 1952

Schon vor der Öffnung von Mustang für den Tourismus im Jahre 1991 konnte der Tourist auf dem Flug von Delhi nach Kathmandu einen fernen Blick zwischen den gewaltigen Gebirgszügen von Dhaulagiri und Annapurna hindurch auf jenes hinter dem Himalaya gelegene weite Tal, das Thakkhola und Mustang genannt wird, werfen. Das Tal erstreckt sich von der Hauptkette noch rund 80 Kilometer weiter nach Norden bis zum Kore-Paß an der tibetischen Grenze und erreicht eine maximale Breite von rund 40 Kilometern.

Nachdem ich für meine erste Expedition im Herbst 1950 noch 300 Träger zur Verfügung hatte und für wenige Dutzend Kilometer volle drei Wochen benötigte, gelang es mir durch Beschränkung auf das Notwendigste die Anzahl Träger auf etwa 20 zu reduzieren. Ab 1953, als mein Team von stets den gleichen Trägern routinemässig eingespielt war, benötigte ich nur noch 10 Träger.

Schon der Anmarsch durch das zentrale Mittelland von Kathmandu bis Pokhara (200 km), durch das Herz Nepals sozusagen, führte er doch über Gurkha, war hochinteressant. Ich mußte den ganzen Weg zu Fuß zurücklegen, was 10 Tage benötigte. Heute kann ein Tourist die gleiche Strecke in einem Flug von nur 40 Minuten bewältigen. Dieser Flug längs der hohen Himalaya-Gipfel gehört bestimmt zu den schönsten und großartigsten auf dieser Welt.

Das mir von der Regierung zur Verfügung gestellte Pferd stürzte schon am ersten Tag bei einer schwierigen Passage am Trisuli-Fluß ab und ging verloren, und ich selbst kam mit knapper Not davon. Über den Verlust des Pferdes wurde nie ein Bericht verlangt. Die Regierung schrieb es einfach ab. Das Pferd hätte aber auch ohne Absturz nicht viel weiter gelangen können, denn die damaligen Wege waren oft kaum begehbar für Pferde, und namentlich die schwankenen Hängebrücken mit ihren verfaulten und oft fehlenden Brettern im Laufsteg, durch deren Lücken man das wilde Wasser der Flüsse erblickte, und dem weitgehenden Fehlen der Geländer, waren eine Zumutung für Pferde und Tragtiere. Auf allen Wegen fiel mir die sehr große Zahl von Trägern mit schweren Lasten auf.

»Drahtlose« Telefonie 1952

Auf meinem Zehntagemarsch von Kathmandu nach Pokhara im Jahre 1952 beobachtete ich, daß große Teile der 200 Kilometer langen Telefonleitung zwischen den beiden Städten fehlten. Doch gab ich dem keine größere Bedeutung. Es gab aufregendere Beobachtungen. Meine Ankunft in Pokhara war eine solche für den Gouverneur (ich war einer der ersten Ausländer dort), so daß er das Ereignis telefonisch nach Kathmandu melden wollte. Verzweifelt drehte er an der Kurbel seines altmodischen Telefons, aber als er nach einer Stunde noch immer keine Verbindung herstellen konnte, entschuldigte er sich und meinte, offensichtlich sei das Telefon »out of order just now«. (Diese Redewendung ist in Nepal sehr gebräuchlich für Zustände, die schon Monate oder Jahre gedauert haben, und deren Behebung völlig ungewiß ist.) Ich weiß noch heute nicht, ob der Gouverneur ernstlich enttäuscht war über das »temporäre« Versagen des Telefons oder ob er einfach ein guter Schauspieler war.

Vorhergehende Doppelseite: Wie Kulissen auf einer riesigen Bühne schieben sich die Bergketten ineinander. Der Mensch darin ist nur ein Hauch, so wie die beiden Wanderer an der Grenze von Licht und Schatten.
Die götterbewohnten Gipfeln hoch über den Wolken, scheinen in unerreichbare Ferne entrückt.
Oben: Jigme Augun Trandul, der 24. Herrscher von Lo, empfing Toni Hagen in seinem Palast.

Schreckgespenst Thorung La

Beim Weitermarsch von Pokhara durch die gewaltige Durchbruchsschlucht des Kali Gandaki zwischen Annapurna und Dhaulagiri ins Thakkhola erfuhren die Träger offenbar von meinem Sherpa Aila die geplante Route über das Heiligtum Muktinath und über den Thorung La nach Manang, also die Rundtour um die Annapurna. Für meine Träger jedoch schien der Thorung La ein Schreckgespenst zu sein: Auf dem Anmarsch über den Ulleri-Paß und das Kali-Gandaki-Tal äußerten sie jeweils am abendlichen Lagerfeuer die ersten Bedenken über den Thorung-Paß. Es gebe sehr viel Schnee, und der Übergang sei schwierig.
Eine Tagereise weiter, bei Dana, warnten mich die Träger vor der großen Kälte, in der die Menschen erfrieren würden. Bei Lete hieß es, der Paß sei unpassierbar, der kontinuierliche Sturm sei so stark, daß die Menschen durch die Luft gewirbelt würden.
Auf dem Weitermarsch von Kagbeni nach Mustang verstummten die Befürchtungen der Träger, denn wir bewegten uns vorderhand vom Thorung La weg.

Faszinierende Wanderung ins Thakkhola

Die Schauermärchen meiner Träger taten meinem Erleben der grandiosen Route ins Thakkhola, die noch heute zu den schönsten von Nepal zu zählen ist, gar keinen Abbruch. Wunder um Wunder erlebte ich und kam aus dem Staunen gar nicht heraus. Zuerst genoß ich die herrliche Höhenwanderung von Pokhara über Kaski mit den reichen Gurung-Dörfern und mit stetigem Blick auf die imposante Südflanke der nahen Annapurna. Auf dem Grat von Naudanda öffnet sich eine der schönsten Landschaften der Erde, heute aber verschandelt durch äußerst rücksichtslosen Straßenbau durch chinesische Entwicklungshilfe. Später folgt der »Ulleri-Stich«, der Aufstieg an einem einzigen, nicht endenwollenden Hang vom Modifluß (1000 m) auf den rund 2900 Meter hohen Ulleri-Paß (heute Ghorepani-Paß genannt). Reich wurde ich entschädigt durch die blühenden Rhododendron-Wälder im oberen Teil und durch den herrlichen Anblick des Dhaulagiri, der sich auf der Paßhöhe völlig unvermittelt öffnet. Nach dem Abstieg über Sika gelangte ich in die gewaltige Schlucht des Kali Gandaki, zwischen den beiden Achttausendern Annapurna und Dhaulagiri, wohl die tiefste Schlucht der Erde. Ein Bad in den heißen Quellen, die im Kali Gandaki austreten, machte die vom langen Abstieg vom Ulleri-Paß steif gewordenen Beine wieder geschmeidig. Zum erstenmal machte ich Bekanntschaft mit der berühmten, halb zerstörten Hängebrücke von Tatopani, die das Markenzeichen meines späteren Bildbandes von Nepal geworden ist. In einem Hochwasser wurde das eine Ende der Brücke weggerissen, worauf die Bauern dort im Flußbett eine Mauer von Steinen aufbauten und von der Mauer zwei Baumstämme als Verbindungssteg zum Ende der intakten Brücke legten. In der Trockenzeit passierten dort täglich Hunderte von Nepali mit schweren Lasten.
In der Schlucht mit z. T. senkrechten Felswänden war der kühn in den Fels gehauene Weg damals noch intakt. Später war er wegen Felsstürzen nicht mehr passierbar; man mußte auf improvisierte Wege und Brücken ausweichen.
Bei Dhumpu traf ich auf den Austauschplatz für das Salz. Bis hierher brachten die Tibeter das Salz auf Tragtieren. Von hier nach Süden waren Wege und Brücken nicht geeignet für Tragtiere. Ein Maß Reis wurde gegen ein Maß Salz ausgetauscht. Die Buchführung erfolgte durch Einschneiden einer Kerbe in einen Holzstab.

1950: Volk auf Wanderschaft

In den 50er Jahren lebten 95 Prozent der Nepali von der Landwirtschaft. Subsistenzlandbau brachte genügend Nahrungsmittel hervor, und ein kleiner Überschuß an marktgängigen Produkten wie Reis, Milchprodukte, Pflanzenöl und Gewürze wurde von den Bauern selbst auf ihren eigenen Rücken zu den tibetischen Händlern im Norden und in den Bazars an der indischen Grenze vor allem gegen Salz ausgetauscht. Etwa 20 bis 30 Prozent der ländlichen Bevölkerung befand sich damals über den Winter auf dem jährlichen »Salztrip«. Von den im Mittelland verstreuten Dörfern strebten die Bauern mit ihren Lasten den Haupthandelsrouten, die nach Norden und nach Süden führten, zu.
Mit der völligen Abschnürung Tibets durch die chinesische Volksarmee im Jahre 1959 kamen Handel und Trägerverkehr mit dem Norden völlig zum Erliegen. Das Handelsnetz verlor seine Symmetrie und wurde einseitig nach Süden ausgerichtet.
Der in den sechziger Jahren einsetzende Straßenbau veränderte das Bild der Transportrouten abermals drastisch. Alte Routen und schöne Marktstädtchen gingen ein, und an deren Stelle entstanden entlang der Straßen und an ihren Endpunkten neue unordentliche Siedlungen.
Bei Lete, wo sich das Tal wieder weit öffnet, erblickte ich unvermittelt die nahe, steile Ostflanke des Dhaulagiri. Bei Larjung wanderte ich durch die herrlichen duftenden Lärchenwälder – man glaubte sich ins Oberengadin versetzt.
In den großen und wohlhabenden Karawansereien von Tukuche, Marpha, Jomosom, Kagbeni und anderen Orten

herrschte damals noch Hochbetrieb durch die Salzkarawanen. Weiter nördlich folgen die rein tibetischen Siedlungen mit geschlossenen Stadtmauern. Der rege Karawanenverkehr führte z. T. durch die befestigten Dörfer und die Häuser hindurch.
Bei Chukh stieg ich von der Talsohle nach Westen in die Höhe, und ein neuer faszinierender Blick auf die Wüstenlandschaft des nördlichen Thakkohla mit den canyonartigen Tälern tat sich auf.
Die Route führt weiter als Höhenweg mit zahlreichen nicht steilen Pässen um 4000 Meter herum zwischen den eingeschnittenen Seitentälern. Auf diesem Weg spielte sich damals ein reger Salzkarawanenverkehr ab. Die tibetischen Yaktreiber sangen dazu Lieder, die stark an die Appenzeller Jodel mit ihrem »Zäuerlen« erinnerten. Die meisten Tragtiere trugen Glocken, so daß es wie Alpaufzug tönte.
So tauchte denn schließlich nach einem letzten Paß plötzlich die große Stadt Mustang auf. Sie ist rechteckig angelegt und von einer hohen Stadtmauer umgeben. Vor der Stadt sind große Felder mit Steinmauern eingefaßt, die Übernachtungsplätze für die großen Yakherden der Salzkarawanen. Fern an den Hängen zum Kore-Paß, dem Grenzpaß gegen Tibet, bewegten sich die großen Herden der Salzkarawanen wie Ameisen an den kahlen Hängen.
Ich bin mir heute dieses einmaligen, privilegierten und nicht wiederholbaren Erlebnisses völlig bewußt: Heute ist die tibetisch-nepalische Grenze für den privaten Salzhandel geschlossen, der Salzhandel mit den Yak-Karawanen existiert nicht mehr. Dafür ergießt sich ein kontinuierlicher Strom von Touristen durch das Thakkhola und über den Thorung La – mit all seinen negativen Begleiterscheinungen.

Unbekanntes, verbotenes Mustang

Das halbautonome Königreich Mustang, rund sieben Tagesmärsche nördlich von Dhaulagiri und Annapurna gelegen, war schon zu meiner Zeit sagenumwoben, denn bis dahin hatte kein Fremder jene Stadt gesehen. 1952 war ich der erste Weiße, der die Chance erhalten sollte, dort zu verweilen und zu forschen. Man sieht die Stadt beim Anmarsch erst im letzten Moment, wo sie sich vom letzten Hügelzug sehr einprägsam als quadratische Festung präsentiert. Als wir kurz nach sechs Uhr abends vor der Stadtmauer anlangten, waren die Stadttore bereits geschlossen – wie bei unseren Städten im Mittelalter. Also schlug ich mein Zelt außerhalb der Stadtmauer auf, wo übrigens schon viele Yak-Karawanen aus Tibet nächtigten.

Abweisender Maharaja

Am nächsten Morgen meldete ich mich wieder. Ich täuschte mich, wenn ich gedacht hatte, die Ankunft des ersten Fremden würde die übliche Neugier oder die sonst sprichwörtliche nepalische Gastfreundschaft hervorrufen. Via Diener wurde mir ein Stall zur Behausung offeriert (im Gegensatz etwa zu den Gömpas im Sherpagebiet, wo mir stets der Ehrenplatz unter dem Altar zugewiesen worden ist). Unterdessen kam Aila ins Gespräch mit den Abgesandten des Maharaja von Mustang. Wie üblich, stellte er mich zunächst als »Colonel Sahib«, gesandt vom König, vor und ließ via Abgesandte meinen Wunsch übermitteln, den Maharaja zu sehen. Dies tat jedoch überhaupt keine Wirkung, denn der Maharaja ließ wissen, er habe keine Zeit, mich zu empfangen.
Dann beförderte Aila (wie üblich, wenn der »Colonel Sahib« nicht genügend Eindruck machte) mich zum »General Sahib«. Dies tat offensichtlich ebensowenig Wirkung. Dann renomierte Aila damit, daß ich ein »very big Swiss Lama« sei; auch dies machte keinen Eindruck. Schließlich lenkte Aila die Aufmerksamkeit auf die wichtigen Papiere, die ich im Auftrag des Königs von Nepal mit mir brächte, indem er auf meine geologischen Notizen und Karten verwies. Dies war offensichtlich kontraproduktiv, denn der Maharaja ließ – immer durch seinen Abgesandten erklären, daß er »not feeling so well now a days« sei. Also wartete ich ab und arbeitete an der Sonne an meinem Feldtisch vor dem zugewiesenen Stall (drinnen war es sehr kalt) an meinen Feldbüchern.

Weibliche Neugier als Retter in der Not

Schließlich kam mir die übliche weibliche Neugier zu Hilfe. Die Maharani ließ fragen, ob ich Sonnenbrandcreme mit mir führte. Das war nun ein Artikel, den meine beiden Medikamentenkisten gerade nicht enthielten, denn nach meiner Erfahrung ist für mich persönlich der Verzicht auf Waschen mit Seife, oder in größeren Höhen auf Waschen überhaupt, d. h. das natürliche Fett auf der Haut, der beste Sonnenbrandschutz. Folglich hatte ich während meiner acht Jahre Feldarbeit überhaupt nie Sonnenbrandcreme gebraucht – abgesehen von Lippenstiften. Ich überlegte, was ich der Maharani als Ersatz anbieten könnte. Nupercainal, eine schmerzstillende Hautsalbe, war das einzige, von dem man sagen konnte: »Nützt es nichts, so schadet es nichts.« Zudem hatte die Creme einen angenehmen Geruch. Also ließ ich der Maharani eine Tube überbringen. Prompt kam die Antwort, daß der Maharaja mich am nächsten Tag empfangen würde (durch eine Einladung noch am gleichen Tag hätte er wahrscheinlich zuviel Gesicht verloren). Voller Erwartung betrat ich dann seinen Wohnraum, echt tibetisch gestaltet mit Hausaltar, samt Bild des Dalai Lama. Als der Maharaja im Verlaufe unseres Gesprächs erfuhr (Aila spielte den Dolmetscher), daß ich mit der Regierung in Kathmandu nichts zu tun habe, sondern mich nur für Steine interessierte, wurde er zusehends freundlicher. Das Mistrauen war berechtigt, denn fast das einzige, was das Volk und die lokalen Potentaten auf dem Lande von der Regierung in Kathmandu zu Gesicht bekamen, waren die Steuereinzieher (Tsamindari). Das Steuereinzugssystem ist oft heute noch selbst im unterentwickeltsten Land der einzige Verwaltungssektor, der flächendeckend funktioniert. Tibetischer Tee, gewürzt mit Salz und ranziger Butter, wurde serviert. Schließlich übergab der Maharaja mir als Geschenk und zum Zeichen der Freundschaft einen Yakschwanz.

Unfaires, aber nützliches Schützenfest

Beim Rückmarsch von Mustang folgten wir der östlichen Talseite, mit Abstechern in die östlichen Seitentäler, insbesondere ins Damodar-Tal. Ein prachtvoller Höhenweg mit zahlreichen herrlichen Aussichtspunkten führt nach Süden. Unterwegs traf ich etliche tibetische Pilger und zahlreiche Yaktreiber, die mit ihren schweren, zwei Meter langen Vorderladerflinten auf Vorderstützen archaisch anmuteten. Mich interessierte natürlich, wie ein solches Ungetüm zum Schießen gebracht werden kann. So veranstaltete ich ein Schützenfest. Der Tibeter benötigte ungefähr zehn Minuten, um seinen Vorderlader schußbereit zu machen. In etwa sechs Meter Distanz wurde eine mannsgroße Steinplatte als Ziel aufgestellt und die Flinte wurde umständlich auf die Vorderstützen gestellt. Der Tibeter zündete den Schuß mit Feuerstein und Zunder und alsbald krachte es, worauf eine große Rauch- und Staubwolke uns vollständig einhüllte. Als die Wolke verflogen war, fanden wir den Zielstein völlig unversehrt. Ich schämte mich hierauf wirklich, mit meiner Armeepistole ein ganzes Magazin auf den Stein zu pfeffern, jeder Schuß ein Treffer. Jedenfalls war mein Ansehen in den Augen meiner Träger von da an gewaltig gestiegen.

1960: Tibetische Flüchtlinge im Thakkhola und bei Mustang

Im Jahre 1950 begann die Volksrepublik China mit der Besetzung von Tibet. Eine langsame, allmähliche Knebelung Tibets setzte ein. Die militärische Durchdringung erfolgte ebenfalls schrittweise. Zunächst wurden nur die großen Städte besetzt. Die Grenzen gegen Nepal blieben weitgehend nur schwach bewacht und offen, und der traditionelle Salzhandel zwischen Tibet und Nepal konnte vorderhand ungestört fortgesetzt werden.
Allmählich zogen die fremden Besetzer jedoch die Schraube an. Im März 1959 machten sich die Unterdrückten durch einen Aufstand in Lhasa Luft. Dieser wurde blutig niedergeschlagen, und die große Welle von Flüchtlingen nach Indien (rund 120000) und Nepal (etwa 30000) setzte ein. Auch dem *Dalai Lama* gelang es in dramatischer Flucht, mit kleinem Gefolge das sichere Indien zu erreichen. Die indische Regierung gewährte ihm großzügig Asyl in Dharamshala – wo er nach 32 Jahren heute noch lebt – und erlaubte ihm sogar, eine tibetische Exilregierung zu bilden.
In Nepal überfluteten die tibetischen Flüchtlinge zunächst die *nördlichen Hochtäler*, vor allem das Khumbu, die Heimat der Sherpa, und das Thakkhola und Mustang. Diese Informationen, die alle per »Buschtelefon« nach Kathmandu gelangten, sollten sich später als erstaunlich zuverlässig erweisen. Von den übrigen Hochtälern (Simikot, Dolpo, Walungchung) trafen die Nachrichten zufolge der Abgeschiedenheit und der großen Distanzen zunächst nur spärlich ein.
Viele der Flüchtlinge, gemäß späteren Schätzungen rund 10000, fanden zunächst in den nördlichen Hochtälern *bei Verwandten und Sherpa* Unterschlupf. Doch wurde bald klar, daß die Mehrheit in großer Not war und – wenn ihrem Schicksal überlassen – auf lange Zeit eine große wirtschaftliche und vor allem politische Gefahr für das kleine und arme Land Nepal bringen würde.

Großer Mut von König und Regierung

Da über die Tibeter Flüchtlinge in Nepal schon in allen Kreisen diskutiert wurde, hatte ich am 2. Januar 1960 eine erste diesbezügliche Besprechung mit *Ministerpräsident B. P. Koirala* und *Innenminister Surya Prasad Upadhya*. Für mich war es klar, daß Not- und Überlebenshilfe zwar notwendig waren, aber das Problem nicht lösen würden. Vielmehr müßten die tibetischen Flüchtlinge in die Wirtschaft Nepals eingegliedert werden. Die Regierung war völlig einverstanden und versicherte, daß Nepal den Flüchtlingen Asyl gewähren würde, und baten mich, ein entsprechendes Programm aufzustellen.
Daraufhin unterbreitete ich schon am *8. Januar 1960* der Regierung mein Rahmenprogramm für die Integration der Flüchtlinge. Dieses Dokument enthielt alles, was später

durchgeführt worden ist, sowohl in bezug auf die Überlebenshilfe in den nördlichen Tälern, als auch auf das Integrationsprogramm und insbesondere die Teppichknüpferei.
Mit Datum vom *20. Februar 1960* erklärte sich die Regierung von Nepal offiziell mit meinem Programm *einverstanden*. Mit diesem Dokument zeigte die Regierung von Nepal einen außerordentlichen Mut gegenüber seinem übermächtigen nördlichen Nachbarn, anders als die Schweiz, die gegenüber den Flüchtlingen aus Nazi-Deutschland den bekannten Spruch kreierte »Das Boot ist voll« und die Flüchtlinge über die Grenze in den sicheren Tod auslieferte. Das historische Dokument ist hier in Faksimile wiedergegeben.

Der Dalai Lama richtet per Tonband eine Botschaft an tibetische Flüchtlinge, die als Folge der chinesischen Repressionen nach Nepal strömen.

Die Regierung – obwohl sie Hilfe sehr nötig hatte, wies alle ausländischen Hilfsorganisationen und deren Angebote ab und bestand aus politischen Gründen darauf, daß das neutrale *Internationale Komitee vom Roten Kreuz in Genf (IKRK)* unter meiner Leitung mit dieser Aufgabe betraut wurde. Schon verbreiteten sich Meldungen von Belästigungen der Lokalbevölkerung durch die tibetischen Flüchtlinge, besonders durch Khampa im Thakkhola und um Mustang. Diese Meldungen wurden kräftig geschürt von China-freundlichen Zeitungen in Kathmandu, aber auch von ausländischen Linkskreisen und namentlich schweizerischen Entwicklungshelfern.
Unterdessen stand mir aber der wohl beste Informant zur Verfügung, der berühmte Tibetologe *David Snellgrove*, der zu jener Zeit im Dolpo- und im Mustang-Gebiet seine ethnologischen Forschungen trieb. Er widerlegte alle falschen Anklagen gegen die Flüchtlinge.

Für mich war allerdings die Situation alarmierend, und ich brauchte den Rat des Dalai Lama. Am 25. Oktober 1960 hatte ich die erste Besprechung mit ihm in seinem Exil in Dharamsala in Indien und bat ihn, auf meinem mitgebrachten Tonbandgerät eine Ansprache von ihm an die Flüchtlinge in Nepal aufnehmen zu dürfen. In dieser Ansprache mahnte er die Flüchtlinge zur Befolgung der Anordnungen der sehr großzügigen Regierung und von mir, und unter gar keinen Umständen Unruhe zu schaffen. Er mahnte sie auch zur Geduld, wenn die Integration nicht so rasch wie erwünscht erfolge.

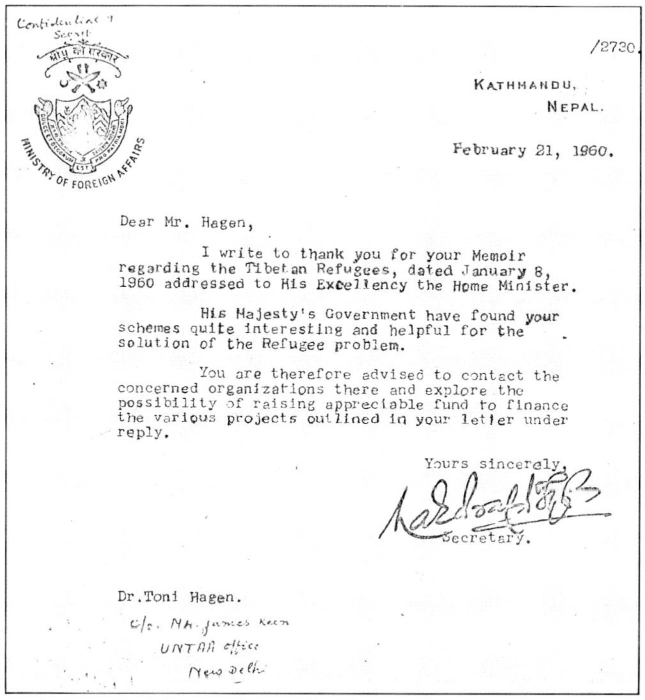

/2730

KATHMANDU,
NEPAL.

MINISTRY OF FOREIGN AFFAIRS

February 21, 1960.

Dear Mr. Hagen,

I write to thank you for your Memoir regarding the Tibetan Refugees, dated January 8, 1960 addressed to His Excellency the Home Minister.

His Majesty's Government have found your schemes quite interesting and helpful for the solution of the Refugee problem.

You are therefore advised to contact the concerned organizations there and explore the possibility of raising appreciable fund to finance the various projects outlined in your letter under reply.

Yours sincerely,

Secretary.

Dr. Toni Hagen.

Faksimile einer Regierungserklärung Nepals zum Problem der tibetischen Flüchtlinge.

Mit diesem Tonband flog ich per Helikopter ins Khumbu, der Heimat der Sherpa und ins obere Thakkhola. Dabei erlebte ich ergreifende Szenen, wenn die Flüchtlinge die Stimme ihres Dalai Lama zu hören bekamen.
Die Lage war tatsächlich alarmierend, wie ich bei diesen Erkundungsflügen feststellen konnte, hatte es doch im Khumbu über 4000 tibetische Flüchtlinge gegenüber der lokalen Sherpa-Bevölkerung von nur 2200. Im oberen Thakkhola und um Mustang gab es rund 6000 Flüchtlinge, vor allem Khampa.
Im November 1960 traf von der *chinesischen Regierung* in Peking ein Protest bei der Regierung von Nepal ein, mit der Forderung, alle tibetischen Flüchtlinge auszuweisen. Diese seien gar keine Flüchtlinge, sondern chinesische

Kriegsverbrecher und Banditen, die durch Umerziehung zu nützlichen Mitgliedern der menschlichen Gesellschaft gemacht werden sollen.
Wiederum blieb die Regierung standhaft und erklärte mir gegenüber: »Kein einziger Flüchtling wird ausgewiesen.«
Aber die Propagandamaschine von Peking arbeitete weiter und ließ Nachrichten von Unruhen in den nördlichen Tälern verbreiten. Um solche zu verhindern, war rasche Nothilfe gefordert. Das IKRK stellte im Januar 1961 zwei Pilatus-Porter-Flugzeuge zur Verfügung, damit die notwendige Nothilfe rasch in die Notgebiete geflogen werden konnte – bevor es zu spät war. Wir stellten mit Hilfe von Sherpa und Flüchtlingen mehrere Landepisten für Pilatus-Porter her, darunter die wohl höchste der Welt auf 4600 Meter bei Mingbo im Everestgebiet. Die Versorgung der Außenposten bereitete bis zum Monsun keine logistischen Schwierigkeiten. Die Versorgungsflüge durch unsere schweizerischen Gletscher-Piloten wurden Routine.

Erneute beispielhafte, mutige Demonstration von König Mahendra

König Mahendra wurde zur Eröffnung des Verkaufsladens im Teppichzentrum in Kathmandu, am *26. August 1961*, eingeladen. Der König erschien nicht nur mit seiner ganzen Familie, inklusive *Kronprinz Birendra*, dem heutigen König, sondern mit mehreren Ministern und dem Oberkommandierenden der Armee.
Diese mutige und anerkennende Geste von König Mahendra und seinen Ministern trug viel zu Beruhigung der Ängste der Tibeter bei.

Einmalige Privilegien

Wir hatten eine Blanko-Erlaubnis zum Bau beliebiger Pisten, zum Befliegen des ganzen Landes, zur Landung auf allen Flugplätzen, Pisten und freien Feldern, und zwar ohne jede Kontrolle, auch nicht der Passagiere und des Frachtgutes. Nach jedem Flugtag mußten unsere Piloten einfach in der Flugkontrolle in Kathmandu mündlich über die ausgeführten Flüge berichten.

Jomosom, Außenposten für das Thakkhola

Auch bei Jomosom im Thakkhola wurde auf 3000 Meter eine Piste planiert. Aber schon vor Aufnahme des Flugtransports wurde in Jomosom eine medizinische Notstation eingerichtet. Bald erhielten wir von Jomosom Schreckensbilder von Kranken und ausgemergelten Flüchtlingen.

Der Außenposten Jomosom hatte rund *6000 Flüchtlinge* aus dem ganzen Thakkhola zu betreuen. Das Dispensarium von Jomosom betreute rund 100 Patienten täglich. Ein Teil der Tibeter litt unter einem ausnehmend schlechten Gesundheitszustand. Immer wieder mußten solche ins Shanti Bhawan-Spital in Kathmandu evakuiert werden.
400 Flüchtlinge waren als *Cash-for-Work* in *regelmäßigem Arbeitseinsatz*, anfänglich für Pistenbau, Verbesserung der Zugangswege, Bau von Infrastruktur für das Dispensarium, Erstellung von Lagern usw. Das *Spinnen von Wolle* wurde gleich zu Beginn aufgenommen und dehnte sich rasch aus. Die wachsende Teppichknüpferei in Kathmandu war zu einem beträchtlichen Teil auf die Zulieferung von gesponnener Wolle von Jomosom angewiesen. Die Versorgungsflugzeuge waren beim Rückflug von Jomosom ohnehin leer.

Unbändiger Freiheitswillen der Khampa

Ursprünglich war vorgesehen, in Dhor Patan Flüchtlinge vom Thakkhola anzusiedeln. Doch die Khampa im nördlichen Thakkhola und bei Mustang zögerten, sich in Dhor Patan niederzulassen. Schon seit Monaten hatten sie sich im oberen Thakkhola und um Mustang als Guerillakämpfer organisiert und trainiert, und es war kein Geheimnis, daß sie auch ausgiebig mit Waffen beliefert worden sind. Diese fanden ihre verschlungenen Wege von Taiwan und durch Indien bis ins Thakkhola.
Meine Mahnungen an die Khampa-Führer, jegliche militärische Aktivität zu unterlassen, nützten nichts, obwohl ich die Khampa-Führer sehr gut kannte. Nicht einmal die Stimme des Dalai Lama vom Tonband beeindruckte sie. Ich machte ihnen auch klar, daß sie keinerlei Unterstützung von Seiten der Aktion des IKRK erwarten könnten. Zu diesem Zweck verbot ich dem IKRK-Personal jede humanitäre Hilfe nördlich von Jomosom. Auch warnte ich die Khampa, daß jede weitere militärische Aktivität das ganze Hilfsprogramm für ihre Landsleute in Nepal gefährden könnte.

Leidensweg einer Khampa-Gruppe

Zur gleichen Zeit, da die verhängnisvollen Aktivitäten der Khampa um Mustang begannen, spielte sich für andere Khampa ein anderes Drama ab.
Im Laufe des Sommers 1961 brachte ein Khampa-Meldeläufer mir einen Brief von einem Khampa-Führer, der mit einer ganzen Gruppe von rund 350 Khampa, hauptsächlich Bauern und Viehzüchter mit noch großem Tier-

bestand, seit über zwei Monaten von Osttibet (Kham) unterwegs sei und versuche, über Mustang ins Thakkhola zu gelangen. Das Buschtelefon hatte die Meldung vom Ansiedlungsprojekt in Dhor Patan offenbar schon weit nach Tibet hineingetragen. Ich sandte mit dem gleichen Meldeläufer eine Nachricht zurück mit dem Vorschlag, die Khampa sollten, wenn im Thakkhola angekommen, sich beim Außenposten Jomosom melden.

Erstaunlicherweise hatte der Meldeläufer mit meiner Notiz die Khampa-Gruppe tatsächlich erreicht. Indessen mußten sie auf ihrem Marsch wiederholt chinesischen Truppen ausweichen und konnten bei Mustang die Grenze nach Nepal nicht überschreiten, von wo ein direkter, gut ausgebauter Karawanenweg ohne weitere Pässe durch den Himalaya nach Süden geführt hätte. Sie mußten statt dessen weiter nach Westen ausweichen und Nepal über einen hohen Paß via Dolpo erreichen. Es wurde gegen Ende Oktober, bis sie in Nepal eintrafen. Der Weg vom Dolpo nach Süden war unvergleichlich weiter und beschwerlicher als derjenige über Mustang und führte über mehrere hohe Pässe und durch gewaltige Schluchten mit schlecht ausgebauten Pfaden. Zudem setzten die gefürchteten Nachmonsunschneefälle ein, und es wurde November und tief Winter, bevor sie Tarakot, vor dem Aufstieg zum 4500 Meter hohen, tief verschneiten Jang La erreichten, dem letzten Paßübergang nach Dhor Patan.

Ein Meldeläufer brachte mir diese Nachricht, die mit einer Lageskizze (hier abgebildet) versehen war. Der Khampa-Führer sprach von *Menschen- und Tierverlusten zufolge Schnee, Kälte und Hunger*. Er *entschuldigte* sich sehr für die Verspätung.

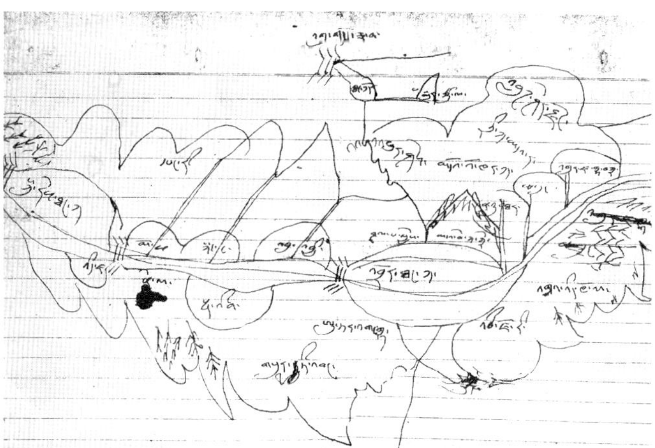

Die Nachricht, die ein Bote von einer flüchtenden Khampa-Gruppe an Toni Hagen überbrachte, enthielt auch diesen Lageplan.

Unterdessen erhielt ich vom Dhor Patan-Projektleiter nichts als Klagebriefe mit Vorwürfen wegen mangelnder Organisation, weil die Ansiedler noch nicht eingetroffen seien und er seine Zeit vertun müße. Ein IKRK-Arzt, selbst ein trainierter Bergsteiger, wurde der Khampa-Gruppe nach *Tarakot* entgegengesandt, wo er sie tatsächlich fand. Der Übergang über den hohen, tief verschneiten Paß (Jang La) nach Dhor Patan verlief dramatisch. Ein Tibeter, der jetzt bei Padma in Zürich arbeitet, erlebte den genannten Aufstieg als sechsjähriges Kind. Er erzählte mir kürzlich von seinen Erlebnissen, z. B. wie seine Großmutter beim genannten Aufstieg im tiefen Schnee aus Erschöpfung einfach verstarb.

Verhängnisvolle Verstöße mit schweren Folgen

In dieser kritischen Situation beging der Projektleiter des Ansiedlungsprojektes in Dhor Patan, ein Berner Arzt, einige unbegreifliche Verstöße gegen die Anordnungen der Regierung von Nepal sowie gegen die Grundregeln des IKRK und auch gegen meine eigenen strikten Weisungen als Chefdelegierter des IKRK.

Er schmuggelte mit dem Rotkreuzflugzeug Jagdwaffen von der Schweiz ein, er nahm ein Funkgerät in Betrieb, bevor die offizielle und in Aussicht gestellte Bewilligung von der Regierung von Nepal eintraf. Schließlich unternahm er mit Rotkreuzflugzeugen Erkundungsflüge im Thakkhola, nach Mustang und ins Dolpo, um für weitere Ansiedlungen »Land zu suchen«. Denn nach seiner Ansicht hatte es in Dhor Patan nicht genügend Land, um eine größere Zahl von Flüchtlingen anzusiedeln. Fachleute widerlegten diese Behauptung gründlich, aber der Projektleiter suchte einen Sündenbock für sein völliges Versagen in seiner Aufgabe.

Nach diesen groben Verstößen eines IKRK-Mitarbeiters hatten nun die China-freundlichen Elemente in der Regierung ihre gewünschten »Beweise« für die Unterstützung der kämpferischen Khampa durch das IKRK. Die Regierung von Nepal änderte ihre bisher äußerst großzügige Haltung. Die Privilegien des IKRK gingen verloren, und unseren Operationen wurden strenge Restriktionen und Kontrollen auferlegt.

Wenn aber später behauptet wurde, das IKRK hätte die kriegerischen Khampa unterstützt, so muß dies entschieden in Abrede gestellt werden.

Natürlich versorgten wir auch kranke Khampa in unserem Dispensarium in Jomosom. Diese mußten aber zu diesem Zweck von Mustang nach Jomosom kommen. Dies steht übrigens durchaus im Einklang mit den internationalen Rotkreuz-Konventionen. Die UNO hat ja auch

die Roten Khmer in den Flüchtlingslagern von Thailnad medizinisch versorgt und ist sogar nicht eingeschritten, als die Roten Khmer auch mit andern Hilfsgütern über die Grenze hinweg versorgt worden sind.
Wie weit das Vertrauen der Regierung in das IKRK und in die Schweiz erschüttert war, geht auch aus den Hindernissen bei der Abreise der ersten Gruppe tibetischer Asylanten in die Schweiz im Oktober 1961 hervor. Da man damals ja nicht wissen konnte, wie die Ansiedlung der Tibeter in der Schweiz verlaufen würde, hatte ich als Initiant der Idee in der Vereinbarung mit der Regierung die Möglichkeit der Rückkehr nach Nepal vorgesehen, für diejenigen Tibeter, die sich in der Schweiz nicht assilimieren können.
Nach den Verstößen des IKRK-Mitarbeiters von Dhor Patan wurde mir von der Regierung erklärt: Hinter der Klausel der möglichen Rückkehr von Tibetern aus der Schweiz nach Nepal steht der Plan, diese Tibeter in der Schweiz zu Guerillakämpfern auszubilden. Ohne Streichung dieser Klausel dürfe kein einziger Tibeter Nepal verlassen.
Da der damalige Schweizer Botschafter in New Delhi sich nicht in der Lage erklärte, diese Klausel zu streichen, flog ich kurzerhand in die Schweiz zu einem Treffen mit Bundesrat Wahlen. Dieser ordnete die unverzügliche Streichung der Rückkehrklausel an.
Die Ansiedlung von Tibetern in der Schweiz wäre also im letzten Moment noch beinahe gescheitert.

Toni Hagen in seinem Camp unweit von Lo Mantang, mit seinen beiden Sherpa Aila und Tashi, im Gespräch mit einem tibetischen Salzhändler (1954).

Das Verhängnis nimmt seinen Lauf

1962, während des chinesisch-indischen Grenzkonflikts, konnte Nepal Nutzen aus der entwürdigenden indischen Niederlage ziehen, indem Indien die damalige erste Wirtschaftsblockade gegen Nepal unverzüglich stoppte. Der indischen Regierung gingen endlich die Augen auf über die Fragwürdigkeit ihrer Appeasement-Politik mit China, aufgrund derer sie die Besetzung weiter indischer Gebiete im Karakorum bisher verschwiegen hatte. Nutznießer waren aber auch die zahlreichen tibetischen Flüchtlinge in Indien, die unter unmenschlichen Bedingungen im Straßenbau, besonders im Kulu-Valley, eingesetzt waren. Indien erlaubte nun großzügige Hilfe und Ansiedlungsprogramme im Süden.
Während des chinesisch-indischen Grenzkrieges verstärkten die Khampa ihre Ausfälle über die Grenze nördlich von Mustang, glaubten sie doch, China sei durch diesen Krieg geschwächt.
Sie waren aber in einer hoffnungslosen Lage, das Ende war abzusehen. Nepal hatte bisher die Khampa im Gebiet von Mustang in großmütiger Weise geduldet. Mit der zunächst durch Kissinger geheimen Aufnahme von Beziehungen der USA mit dem Regime in Peking ließen auch die USA ihre bisherige Unterstützung für die Khampa fallen.
1972 mußte Nepal auf Druck von Mao Zedong den Khampa ein Ultimatum stellen, ihre Waffen abzugeben und sich in geeigneten Gebieten ansiedeln zu lassen. Daraufhin ergab sich ein Teil, während ein anderer Teil sich der Entwaffnung durch die nepalische Armee widersetzte. 1974 drohte eine Konfrontation mit der nepalischen Armee. Es kam zu Kämpfen, in deren Verlauf die Khampa entweder gefangengenommen wurden oder sich bis zu ihrem Tod wehrten. Der Dalai Lama hatte vergeblich versucht, die Khampa zur friedlichen Ansiedlung zu bewegen. Der Guerilla-Führer Wangdü floh mit 40 Getreuen in abenteuerlicher Weise nach Indien.
Schon vor der Generalamnestie von 1981 entließ die Regierung von Nepal diskret einen Teil der Khampa-Gefangenen. Etliche haben sich zu wohlhabenden Geschäftsleuten emporgearbeitet.

Die Götter werden auch Mustang verlassen

Seit 1959 war Mustang verbotene Zone. Die *trekking permits* im Thakkhola galten nur bis Kagbeni und Muktinath. 1992 wurde auch Mustang zum Trekking freigegeben. Die Regierung möchte zwar den Massentourismus durch horrende Abgaben verhindern. Ob damit der Qualitätstourismus gefördert werden kann, ist eine andere Frage.

»Die Götter verlassen das Land«, heißt der Titel eines aufrüttelnd geschriebenen Buches über den Kunstraub im Khatmandu-Tal.

Es wird geschätzt, daß seit der Öffnung des Landes für Tourismus, etwa nach 1960, mindestens 50 Prozent aller Kunstschätze durch die internationale Kunstraub-Mafia gestohlen und in den internationalen Kunstraubhandel gelangt sind. Diese Mafia ist so gut organisiert, daß man aufgrund von Bildbänden Fernbestellungen auf Kunstschätze aufgeben kann.

Mit der Öffnung des Gebietes von Mustang wird noch das letzte Stück Land unverdorbener, rein tibetischer Kultur dem Untergang freigegeben. Die außerordentlich reichen Kunstschätze werden die internationale Kunstraub-Mafia, gegen die kaum ein Kraut gewachsen ist, auf den Plan rufen.

Mustang und dessen Volk traf die Öffnung völlig unvorbereitet. Der Zusammenprall von Mittelalter und Wohlstandstourismus wird einen Schock auslösen. Man hätte das Volk durch Aufklärung und Erziehung darauf vorbereiten sollen, wie es selbst auf ersprießliche und nützliche Weise mit dem Tourismus zum eigenen Nutzen zusammenarbeiten kann. Der Mahendra Trust hat dies in seinem sehr erfolgreichen *Annapurna Conservation Projekt* mit dem vollen Einbezug der lokalen Bevölkerung in den Tourismus gezeigt.

Es ist aber zu befürchten, daß die Zeit nicht reichte, um die Lokalbevölkerung von Mustang genügend über Sinn, Zweck und Möglichkeiten der Entwicklung im Zusammenhang mit dem Tourismus, aber auch über die unabdingbare Selbsthilfe und Übernahme von Eigenverantwortung auszubilden und vor allem ihre volle Partizipation zu gewinnen.

Man hätte dem erfahrenen, aber doch »fremden« Personal des Mahendra Trust genügend Zeit gewähren sollen, um eine aktive *lokale Partnerschaft* auf allen Stufen aufzubauen.

Dr. Toni Hagen (geb. 1917) ist einer der besten Kenner Nepals. Er hat von 1950 bis 1958 die erste geologische Erkundung des bis dahin verbotenen Königreiches Nepal durchgeführt und durchwanderte dabei das gesamte Land zu Fuß, inklusive Mustang. Anfang der sechziger Jahre kümmerte er sich als Chefdelegierter des Internationalen Komitees vom Roten Kreuz um das Schicksal tibetischer Flüchtlinge in Nepal. In dieser Mission hat er hautnah die dramatischen Ereignisse miterlebt, die sich an Nepals Nordgrenze nach der chinesischen Annexion Tibets abspielten. Er hat zahlreiche wissenschaftliche Arbeiten zur Geologie Nepals verfaßt und beschäftigte sich zuletzt insbesondere mit Entwicklungsfragen. Im Verlag Kümmerly & Frey erschien der Klassiker »Nepal, Königreich im Himalaya«, und seine »Erinnerungen an Nepal 1950–1992« wurden vom Academia-Verlag unter dem Titel »Brücken bauen zur Dritten Welt« verlegt.

LEKI

DURCH DIE SCHLUCHTEN DES KALI GANDAKI

»Wir marschieren träumerisch in eine Mondlandschaft hinein.
Sie ist vollkommen von Nepal und Indien abgetrennt;
die Felsen nehmen unwirkliche Formen und Farben an und
glitzern in fremdartigen Lichtern wie Traumgebilde.«

GIUSEPPE TUCCI

In Jomosom geht es hoch her. Der Ort mit seinen flachen Häuserreihen erstreckt sich beiderseits des Kali Gandaki. Dzongsham, wie der tibetische Name lautet, war schon immer ein frequentierter Platz. Zogen in früheren Zeiten die Salzkarawanen aus Tibet hier durch, so ist es heute ein nie versiegender Strom von Trekkern, der den Ort passiert. Durch seine Lage entlang der populären Annapurna-Rundtour herrscht ein ständiges Kommen und Gehen. Eine illustre multinationale Gesellschaft gibt sich hier ihr Stelldichein. Der Beobachter, der sich entlang der Straße postiert, sieht Wanderer, die müde und sonnenverbrannt vom Thorong Paß und Muktinath herabkommen, andere machen sich gerade auf den Weg dorthin. Rucksäcke werden ein-, aus- und umgepackt. Hinzu kommen noch all jene, die aus den Flugzeugen steigen, die täglich von Pokhara einschweben; Ein- und Zusteiger in den Annapurna-Trek oder solche, die nur hierherkommen, um sich einmal die Beine zu vertreten. Dazwischen sieht man nepalische Beamte, Soldaten und geschäftige Thakali-Händler. Hin und wieder aber ist lautes Glockengeklingel zu vernehmen, begleitet von schrillen Pfiffen und Rufen. Dann ziehen Gruppen von Maultieren oder Yaks vorbei, beladen und prächtig aufgezäumt, eingehüllt in eine Staubfahne. Verwegene Gestalten, hoch zu Roß, reiten im Paßgang hinterher. Das sind Lopas, Bewohner des alten Königreiches Mustang, und sie wirken hier so fremd, als kämen sie von einem anderen Stern.

Jomosom ist zwar das Verwaltungszentrum für den gesamten Mustang Distrikt, aber der Ort ist fest in der Hand der Thakalis. Sie beherrschen auch das Geschäft mit den Fremden. Thakalis betreiben Läden, Gästehäuser und Restaurants, sie vermitteln Führer und Träger, vermieten Pferde und organisieren Exkursionen in die Umgebung. In den Gästehäusern entlang der Straße gibt es alles, was das Herz des müden Wanderers erfreut. Das Angebot auf den Speisekarten, die in unübersehbarer Größe die Häuser zieren, ist standardisiert. An erster Stelle steht die heiße Dusche, gefolgt von einer Kollektion italienischer und mexikanischer Gerichte und zuletzt der obligate Apfelkuchen nebst dem Hinweis auf die Sonnenterrasse.

Ob ich den Geheimtip in Jomosom kenne, fragt mich ein Amerikaner, der hier auf seine Freunde wartet. Ich denke an ein geheimnisvolles Kloster oder ein besonderes Fest. Aber da liege ich völlig daneben. »In der Jimi-Hendrix-Bar«, werde ich aufgeklärt, »gibt es die besten Videos, sogar ›Pretty Woman‹ ist dabei.« Nichts gegen ›Pretty Woman‹, aber da ziehe ich lieber die Sonnenterrasse vor. Dort gibt es auch »Fernsehen«, wirkliches »In die Ferne sehen«. Berge, die in den Himmel wachsen. Man muß sich zurücklehnen, mit dem Kopf einen Schwenk vollführen, um die gewaltige Nordwand des Nilgiri (7060 m) zu erfassen. Ein gezackter Grat zieht hinüber zum Tilitso (7132 m). Schneeweiße, geriffelte Wandfluchten bilden eine unüberwindliche Mauer, hinter der sogar der mächtige Annapurna verschwindet. Die französische Expedition unter Maurice Herzog, die im Jahre 1950 den Annapurna als ersten Berg über der magischen Achttausender-Marke erstieg, mußte wochenlang nach einer Zugangsmöglichkeit suchen. Heute, 40 Jahre später, informiert eine bunte Bildtafel am Flugplatz von Jomosom die ankommenden Gäste über alle Wege und Routen. Während der Annapurna trotz seiner Nähe unsichtbar bleibt, zeigt sich der Dhaulagiri als trapezförmiges Schneedach, das über einem kahlen braunen Bergrücken aufragt. Weil nur der Gipfelbereich zu sehen ist, wirkt der Berg trügerisch harmlos. Der vorgelagerte Bergrücken verhüllt gnädig die gewaltigen Eisbrüche, Hängegletscher und scharfen Grate, die wir beim Anflug auf Jomosom gesehen haben.

Die Gipfel von Annapurna und Dhaulagiri sind nur wenige Kilometer auseinander, dazwischen aber liegt die tiefste Schlucht der Welt. Der Kali Gandaki hat hier die Himalayakette in einem Canyon durchbrochen, der auf der Erde seinesgleichen sucht und den Grand Canyon des Colorado vergleichsweise wie einen armen Verwandten aussehen läßt. Sechstausend Meter steigen die Berge zu beiden Seiten des Flußbettes auf, vom zweitausend Meter hoch gelegenen Ufer des Kali Gandaki bis in die schwindelerregenden Höhen von über achttausend Meter. Die schwarze Göttin Kali, die Gefährtin Shivas, die in der Hindu-Mythologie für Auflösung und Zerstörung steht, ist Patin dieses dunklen, düsteren Flusses, der aus den Gebirgen Mustangs von einer unbekannten Quelle herabgurgelt. Die grimmige Kali hat aber noch einen anderen Aspekt, sie gilt als dynamische Kraft des Universums, als Ur-Energie. In dieser Funktion läßt sie den Gandaki auch dort Lebensspender sein, wo die Monsunregen ausbleiben. Das karge, wüstenartige Mustang im trockenen Schatten des Himalaya ist das Geschenk des Kali Gandaki, er läßt das Wunder des kleinen Königreiches entstehen, und entlang seiner Schluchten führen alle Wege.

Vorhergehende Bildseiten: Der Kali Gandaki bricht sich in einem gigantischen Canyon seinen Weg durch die Gebirgswüste von Mustang. Wind und Wasser haben die Schluchten zu bizarren Formen strukturiert. Der Mensch wirkt wie verloren inmitten dieser elementaren Urlandschaft.
Lori Gompa, das Juwel unter den Heiligtümern Mustangs. Es liegt fernab aller Handelswege und menschlichen Siedlungen. Kühn hineingesetzt in eine übermächtige Natur, die von Dämonen beherrscht wird, gleicht es einem winzigen Schiff, das gegen die Wellen des Ozeans ankämpft.
Die Kräfte der Erosion haben die Talwände von Yara zu gigantischen Orgelpfeifen strukturiert. Gleichzeitig hat sich der Fluß tiefer eingegraben, so daß die Höhlenwohnungen in unerreichbare Höhen rückten.
Helmut überquert den Gachang Chu, den schwarzen Quellfluß des Kali Gandaki, der von den Gletschern des Damador Himal herabkommt.

Das Tor zu Mustang

Mein Weg nach Mustang beginnt in der nüchternen kleinen Polizeistation von Jomosom. Hier wird das Trekking-Permit kontrolliert und genau geprüft, ob wir Verpfegung, Kocher und genügend Brennstoff dabei haben. Während der Beamte das Gepäck kontrolliert, beobachte ich, wie vor dem Gebäude der Distriktsverwaltung eine seltsame Fracht für den Transport vorbereitet wird. Sie ist für Mustang bestimmt und merkwürdig deshalb, weil sie traurig-typisch ist. Es sind Ortsschilder. In einem Land, wo es keinen elektrischen Strom, nicht genügend Bewässerungsanlagen und kaum medizinische Versorgung gibt, erscheinen sie mir absurd. Auf die grünen rechteckigen Holztafeln wurden mit weißen Buchstaben Namen geschrieben:

Tangbe, Chhuksang, Ghemi, Geling, Tsarang, Lo Mantang – Namen, die vor einem Jahr noch in unerreichbarer Ferne waren, weil sie jenseits der Demarkationslinie lagen, die hinter Kagbeni verlief und den größten Teil Mustangs für Fremde abriegelte. Jetzt bezeichnen die Namen Wegpunkte auf meiner Reise und lösen ein Feuerwerk von Gefühlen aus.

Seit ich mich mit dem tibetisch-buddhistischen Kulturraum beschäftige, ist das kleine halbautonome Königreich ein Ziel. Deshalb sind wir froh, als wir endlich Jomosom in Richtung Norden verlassen können. Wir, das ist eine kleine Gruppe von Freunden, die sich in Kathmandu getroffen haben. Da ist einmal Helmut, mein Partner auf vielen Tibetreisen, mit dem ich nun schon seit Monaten

Kagbeni, der »Block«, ragt wie eine Nase in das Bett des Kali Gandaki hinein.

im Himalaya unterwegs bin. Wir sind zusammen durch Zentraltibet geradelt, von Lhasa bis Tingri, dann auf den Cho Oyu (8202 m) gestiegen und weiter nach Nepal gereist. Vom Cho-Oyu-Team ist noch Lopsang mit von der Partie, ein erfahrener Sirdar, der aus Arunachal Pradesh stammt, tibetisch spricht und selbst gläubiger Buddhist ist. Mit ihm gekommen ist Mingma aus dem Sherpaland. Außerdem habe ich Andreas, einen Maler, zu diesem Unternehmen eingeladen sowie Marianne und Axel. In Lo Mantang werden noch zwei Schweizer Freunde – Beat und Daniel – zu uns stoßen. Um die unterschiedlichen Interessen und Intentionen nicht zu blockieren, haben wir vereinbart, nur sehr losen Kontakt zu halten. In Lo Mantang wollen wir zwar ein gemeinsames Lager errichten, aber getrennte Exkursionen unternehmen. Da wir praktisch zwei Gruppen bilden, haben die nepalischen Behörden uns auch zwei Begleitoffiziere zugewiesen.
Gleich hinter Jomosom betreten wir das Tal des Kali Gandaki. Das flache, steinige Bett, in dem sich der Fluß in vielen Mäandern hin und her windet, ist an dieser Stelle gut einen Kilometer breit. Gegen Norden zu treten die Talwände immer näher zusammen, pressen den Kali Gandaki in ein immer engeres Korsett, daß es den Anschein hat, als würde der Fluß in den Konglomeraten verschwinden. Wir laufen zunächst im Flußbett entlang, halten uns am rechten Rand, bis der Fluß uns in die steile Uferwand hinaufzwingt. Neidisch blicke ich hinunter auf eine Karawane, die wie an einer Schnur aufgefädelt im Flußbett weiterzieht. Für sie bildet der Kali Gandaki kein Hindernis, sondern eher eine willkommene Abwechslung. Die Yaks bleiben häufig im schäumenden Wasser stehen, sie gleichen Felsen in der Brandung, und es scheint ihnen ein ausgesprochenes Vergnügen zu bereiten, in den eiskalten Fluten zu baden. Unser Weg dagegen folgt einem staubigen Saumpfad hoch oben in der von Wind und Wasser zerfurchten Talwand. Die Erosion ist die alles gestaltende und bestimmende Kraft; ein ständiger Wind pfeift von Süden herauf und breitet einen Schleier von Staub über das Land. Im natürlichen Windkanal der Gandaki-Schlucht packt uns der Sturm mit voller Wucht und schiebt uns vorwärts.

Wie an einer Schnur aufgefädelt zieht eine Karawane in der Gandaki-Schlucht nordwärts.

Kagbeni – Alte Festung am Kali Gandaki

Nach einer Kombination von Auf- und Abstiegen kommt Kagbeni in Sicht. Aus der Ferne wirkt der Ort wie eine abweisende Festung. Eine geschlossene Front weißgekalkter Mauern, in der kein Zugang zu erkennen ist. Winzige, schießschartenähnliche Fensteröffnungen zeigen sich unterhalb der flachen Dächer. Kag – der Block , wie der tibetische Name lautet, liegt auf einem Vorsprung, der das Tal verengt. Das geballte Konglomerat ineinander verschachtelter Häuserwürfel gleicht wirklich einem riesigen Block, der das Kali-Gandaki-Tal abriegelt. Ein wogendes Meer grüner Gerste umgibt die Häuserfront. Sie wächst auf kleinen terrassenartig angelegten Feldern, die von hüfthohen Steinmauern begrenzt werden. Der Weg zieht sich am Rand der Felder entlang, stets am Fuße eines kahlen Bergrückens, damit kein Quadratmeter fruchtbaren Bodens verloren geht. Die ersten Häuser tauchen auf, die ersten Hunde ebenfalls, die zusammengerollt davor liegen und mißtrauisch aufblicken, als wir im Respektabstand vorbeilaufen. Dann folgt ein mächtiger Torchörten aus Lehm, bemalt mit den Farben Ocker, Weiß und Grau, den wir rechtsläufig umgehen. Ein Bächlein bahnt sich seinen Weg durch den tunnelartigen Durchgang. Früher wurden hier die Honorationen des Ortes – vor allem Vertreter des alten Adelsgeschlechtes, das einst hier herrschte, verabschiedet und willkommen geheißen. Vieles deutet darauf hin, daß in Kagbeni einmal ein unabhängiger kleiner König regierte, dessen Burg jetzt nur noch als Ruine über die einstöckigen Häuser hinausragt. Die beherrschende Stellung am Fernhandelsweg entlang des Kali Gandaki sicherte dem Herrscher von Kagbeni Einnahmen durch Gebühren und Zölle, die auf das Getreide erhoben wurden, das die Karawanen von Süden mitbrachten, und vor allem auf Salz und Wolle, die von Norden – aus Tibet – kamen. Der Reichtum aber war nur von kurzer Dauer und so vergänglich wie die abgebröckelten Mauern der Festung. Er provozierte den Neid und die Aggression mächtigerer und stärkerer Herrscher. Kagbeni wurde erobert, die stolze Burg und das Kloster zerstört. Dies geschah durch den König von Jumla im Jahre 1760, möglicherweise auch schon viel früher, als Mustangs legendärer König Amepäl das Land einte, indem er die Festungen entlang des Kali Gandaki unterwarf. Heute ist die Dynastie ausgestorben oder die entthronten Nachkommen sind zu arm, um die Ruine wieder aufzubauen. Abgebrochen wie die Herrscherlinie ist auch die Verbindung der Bewohner zu den Höhlen, die auf der anderen Seite des Flusses in die Konglomeratwand gehauen wurden. Niemand weiß etwas darüber. Beherbergten sie einmal in grauer Vorzeit das ganze Dorf oder suchten die Menschen nur in Kriegszeiten dort Zuflucht? Es gibt keinen Weg mehr dorthin, weder im Gedächtnis der Menschen noch über die glattgeschliffenen Wände.

Der Weg von Jomosom nach Kagbeni ist ein gemütlicher Spaziergang von zweieinhalb bis drei Stunden. Die Formalitäten am Checkpoint haben jedoch so viel Zeit in Anspruch genommen, daß wir erst gegen Mittag losmarschierten, und da uns in Kagbeni eine ähnliche Prozedur bevorsteht, ist es viel zu spät, um noch weiterzuziehen. Bei einer gastfreundlichen Familie finden wir Unterschlupf. Lopsang kennt mich schon so gut, daß er sich die Frage erspart, ob ich in einem der Gästehäuser, die von Thakalis betrieben werden, absteigen möchte. Außerdem teilt er meine Vorliebe für tibetische Häuser mit Familienanschluß. Unsere Gastgeber, mit denen wir rasch handelseinig sind, bieten uns an, die Zelte auf dem flachen Dach oder im ummauerten Hof aufzustellen. Am Dach zu schlafen ist verlockend, aber wegen des böenartigen Windes wenig ratsam. So schlagen wir die Zelte dort auf, wo in der Regel die Yaks und Schafe untergebracht sind. Das Erdgeschoß eines tibetischen Hauses dient üblicherweise als Stall, was den Vorteil hat, daß die Körperwärme der Tiere gleichzeitig die Bodenheizung für den darüberliegenden Wohnbereich bildet. Auch sonst ist mir alles von Tibet her bestens vertraut: die gemütliche Wohnküche mit der offenen Feuerstelle, das Inventar, die bunten Teppiche, auf denen man sitzt, und der randvoll gefüllte Becher mit köstlichem Chang (Getreidebier), den mir die Hausfrau zur Begrüßung hinstellt. Lopsang kümmert sich um unser Abendessen und ist im übrigen vom Herd nicht mehr wegzubringen, wo er nach jedem Glas Getreidesaft ausgelassener mit den Töchtern des Hauses schäkert.

Draußen ist der Mann damit beschäftigt, einen halbverfallenen Chörten abzutragen. Das geht nur sehr langsam vor sich, weil darin Hunderte von Tsa Tsas, kleine Lehmpyramiden als Opfergaben, eingearbeitet sind, die nun einzeln herausgepickt und entsorgt werden müssen. Niemals werden religiöse Gegenstände einfach weggeworfen, sondern immer so gelagert, daß kein Mensch oder Tier sie mit Füßen berühren kann. Auch wenn das Kloster von Kagbeni heute den Eindruck erweckt, als läge der Buddhismus in den letzten Zügen, so ist er in den Herzen der Menschen noch immer fest verankert. Vom alten Kloster ist nur noch der Haupttempel übrig, ein festungsartiger, sich nach oben verjüngender Turm, der als roter Farbklecks weithin sichtbar aus dem Gewirr der Häuser ragt. Von einem Kloster zu sprechen ist irreführend, denn es gibt hier kein monastisches Leben, keine Mönchsgemeinschaft, die das Gebäude bewohnt, sondern nur einen Wärter, der den Schlüssel aufbewahrt, aber selbst diesen suche ich vergeblich. Der italienische Tibetforscher Giuseppe Tucci, der im Jahre 1952 Mustang besuchte, fand darin Fresken aus dem 15. und 16. Jahrhundert, feine Bronzefiguren aus der besten Periode nepalischer Kunst, chaotisch aufgestellt wie in einem Second-hand-Laden. Die zentrale Figur ist der Buddha Sakyamuni, flankiert von seinen Lieblingsschülern Sariputra und Maudgalyayana.

Mitten durch den Ort fließt der Dzon Chu. Er kommt von Muktinath herab, und sein Wasser speist die Felder, ist Quelle, Viehtränke und Bad zugleich. Eine Brücke überspannt den Fluß und verbindet die beiden Ortshälften. Der südliche Teil beherbergt das »Kloster«, im nördlichen liegt die Burgruine. Dort drängen sich die Häuser so zusammen, daß man sich durch tunnelartige Gänge bewegt, die kaum mehr als einer Person Platz bieten. Die Gassen sind manchmal so eng, daß trotz Fußgängerzone ein Einbahnsystem notwendig wäre. Das existiert bereits am Ortsende, entlang der Mani-Mauer, die jeden auf den rechten Weg bringt.

Am Ufer des Kali Gandaki nordwärts

Unser Weg führt am nächsten Morgen schnurstracks zum Checkpost am nördlichen Ende der Siedlung, wo ein deutlich sichtbares Schild den Beginn der »restricted area« markiert – jene Grenze also, die bis zum Jahre 1992 kein Fremder überschreiten durfte. Nachdem wir abermals unsere Permits vorgewiesen haben, ziehen wir, begleitet von den guten Wünschen des Offiziers, aus Kagbeni hinaus. Jetzt erst verlassen wir bekannte Pfade, treten ein in das Lande Lo, das der buddhistischen Welt einige der größten Gelehrten geschenkt hat und in dem die steinernen Zeugen einer glanzvollen Vergangenheit überall umherliegen, wohin man seinen Blick richtet. Verfallene Burgen und Festungen, Klöster, Chörten, Mani-Mauern, flatternde Gebetsfahnen auf windigen Pässen, eine ganze Landkarte des Glaubens breitet sich vor uns aus, in der fast jeder Berg, jede Felszacke eine religiöse Bedeutung hat.

Mit jedem Kilometer, den wir in nördlicher Richtung zurücklegen, wird die Landschaft wüstenhafter. Der Kali Gandaki gibt weiterhin die Route vor, wenngleich sein hoher Wasserstand verhindert, daß wir auf direktem Weg in seinem Flußbett entlangmarschieren. Statt dessen geht es steil bergauf, quer über einen kahlen braunen Bergrücken, von dessen Höhe ein weißer gemauerter Schrein herableuchtet. Dahinter zieht der Pfad wieder zum Kali Gandaki hinunter.

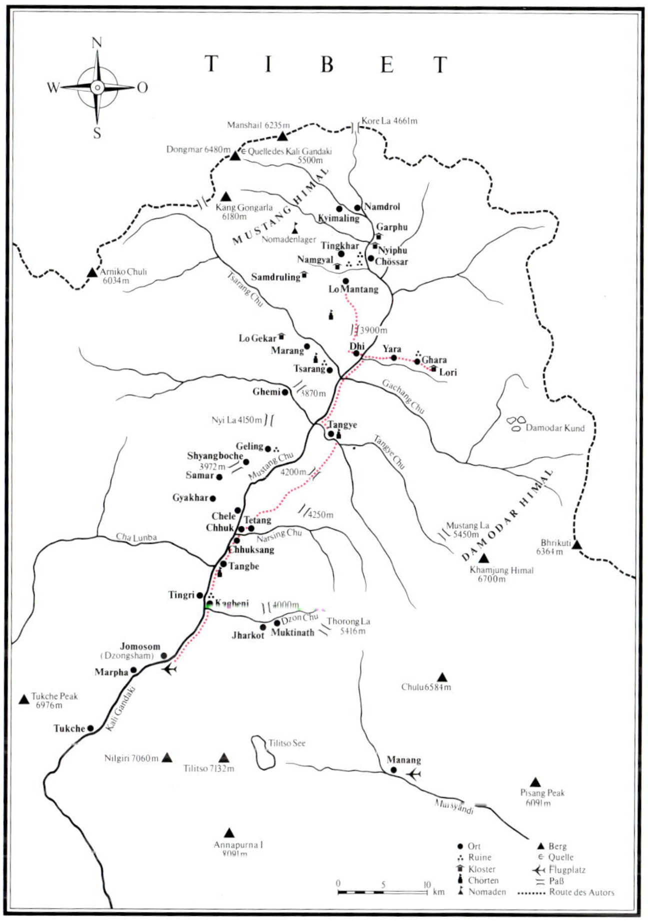

Der Weiterweg läßt sich am besten so zusammenfassen: Entweder folgen wir terrassenförmig aufsteigenden Talwänden entlang schmaler Saumpfade, oder wir laufen im steinigen Bett des Flusses nordwärts. Pünktlich um elf Uhr setzt der Wind ein und steigert sich von Stunde zu Stunde. Zernagte, mit bunten Gesteinsschichten durchzogene Bergrücken schieben sich wie Kulissen von beiden Seiten in das Flußbett. Nach Westen eröffnet sich ein Seitental, aus dem der Cha Lunba herauskommt, ein Fluß, der von den Gletschern des Dhaulagiri und Tukche Peak gespeist wird. Als wir wieder einmal um eine Felsnase biegen, sehen wir hoch oben auf einem flachen Absatz das Dorf Tangbe thronen. Ein staubiger Pfad windet sich zur Siedlung hinauf, vorbei an einem wunderschönen großen und einer ganzen Reihe kleiner Chörten. Alle sind frisch getüncht, grau, rot und weiß gerändert: die Farben der Sakyapa, einer buddhistischen Rotmützenschule, deren Stammkloster in Zentraltibet liegt. Der große Chörten ist ein Prachtstück. Er zeigt die für Mustang und das benachbarte Dolpo typische Bauweise: eine Verquickung von Lehm und Holz.

Am quadratischen Sockel sind die acht buddhistischen Glückssymbole aufgemalt; sie erscheinen paarweise an allen vier Seiten. Ein rechteckiges Holzdach, das von rotbemalten Stangen gestützt wird, behütet den Chörten wie ein Schirm. Vorbei an den Ruinen einer verfallenen Trutzburg und den dunkelroten Mauern der Gompa (Kloster), führt der Weg entlang eines pappelgesäumten Bewässerungskanals in das Dorf hinein. Der Ort wirkt wie ausgestorben. Jetzt zur Erntezeit sind die meisten Bewohner draußen auf den Feldern, die sich wie ein Gürtel um die Häuser legen. In den schattigen, engen Gassen ist es wohltuend kühl. Am nördlichen Ende des Dorfes kommen wir an einen Platz, an dem alle Wege zusammenlaufen und wo ein kleiner Bach als Wasserfall über eine Stufe herabstürzt. Hier treffen wir die ersten Bewohner.

»Die Leute in Tangbe sind habgierig und unfreundlich«, hat man uns in Kagbeni gewarnt. Ein Urteil, das sich nicht bestätigt, denn wir werden mit ausgesuchter Höflichkeit empfangen und in einen ummauerten Hof geführt, wo wir unter einem schattenspendenen Vordach unsere Mittagsrast halten. Die mächtigen Ruinen der Burg deuten darauf hin, daß Tangbe in früheren Zeiten ein ernstzunehmender Rivale Kagbenis war und gleichfalls die Handeslroute entlang des Kali Gandaki zu kontrollieren suchte. Vielleicht liegt darin der Grund für die tief verwurzelte, bis heute andauernde Feindschaft zwischen den beiden Orten.

Von Tangbe führt der Weg entlang eines kühn in den Fels gehauenen Pfades weiter und nähert sich allmählich wieder dem Ufer des Kali Gandaki. Rhythmisches Glockengeklingel ist zu hören, das rasch näher kommt. Gerade noch rechtzeitig verlasse ich den schmalen Pfad, um der Karawane auszuweichen, die plötzlich um die Ecke kommt. Mit dem Staub, den sie aufwirbelt, kommt auch ein Hauch längst vergangener Zeiten, als der Glanz der Karawanen der Reichtum Mustangs war. Maultiere und Pferde ziehen im Gänsemarsch vorbei. Die Tiere sind prächtig aufgezäumt, mit weißen und roten Yakwedeln, Troddeln und Quasten, die im Wind flattern. Auf den Rücken liegen prallgefüllte Säcke aus Yak- und Schafwolle. Zuletzt laufen die Treiber einher und versuchen die Tiere durch Pfiffe, Rufe und – wenn es nicht anders geht –

durch gezielte Steinwürfe in die gewünschte Richtung zu dirigieren.

Kunza Chöling – Die untergegangene »Insel der Lehre«

Der Kali Gandaki läuft nun direkt auf einen gigantischen Felsblock zu, der das immer enger werdende Tal an der schmalsten Stelle abriegelt. Hoch oben in der steilen Felswand, die sich über dem westlichen Ufer in den Himmel reckt, ist ein Kloster zu erkennen. Es trägt den klangvollen Namen Kunza Chöling – Insel der Lehre. In der Bevölkerung heißt es einfach Gompa Kang – Bergkloster. Die Felswände sind durch die Kräfte der Erosion zu gigantischen Orgelpfeifen strukturiert und von künstlichen Höhlen durchsiebt, die sich an den exponiertesten Stellen als schwarze Löcher zeigen.
Sie müssen in einer Zeit gebaut worden sein, als das Flußbett noch viel höher war – und das ist lange her. In diesen Höhlen, von denen es Hunderte in Mustang gibt, könnte der Schlüssel zur Besiedlungsgeschichte des Landes liegen. Bisher wurden erst wenige Höhlen weiter im Süden der Kali-Gandaki-Schlucht archäologisch untersucht, dabei fand man Geräte aus Kupfer, Tongefäße und andere Grabbeigaben aus einer Zeit von 1000 v. Chr. bis 400 v. Chr. Vieles spricht dafür, daß die Höhlen einmal die urspünglichen Dörfer waren und sich die Menschen erst in viel späterer Zeit entschlossen, ihre Häuser in den Tälern zu bauen. Stets befinden sich die Höhlen in unmittelbarer Nähe der heutigen Dörfer; sie vermitteln den Eindruck, als fühlten sich die Menschen, nachdem sie ihre uneinnehmbaren Behausungen verließen, nicht sicher genug und blieben deshalb in der Nähe, bereit dorthin zurückzukehren, wenn Gefahr im Verzug war. Nicht weit entfernt, im westtibetischen Guge, leben Menschen noch heute in ähnlichen Fluchtburgen.
Auch hier liegt das dazugehörige Dorf nur einen Steinwurf entfernt, es breitet sich am gegenüberliegenden Ufer des Kali Gandaki über eine flache Terrasse aus. Chhuksang besteht eigentlich aus drei Teilen, aus Chhuk, Choknam und Tetang. Erstere sind nur durch das Bett des Narsing Chu voreinander getrennt, während Tetang einen guten Kilometer flußaufwärts in Richtung Osten liegt. Chhuk ist zweifellos die bedeutendste Ansiedlung, denn sie beherbergt die Reste einer Burg. Eng drängen sich die weißen einstöckigen Häuser um die dunkle Ruine.
Gleich nach unserer Ankunft begibt sich Lopsang auf die Suche nach einem geeigneten Lagerplatz. Schon nach einigen Minuten kehrt er zurück, raunt den Trägern einige Befehle zu und führt uns auf einen Viehpferch unmittelbar am Ufer des Narsing Khola. Schnell sind die Zelte aufgestellt, so daß noch genügend Zeit bleibt, der Gompa Kang einen Besuch abzustatten. Die Suche nach dem Schlüsselverwalter wird zum Spießrutenlauf. Wir werden von einem Haus zum anderen verwiesen und schließlich auf die Felder geschickt, wo die meisten Bewohner mit dem Einbringen der Ernte beschäftigt sind. Dort werden wir fündig. Einen schweren Schlüssel in der Hand, turnt der Führer vor uns in den azurblauen Himmel hinauf. Mühsam wie die Suche nach dem Klosterverwalter ist auch der Aufstieg über den verwachsenen, abgebröckelten Steig, der die Wand durchzieht. Es wird nicht mehr lange dauern, dann wird das Kloster genauso wie die Höhlen unerreichbar sein. Die Menschen scheinen es jetzt bereits aufgegeben zu haben, es wirkt verwahrlost, vollkommen verwaist, in allen Stadien des Verfalls. Der einzige Mönch, der dort noch gewohnt hat, ist verstorben, aber die Gottheiten, friedliche und zornvolle, sind noch da. Aus dem Halbdunkel der Vorhalle starren die schrecklichen Fratzen der vier Weltenhüter den Besucher an. Furchteinflößende Gesichter – rot, grün, gelb und blau – mit einem Kranz aus Totenschädeln, weit geöffnetem Rachen und Reißzähnen. Wendet sich der Besucher davon ab, wird er mit dem Rad des Lebens konfrontiert, das ihm den Kreislauf der Wiedergeburten zeigt, mit all den Qualen, die ihn erwarten, wenn ihm sein Karma in die unteren Ebenen hinabzieht, in die Daseinsbereiche der unersättlichen Hungergeister und Höllen. In der Haupthalle schöpft der Gläubige wieder Hoffnung, da thront der Maitreya als Kolossalstatue, der zukünftige Buddha, der »Liebende«, der im Tushita-»Himmel« weilt und in 30000 Jahren in Erscheinung treten soll. Der Riesenbuddha reicht über zwei Stockwerke. Auf einem Balkon in der oberen Etage steht man ihm von Angesicht zu Angesicht gegenüber.
Der Wärter des verfallenden Heiligtums nutzt den Besuch für sein Seelenheil und entzündet ein paar Butterlampen. Der flackernde Schein der Lampen läßt die Fresken an den Wänden tanzen. Gestalten des geheimsten esoterischen Zirkels bewegen sich wie Schatten durch die Nacht, schwingen die Arme mit ihren tödlichen Waffen. Da ist Hayagriva (tib.: Tramdin), der rasende Schutzgott der tantrischen Lehre, daneben eine Dakini (tib.: Khadroma), deren Nacktheit die Erkenntnis unverhüllter Wahrheit symbolisiert und mit ihren Füßen den Dämon der Unwissenheit zertritt. Samantabhadra, der Adibuddha des Diamant-Fahrzeuges, mit seiner Partnerin in kosmischer Vereinigung. Sein nackter, tiefblauer Körper symbolisiert die

Leere. Trotz Staub und Verfallserscheinungen geht von den Fresken eine suggestive Kraft aus.
Es waren Meister, die sie schufen und mit ihrem tiefen Glauben beseelten. Um so trauriger ist es, daß sie den Menschen offenbar nichts mehr bedeuten, sie welken dahin in der Abstellkammer der Zeit, werden wieder zu Staub, aus dem begnadete Künstler sie einst erstehen ließen. Immer und überall ist die Gleichgültigkeit der größte Feind. Über die Ursachen läßt sich nur spekulieren. Ist es das hindu-dominierte Nepal, das den Buddhismus unterminiert, oder führte die Trennung von Tibet, wo die Wurzeln ihrer Kultur liegen, zu dieser Entfremdung?
Einen noch beklagenswerteren Eindruck vermitteln die beiden Klöster von Tetang, und auch an einem Höhlentempel, den man uns zeigt, vollzieht sich Buddhas Erkenntnis von der Vergänglichkeit aller Dinge. Das Heiligtum liegt etwas oberhalb von Chhuk und beherbergt eine erstaunliche Kollektion von Buddhas. Im Zentrum sitzt wieder eine Maitreya, umgeben von den fünf transzendenten Buddhas – Amitabha, Aksobhya, Amoghasiddhi, Ratnasambhava und Vairocana. Das hehre Alter ist den Figuren anzusehen. Mit ihren verblaßten Farben und der dicken Staubschicht, die sich darauf angesammelt hat, wirken sie wie Relikte einer noch älteren Zeit als alles, was ich bisher sah.

Am Spielplatz der Dämonen

Am nächsten Tag verlassen wir den alten Karawanenweg, der weiter entlang des Kali Gandaki nordwärts zieht, und steigen über eine völlig versandete Halde in nordöstlicher Richtung auf. Tief unter uns liegen die terrassenförmig angelegten Felder von Tetang: Gerste in verschiedenen Reifestadien, die in allen Gelb- und Grünschattierungen schimmert. Mit dem verschachtelten Gewirr weißgekalkter Häuserwürfel sieht es von oben herab wie ein Patchwork aus. Die hohen, teilweise fensterlosen Mauern der Häuser, die eine geschlossene Front bilden, vermitteln eher das Bild einer wehrhaften Zitadelle als das eines gewöhnlichen Bauerndorfes. Die flachen Dächer sind mit aufgeschichtetem Holz gerändert, und an den Ecken flattern weiße Gebetsfahnen im Wind. Auf einem Platz vor dem Dorf ist eine Gruppe Bauern damit beschäftigt, mit hölzernen Flegeln das Getreide zu dreschen, während andere von den abgeernteten Feldern für Nachschub sorgen.
Aber bald sind wir gezwungen, den Blick vom Dorf abzuwenden und uns auf den Weg zu konzentrieren, der nun zunehmend steiler wird und über eine zerklüftete Konglomeratwand auf einen luftigen Grat hinaufführt. Zwei Stunden steige ich ohne Unterbrechung auf. Ohne mich ein einziges Mal umzublicken, weiß ich, daß Helmut mir folgt, so vertraut geworden ist mir der Rhythmus seiner Schritte und des Atems. Als wir oben auf der Paßhöhe stehen und uns umschauen, sind wir fast 1000 Meter höher als Chhuksang und mutterseelenallein. Der Kali Gandaki tief unten am Grund eines Canyons kann mehr erahnt als gesehen werden. Vor uns aber dehnt sich eine unwirkliche Landschaft aus. Ein Chaos von zerrissenen, ausgebleichten Bergformationen, eine phantastische Welt abstrakter Formen: weiße Kegel aus Sandstein wie riesige Zuckerhüte, violette Bergkegel mit rostroten Gesteinsbändern, gigantische Säulen wie Orgelpfeifen aneinandergereiht. Produkt einer seltsamen Laune der Natur oder – wie die Lopas glauben – der Spielplatz gefährlicher Dämonen.
Hatten wir bisher den Kali Gandaki und einzelne Dörfer als Bezugspunkte, so sehen wir uns jetzt einer Landschaft gegenüber, die kein menschliches Maß mehr kennt. Kahle, ausgedörrte Hügelketten, die sich wie Wellenkämme nach Norden hin ausbreiten.
Die gähnenden Spalten, Löcher und Türme dazwischen erinnern an einen Gletscherbruch. Vegetation ist auf ein Minimum reduziert: Kein Baum, kein größerer Strauch findet sich in dieser öden Leere, allenfalls etwas Gras, hin und wieder ein Dornbusch. Verschwunden sind auch alle Spuren menschlichen Lebens, nicht einmal Hirten mit ihren genügsamen Ziegenherden finden hier ein Auskommen. Ohne einer Menschenseele zu begegnen, durchpflügen wir diese Landschaft, folgen dem gewundenen Pfad, der sich über Kämme und am Rande gähnender Schluchten entlangzieht. Tiefe überall, wohin man auch blickt. Mir ist jede Beziehung für Zeit abhanden gekommen. Losgelöst von den Fesseln der Niederungen, den Begrenzungen des Alltags, fühle ich mich seltsam befreit. Fast schwebend laufen wir in eine Weite hinein, die uns bereits Anteil haben läßt an jener Unendlichkeit, die hinter dem Kore-Paß beginnt. Dort, wo sich am Horizont Himmel und Erde berühren und die weißen Wolken wie Schiffe in den tiefblauen Himmel Tibets hinaussegeln.
Nur ein einziges Mal machen wir Rast. Zusammengekauert hinter einem Felsblock, der uns vor dem scharfen

Folgende Doppelseite: Das Dorf Chhuksang ist ein wichtiger Punkt auf dem Weg nach Lo Mantang. Hier gilt es zu wählen: Entweder folgt man der alten Salzstraße weiter in Richtung Norden oder man nimmt den Höhenweg über Tangye und Dhi.

Wind schützt, verzehren wir unsere Tagesration – ein Stück Brot, etwas Käse und einen Apfel. Mit wie wenig man hier auskommt, trotz körperlicher Anstrengung, ohne ein Gefühl von Entbehrung zu haben! Reduktion ist Gewinn und nicht umgekehrt. Es ist der Überfluß, der uns träge und krank macht, das Überangebot, dem wir ständig ausgesetzt sind – auch an menschlichen Begegnungen. Hier gibt es keinen sinnlosen Lärm, kein unnötiges Geschwätz, keinen »Zeit-Vertreib«. Dafür existiert Raum zum Atmen, können sich Gedanken entwickeln und weitergesponnen werden, ohne dauernde Unterbrechung, ohne Einschränkung.

Am stählern blauen Himmel ziehen Adler ihre Kreise, und auch wir schwingen uns von einem Bergrücken zum nächsten; dann tauchen wir hinunter in eine nach Westen weisende Talfurche. Auf einer abfallenden kleinen Terrasse sprudelt eine Quelle hervor und hat um sich herum eine Oase in Grün geschaffen. Da gibt es saftiges Gras, duftenden Wacholder und ein paar Koniferen. Dahinter schraubt sich der Pfad wieder in einsame Höhen hinauf, windet sich um Vorsprünge herum und durchschneidet abschüssige Sandhänge. Plötzlich ist der Paß da. Ein aufgeschichteter Steinhaufen in über 4000 Meter Höhe, aus dem sich eine Holzstange reckt, die gänzlich mit Gebetsfahnen behangen ist.

Aus der Tiefe des eingekerbten Flußbettes leuchtet ein grüner Fleck herauf. Magisch wird der Blick davon angezogen, denn die winzige Oase bildet einen vollkommenen Gegensatz zur umgebenden Landschaft. Messerscharf verläuft die Grenze zwischen Furchtbarkeit und Ödnis, außerhalb der künstlich bewässerten Felder gibt es kein Leben. Damit nichts von der spärlichen Nutzfläche verloren geht, drängen sich die Häuser am äußersten Rand der Terrasse, ihre schneeweißen Mauern heben sich reizvoll von der sandig-gelben Bergkulisse ab. Da gibt es kein Zögern mehr. Automatisch setzen sich die Beine in Bewegung, eine Staubwolke hinter uns herziehend, stolpern wir über steile Halden zu Tal. Rasch nähern wir uns dem Fluß. Der Tangye Chu fließt von den Gletschern des Damodar Himal herab, und wenn man ihm bis zu seinem Ursprung folgen würde, käme man zu den heiligen Seen Damodar Kund. Jetzt im Juni hat er sich in einen reißenden Sturzbach verwandelt. Das Wasser ist grauschwarz und eisig kalt. Deshalb sind wir froh, eine Brücke zu entdecken, die die Bewohner etwas flußaufwärts an einer günstigen Stelle von Ufer zu Ufer geschlagen haben. An dieser Stelle verengt sich das Tal bis auf ein paar Meter, und der Fluß schießt zwischen Felsblöcken hindurch. Flatternde Gebetsfahnen sollen die vielen Lhas und Lhus, die unberechenbaren Erd- und Flußgeister, von der Brücke fernhalten und den Weg der Menschen darüber beschützen.

Als nächstes kommen wir an einem Chörten vorbei. Er paßt nicht nur gut in die Landschaft, er prägt sie geradezu, denn in ihm vereinigen sich alle Elemente. Der quadratische Unterbau steht für das Element Erde, der kelchförmige Aufbau, in dem gewöhnlich die Reliquien untergebracht sind, symbolisiert das Element Wasser, der liegende Halbmond an der Spitze bedeutet das Element Luft, und die krönende Flamme der Weisheit ist die Entsprechnung für den Äther. Die alte indische Fünfteilung ist die immer wiederkehrende Symbolik; zu den fünf Elementen kommen die fünf transzendenten Buddhas, fünf menschliche Sinne, fünf Weltzeitalter sowie die entsprechenden Attribute und Farben. Der Chörten ist ähnlich wie das Mandala ein äußerst kompliziertes kosmisches Symbol, in dem Mikrokosmos und Makrokosmos zur Übereinstimmung gebracht werden. Ein Symbol, das jeden anders anspricht. Dem einen dient es zur Meditation, zur Einswerdung mit dem Kosmos, dem einfachen Gläubigen ist es Aufforderung für ein gemurmeltes Mantra. Den meisten westlichen Besuchern bedeutet es nicht viel mehr als ein exotisches Fotomotiv, ein netter Farbklecks in der Landschaft, der genauso zum Himalaya gehört wie die »stets lächelnden Menschen« in den Reiseprospekten und der »obligat ranzige Buttertee« der Berichte hinterher.

Dem ersten Chörten folgen weitere, halb verfallene, kleine und große, verblaßte und frisch getünchte, mit unterschiedlicher Bauweise. Nach den acht wichtigsten Stationen im Leben des Buddha und den acht Fürsten, die sich die sterblichen Überreste teilten, entstanden acht verschiedene Typen von Chörten. Dahinter erstreckt sich eine lange Mauer mit Tausenden von Steinplatten, in denen das Mani-Mantra eingemeißelt ist. Der Pfad, der sich solchen Heiligtümern nähert, teilt sich und umschlingt sie wie zwei zur Andacht erhobene Arme. Die Mauer zur Rechten, ziehen wir daran vorbei. Unser Kommen ist nicht unbemerkt geblieben. Die stets wachsamen Hunde kündigen uns mit wütendem Gebell schon lange an, sie veranstalten ein solches Konzert, daß wir ernsthaft überlegen, um das Dorf einen großen Bogen zu machen. Da eilen uns schon besorgte Dorfbewohner entgegen. Sie lotsen uns auf verschlungenen, tunnelartigen Gassen durch das Dorf.

Die Häuser von Tangye stehen so dicht gedrängt, daß kein Sonnenstrahl die dunklen Gänge erhellt. Vorbei an den sich wild gebärdenden Hunden und begleitet von einer immer größer werdenden Kinderschar, führt man uns auf einen freien Platz am anderen Ende des Dorfes,

der sich für ein Lager eignet. Gleich daneben ist eine Gruppe von Frauen damit beschäftigt, Getreide zu dreschen, aber die Anwesenheit von Fremden in Tangye ist in diesen Tagen noch so eine Seltenheit, daß es nicht lange dauert, bis sie die Flegel zur Seite legen und sich in die Menge mischen, die laut schnatternd um uns herumsteht. Wir blicken immer wieder über die braunen Rücken zum Paß hinauf, aber von Lopsang und seiner Mannschaft ist noch nichts zu sehen.
Der idyllische Eindruck, den das Dorf aus der Entfernung vermittelte, beginnt sich nun zu relativieren. Die Lebensumstände sind extrem hart, und die Menschen sind den Krankheiten hilflos ausgesetzt. Auch hier wird der Fremde unbesehen als Arzt betrachtet, aber nicht einmal in den entlegensten Winkeln Tibets bin ich mit ähnlichen unbehandelten Leiden konfrontiert worden. Chronische Augenentzündungen, akute Bronchitis, schwere Arthrosen sind allgemein verbreitet.
Viele Kinder, auch die jüngsten, haben schlimme Hautgeschwüre. Als Lopsang mit den Trägern kurz vor Einbruch der Dunkelheit eintrifft und das Lager steht, wird das große Eßzelt zum Lazarett. Zum Glück hat Marianne eine Ausbildung als Krankenschwester hinter sich, die sie befähigt, wirklich zu helfen. Wir tun, was in unseren Möglichkeiten steht. Reinigen, behandeln, verbinden eiternde Wunden und Geschwüre, verteilen Augentropfen, deren Gebrauch Lopsang, der perfekt tibetisch spricht, genau erklärt.
Ein Mädchen, das von seiner Mutter ins Zelt geführt wurde, hatte sich bei einem Sturz eine Kopfwunde zugezogen. Nachdem wir die Stelle von verklebten Haaren und Schmutz gereinigt hatten, sahen wir, daß ein daumendickes Loch bis zur Schädeldecke klaffte, das wir reinigten und mit einer halben Tube Wundsalbe füllten. Das Mädchen war halb benommen vor Schmerz und ließ die Prozedur ohne mit der Wimper zu zucken über sich ergehen. Danach überließen wir der Mutter eine weitere Tube mit Heilsalbe, Desinfektionsmittel und genügend Verbandsmaterial. Zuletzt gab ihr Lopsang noch eine Packung Antibiotika mit der entsprechenden Anleitung zur Dosierung. Ich erwähne dieses Beispiel deshalb, weil wir uns bei den hier herrschenden hygienischen Verhältnissen, dem unvermeidlichen Schmutz, nicht allzu große Hoffnungen auf Erfolge machten, aber als ich Tangye ein halbes Jahr später wieder besuchte, konnte ich feststellen, daß die Wunde völlig verheilt war.
Auch am nächsten Morgen sind wir bis zum Abmarsch damit beschäftigt, diverse Wehwehchen zu behandeln. Manche wollen nur ein Stück Pflaster, das sie sich an beide Schläfen kleben und wovon man überzeugt ist, daß es vor alle Art von Schmerzen schützt. Wir geben es ihnen gerne, denn wer so fest daran glaubt, dem wird es auch helfen.

Wilde Wasser und heilige Steine

Der Weg von Tangye führt entlang einer Reihe von Gerstenfeldern zum Fluß hinunter. Das breite Bett des Tangye Chu, der bald in den Kali Gandaki einmündet, verspricht eine bequeme Route. Von Tangye aus führen zwei Wege weiter nach Norden. Ein Höhenweg mit steilen Auf- und Abstiegen oder im flachen steinigen Bett des Kali Gandaki.
Aus Rücksicht auf die Träger, die am vorangegangenen Tag eine lange, anstrengende Etappe zu bewältigen hatten, entscheiden wir uns für den scheinbar leichteren Weg. Wir sind keine Viertelstunde unterwegs, dann stehen wir vor dem ersten Hindernis. Der Tangye Chu zieht schräg durch sein Bett, bis er an eine glatte überhängende Uferwand prallt. Keine Chance, hier trockenen Fußes vorbeizukommen. Wir müssen sogar noch zurückgehen, um eine schwache Stelle zu suchen, an der der Fluß gefahrlos zu überqueren ist. Da betrachten wir noch alles als Abwechslung, auch als willkommene Gelegenheit für ein längst fälliges Fußbad, aber als wir wenige Minuten später vor der nächsten Flußschleife stehen, beschleicht mich die Ahnung, daß wir uns für den falschen Weg entschieden haben.
Wieder heißt es Schuhe ausziehen, Hosenbeine hochkrempeln und durch das gurgelnde Wasser waten. Die Stöcke sind als Hilfe unentbehrlich. In diesem Stil geht es weiter. Noch zwei weitere Male müssen wir durch den Tangye Chu, bis wir endlich das Bett des Kali Gandaki erreichen. Hatten wir insgeheim gehofft, daß es hier besser sein würde, so genügt ein Blick auf die himmelhoch aufragenden Wände und die schwarzen Wassermassen, die sich hindurchwälzen, um diese Illusion zu zerstören. Wenn wir gewußt hätten, was uns auf dem folgenden Abschnitt erwartet, ich glaube wir wären sofort umgekehrt.
So marschieren wir ahnungslos in eine Landschaft hinein, die uns überwältigt. Wir kommen uns wie Zwerge vor, inmitten dieser gigantischen, seltsam zerfurchten Konglomeratwände, die immer enger zusammentreten. Haushohe, abgesprengte Blöcke liegen umher, als wären sie von Kyklopenhand hingeschleudert worden. Liefen wir gestern durch den Spielplatz der Dämonen, so müssen wir nun an ihrem Kampfplatz angelangt sein. Padma-

sambhava, der große indische Tantriker, der im 8. Jahrhundert nach Tibet kam, um die mächtigen Dämonen des Schneelandes zu unterwerfen und sie in den Dienst der buddhistischen Lehre zu zwingen, hinterließ auch in Lo seine Visitenkarte. Nach den glorreichen Taten in Tibet kam er auf seinem geflügelten Roß Valaha hierhergeflogen und trat zum Kampf gegen das Heer der Dämonen an. Auch die Dämonen des Landes Lo waren seiner überlegenen Zauberkraft nicht gewachsen. Padmasambhava hat sie besiegt, sie vernichtet, ihre Körperteile in alle Richtungen verstreut, wo sie heute als markante Felsgestalten und Bergrücken in der Landschaft herumliegen. Beim Anblick der Formen, die uns hier umgeben, bedarf es nicht viel Phantasie, um darin das Wirken übernatürlicher Kräfte zu sehen.

Solche Kräfte wünschen wir uns nun, als wir plötzlich vor dem Kali Gandaki stehen, der uns den Weiterweg versperrt. Da ist kein Auskneifen möglich. Die senkrechten Wände zu beiden Seiten sind so glatt, als wären sie abgeschliffen worden. Zum Umkehren ist es zu spät, so bleibt uns der Weg durch den reißenden Fluß nicht erspart. Wir müssen zurück zu einer Stelle, an der er sich in zwei Arme aufspaltet. Aber selbst dort ist die Strömung so stark, daß die Träger eine Menschenkette bilden, weil der einzelne Gefahr läuft einfach fortgerissen zu werden. Der Kali Gandaki ist unerbittlich. Nach jedem halben Kilometer müssen wir ihn überschreiten. Helmut schimpft und flucht bei jedem Mal aufs neue. Die einzige freudige Abwechslung bringen versteinerte Meeresschnecken, die wir hin und wieder am Boden auflesen. Sie sind in schwarzes Gestein eingelagert und gelten den Lopas als

Linke Seite: Die Kali-Gandaki-Schlucht südlich von Dhi.
Oben: Saligrams – heilige Steine –, die man in der Schlucht des Kali Gandaki findet, enthalten versteinerte Meeresschnecken.

Symbole des buddhistischen Lebensrades. Dem rational denkenden Abendländer sind sie Beweise für die Theorie, daß dort, wo sich heute der Himalaya auftürmt, einmal flacher Meeresboden war.

Nach einiger Zeit kommen wir zu einer Stelle, wo drei Täler zusammenlaufen und drei Flüsse sich vermischen. Von Westen fließt der Tsarang-Fluß zu, von Osten kommt der Gachang Chu herab und von Norden der Kali Gandaki. Das Wasser des Tsarang Chu ist weiß, das des Gachang Chu dagegen schwarz wie die heiligen »Saligram-Steine«. Ein Sadhu, der einmal bis hierher pilgerte, erzählte mir, daß diese Stelle auch von den Hindu als besonderer Ort verehrt wird. Furchteinflößende Mythen von zornvollen Dämonen und Schutzgöttern spinnen sich um diese Canyons. Dabei genügt schon der schwarze, reißende Gachang Chu, um uns das Fürchten zu lehren. Er ist der wassereichste Zufluß des Kali Gandaki, den wir bisher gesehen haben, und um diese Jahreszeit etwa gleich stark wie der Kali Gandaki selbst. Ausgerechnet über den müssen wir drüber. Dumpfes Grollen mitgerissener und immer wieder aufschlagender Steintrümmer mischt sich in das ohrenbetäubende Rauschen. Wehe, wenn man davon getroffen wird. Ein Königreich für ein Pferd oder einen Yak!

Die Stelle erweist sich als harte Nuß, und es sind mehrere Versuche notwendig, bis dem ersten von uns die Durchquerung gelingt. Danach überwindet einer nach dem anderen, im hüfttiefen Wasser gegen die Strömung ankämpfend und von zwei Helfern gesichert und gestützt, das Hindernis. Fazit der ganzen Aktion: ein ausgeschlagener Zahn, eine verlorengegangene Last und zahlreiche blaue Flecken an den Beinen.

Jetzt ist der Weg frei.

Ohne eine weitere nennenswerte Hürde erreichen wir müde und durchnäßt das Dorf Dhi. Die gewohnten weißgetünchten Häuser mit den roten Rändern, eingerahmt von einem breiten Band getrockneten Holzes, das am flachen Dach aufgestapelt ist, lehnen sich an einen zersägten Bergrücken an. Das kleine Dorf verwöhnt uns mit einem zauberhaften Lagerplatz.

Inmitten eines schattigen Hains, auf einer Terrasse oberhalb des Kali Gandaki, stellen wir die Zelte auf. Lopsang geht bald der Frage nach, ob der Chang in Dhi besser schmeckt als in Tangye, und ward für den Rest des Abends nicht mehr gesehen. Langeweile kommt auch bei uns nicht auf. Dafür sorgt schon eine Kinderschar, die den Zeltplatz belagert und lautstark »mitei« fordert. Wir verbringen den Abend mit vergeblichen Versuchen, ihnen zu erklären, daß Süßigkeiten sie genauso zahnwehanfällig machen, wir wir es sind.

Das Dorf Dhi liegt auf einer schmalen Naturterrasse, die sich zwischen Kali Gandaki und himmelhohen Konglomeratwänden ausbreitet.

Lori – Das rote Felsenkloster

Am nächsten Tag wollen wir einen Abstecher zur Lori Gompa machen. Wir brechen schon früh auf, überqueren den Kali Gandaki auf einer Brücke und wenden uns dann ostwärts. Zunächst folgen wir einem weiteren Zufluß des Gandaki, dann beginnt der Pfad anzusteigen, zieht hinauf zu einem Bergrücken, hinter dem sich ein kleines Dorf – Yara – verborgen hält. Die gegenüberliegenden Talwände sind mit Höhlen durchlöchert. Sie sind viel zahlreicher als die gegenwärtigen Häuser von Yara. Am Dorfrand begegnen wir einer Gruppe von Frauen, die mit gefüllten Tragekörben von der Feldarbeit heimkommen. Aber davon abgesehen zeigt sich keine Menschenseele. Das Dorf wirkt wie ausgestorben. Keine Kinder laufen uns hinterher, nicht einmal ein Hund kläfft drohend hinter einem Tor, als wir durch die Gassen streifen.

Von Yara windet sich der Pfad durch ein enges canyonartiges Tal, entlang eines Baches, der das Dorf mit dem lebensspendenden Wasser versorgt. Wieder erklimmen wir eine Schwelle, weit reicht der Blick nach Süden, wo die weiße Pyramide des Dhaulagiri, flankiert vom Tukche Peak, in einsamer Größe über die braunen gewellten Bergkämme ragt. Vor dieser Kulisse liegt das Dorf Ghara. Ganz im Gegensatz zur letzten Siedlung macht Ghara einen belebten Eindruck. Lopsang ist in einem Haus verschwunden, und bald darauf erscheinen dunkle wettergegerbte Gesichter über dem aufgeschichteten Holzvorrat, die uns freundlich anlachen und nach oben winken. Über eine steile Hühnerleiter geht es hinauf zum Wohnbereich, umgeben von einer ausladenden Terrasse. Wir platzen mitten hinein in eine Familienidylle à la »trautes Heim«. Die Hausherrin ist mit ihrer halbwüchsigen Tochter gerade damit beschäftigt, eine schmale gewalkte Stoffbahn aufzurollen. Daneben sitzt die Großmutter und läßt die Spindel rotieren, während sie gleichzeitig ein wachsames Auge auf den jüngsten Sproß wirft, der auf allen Vieren zu ihren Füßen umherkrabbelt. Der Mann ist auf Handelsreise, die älteste Tochter hantiert in der Küche, und Lopsang – wie könnte es anders sein – testet schon wieder neuen Chang.

Der Lama von Lori Gompa sei ebenfalls unterwegs, heißt es, aber wir können das Kloster trotzdem besuchen. Die Frau, die in der Zwischenzeit den Schlüssel aufbewahrt,

wäre bereits verständigt und würde bald da sein. Das Kommunikationssystem funktioniert hier ganz einfach und ist verblüffend schnell. Die Häuser stehen so eng beisammen, daß man das ganze Dorf über die Dächer begehen könnte und alle Nachbarn in Rufweite entfernt liegen. Da auch flexible Arbeitszeiten nichts Unbekanntes sind, hat sich bald eine ansehnliche Schar von Dorfbewohnern eingefunden. Es sind ausschließlich Mädchen und Frauen. Eine der jüngeren Frauen spricht sogar etwas Englisch. Sie hat ihre gehbehinderte Mutter mitgebracht und bittet uns um Medizin. Unsere ganze Apotheke liegt aber am Lagerplatz in Dhi, und so können wir nichts für sie tun. Wir schlagen deshalb der jungen Frau vor, nachher mit uns nach Dhi zu laufen, dort könnten wir ihr die entsprechende Medizin für die Mutter geben. Das täte sie sehr gern, aber sie könne die Mutter nicht allein lassen. Sie ist auch der Grund, weshalb sie noch hier lebe, erzählt sie uns, sonst wäre sie mit ihrer kleinen Tochter längst fortgezogen. Außerdem gäbe es im Dorf zu wenige Männer, und mit einem vielsagenden Blick auf Lopsang fügt sie noch hinzu, daß sie sich nichts sehnlicher als einen Sohn wünschte. Der bekommt einen hochroten Kopf und bringt das Gespräch auf ein anderes Thema. Da erscheint die Frau mit dem Schlüssel zum Kloster, und nachdem wir versprochen haben, am Rückweg noch einmal vorbeizukommen, machen wir uns auf den Weg nach Lori.

Gleich hinter dem Dorf windet sich der Pfad über einen gerundeten Rücken, und als wir zurückblicken, ist Ghara wie vom Erdboden verschluckt. Vor uns aber dehnt sich ein leicht ansteigendes, gewelltes Tal aus, das in einiger Entfernung von braunen zerfressenen Berggestalten abgeschlossen wird. Hie und da gibt es Büsche, einzelne verkrümmte Bäume entlang eines Bächleins zu unserer Rechten. Ein kleiner aufgeweckter Junge läuft voraus, und es bereitet ihm sichtlich Vergnügen, uns den Weg zu weisen. Auch haben sich noch ein paar Frauen aus dem Dorf angeschlossen, die unseren Klosterbesuch zum Anlaß nehmen, ihre religiösen Verdienste zu vermehren. Alle lassen Gebetsschnüre durch die Finger gleiten, und das halb gemurmelte, halb gesungene Mantra om mani padme hum dringt wohltuend an das Ohr.

Das Kloster muß ganz in der Nähe sein. Im Laufe der Zeit habe ich ein feines Gespür für die Plätze entwickelt, an denen Tibeter ihre Klöster errichten. Aber so genau ich auch das Gelände vor mir sondiere, die schroffen Zacken und markanten Bergformationen mit den Augen abtaste, das Kloster bleibt unsichtbar, ja nicht einmal der geringste Hinweis auf ein Heiligtum ist zu erkennen. Kein

Büschel bunter bedruckter Gebetsfahnen, kein aufgeschichteter Steinhaufen, kein Chörten deuten darauf hin, daß man sich einer Kultstätte nähert. Um so größer ist die Überraschung, als wir um eine Geländekante biegen und hoch oben, über unseren Köpfen, ein dunkelrotes Felsennest erblicken, das den Himmel durchstößt. Das Gebäude scheint schwerelos an zwei Felsnadeln zu schweben, die zum Siegeszeichen ausgestreckten Fingern ähneln. Lori ist ein zu Stein gewordener Mönchstraum. Hier findet das tibetische Wort *gompa* – einsamer Wohnort – seine perfekte Entsprechung. Das Kloster ist zwar weltabgeschieden, aber nicht aus der Welt; es ist so kühn und gleichzeitig harmonisch in die Landschaft gesetzt, daß ich vergeblich nach Vergleichen suche.

Auf all meinen Reisen bin ich nie einem ähnlichen Ort begegnet. Das rechteckige, sich nach oben zu verjüngende Bauwerk ist denkbar schlicht. Nur ein einziges Fenster durchbricht die einheitlich rot gefärbte Vorderfront. Kleine Türme zieren die Ecken, aus denen Holzstangen ragen, die mit bunten Gebetsfahnen behangen sind. Darüber spannt sich ein Band bedruckter Stoffetzen, die im Wind flattern. Aber die Einzigartigkeit von Lori Gompa ist das Zusammenspiel von Natur und Architektur, die absolute Anpassung an die natürlichen Gegebenheiten, die der Landschaft alle Würde läßt.

Ein luftiger Steig, in den Fels gehauen und mit hölzernen Stegen versichert, führt zum Eingang hinauf. Als die Tür aufgeht, erhellt der hereinfallende Lichtstrahl eine Wunderwelt aus Fresken, die die Wände schmücken, mit Farben so frisch und kräftig, als wären sie erst gestern aufgetragen worden.

Die Frauen entzünden Butterlampen vor dem Altar und verbrennen Wacholderreisig, dessen Duft sofort eine feierliche Atmosphäre schafft. Durch eine niedrige Tür betreten wir einen zweiten, wesentlich dunkleren Raum, dessen Herzstück ein gemauerter Chörten bildet. Der Reliquienschrein füllt die Nische, in der er steht, fast aus, so daß wir uns einzeln vorbeidrücken müssen, um ihn zu umwandeln. Feine bemalte Stuckarbeiten finden sich um den Sockel und Kelch.

Ich nehme solche Orte nicht nur mit den Augen wahr, sondern vor allem mit dem Gefühl; mich interessieren in diesen Augenblicken weniger das Alter, die Qualität und Ikonographie der Darstellungen, sondern die Schwingungen, die davon ausgehen. Die einzelnen Gottheiten identifizieren kann ich auch später noch, zu Hause anhand der Bilder, aber die Energien aufnehmen, die den Ort erfüllen, ihm seine tiefere Bedeutung geben, kann ich nur hier. Und Lori besitzt eine feine hohe Schwingung. Es sind die hellen Kräfte des Lichtes, die diesem Kloster innezuwohnen scheinen.

Der eigentliche Platz zu meditativer Versenkung ist die Terrasse des Klosters. Hier eröffnet sich ein Rundblick über eine bizarre, lichtdurchflutete Landschaft, die alles bisher gesehene in den Schatten stellt. Tief unten aber, auf einer Plattform oberhalb des Flusses, steht der zweite, ergänzende Teil von Lori Gompa. Ein leuchtend rotes Gebäude, vor dem Hintergrund einer Phantasielandschaft. Es wirkt wie ein polarer Widerpart und macht die Absicht der Erbauer deutlich, das kosmische Grundprinzip zu verwirklichen – die Verschmelzung und Transzendenz der polaren weiblichen und männlichen Kräfte – das zur Befreiung führt. Das abweisende, in den nackten Fels gesetzte Nordkloster findet im wassernahen, am Fuße einer weiblich anmutenden Landschaft gelegenen Südkloster seine Entsprechung.

Lori ist ein Heiligtum der Drukpa-Kagyü, einem Zweig der auf den indischen Gelehrten Tilopa zurückgehenden buddhistischen Schule der Kagyüpa. Die Drukpa-Kagyü-Schule ist heute vor allem im Land des Donnerdrachen beheimatet und soll durch die aus Bhutan stammende Frau eines Lo-Königs hierher gebracht worden sein.

Auch im Südkloster zeigen sich Fresken feinster Art. Es dominieren durchwegs helle Farben – grün, himmelblau und rot. Der Urbuddha Samantabhadra mit nacktem blauen Körper und grüner Aureole, Cakrasamvara, eine vom Tantriker geschaffene Erscheinung, vierköpfig und zwölfarmig, in Vereinigung mit seiner Yogini Vajravarahi, und immer wieder Milarepa, der die komplexen Lehren dieser Schule in jahrelanger Askese meistern konnte. Seine rechte Hand ruht muschelförmig am Ohr, um der Sphärenmusik zu lauschen und die Stimme der Lehre zu hören.

Wehmütig verlasse ich diesen außergewöhnlichen Platz. Lori gehört zu den Orten, wohin ich gerne wieder zurückkehren möchte, das allein schon durch seine zauberhafte Lage eine Oase für Geist und Seele ist.

Auf dem Rückweg frage ich die Frauen, ob es noch Wildtiere in der Umgebung des Klosters gibt. Sie erzählen mir, daß sie häufig große Rudel von Blauschafen beobachten würden, auch Wölfe seien keine Seltenheit, und weiter oben im Gebirge gäbe es Schneeleoparden.

Die Sonne ist schon hinter den Bergen verschwunden, als wir wieder nach Dhi zurückkommen. Die Zeit vor Einbruch der Dunkelheit reicht gerade noch für ein Bad im Kali Gandaki. Ohne irgendwelche Scheu nähern sich ein paar Dorfschönheiten, und nachdem sie uns eine Zeitlang beim Waschen zugesehen hatten, bitten sie um Seife und Haarshampoo. Da lassen wir uns nicht zweimal bitten und seifen die jungen Damen richtig ein. Ich weiß nicht, ob es eine Täuschung war, aber ich hatte das Gefühl, daß der Kali Gandaki sich etwas dunkler färbte.

Am nächsten Morgen erwartet uns ein schweißtreibender Aufstieg. Im undurchschaubaren Zickzack windet sich der Pfad über ein kahles, von der Erosion zerfressenes Bergmassiv aufwärts. Nach zwei Stunden stehen wir auf dem knapp 4000 Meter hohen Paß und blicken über gestaffelte graue Bergkämme nach Norden, wo sich als sanft geschwungener Sattel der Grenzpaß zu Tibet abzeichnet. Im Nordwesten zeigen sich die vergletscherten Gipfel des Mustang Himal. Alle sind unbestiegen, bis auf einen namens Dongmar, den heiligen Berg von Lo, den Herbert Tichy zusammen mit dem Sherpa Pasang Dawa Lama, ohne die religiöse Bedeutung zu ahnen, erklomm. Über eine Kombination von gezackten Bergkämmen und abschüssigen, versandeten Hängen setzen wir den Weg fort. Tief unten, als parallel in den Boden getretene Furchen, ist der Hauptweg zu erkennen, jene uralte Karawanenstraße, der wir uns wieder nähern. Nun fällt das Gelände steil in die breite Talfurche ab. Kurz vor Lo Mantang vereinigen sich die beiden Routen. Wir haben den Karawanenweg wieder erreicht, den wir bei Chhuksang verließen und nun wieder aufnehmen wollen.

Linke Seite: Lori Gompa ist die eindrucksvollste Manifestation einer Eremitage. Das Drukpa-Kagyü Kloster wurde von seinen Erbauern so kühn in die Felswand gesetzt, daß es schon mehr dem Himmel als der Erde anzugehören scheint.

Oben: Fresken in der Lori Gompa. Der alte Mann mit dem weißen Bart ist Mi Tsering, der Mann des langen Lebens. Die dreiköpfige Figur mit den acht Armen ist die weiße Tara als Usnisavijaya (tib. Namgyälma). Sie gilt als Hüterin der Buddhaweisheit.

ENTLANG DER ALTEN SALZSTRASSE

»Das war das Tor der großen Schlucht; der Eingang des tiefsten Canyons der Welt. Durch diesen Einschnitt verlief einer der wenigen Pfade, die den indischen Kontinent mit Tibet verbinden – wahrscheinlich einer der ältesten, denn er war die wichtigste Handelsstraße für das Salz, das seit alten Zeiten an den Ufern der Seen im zentralen Hochland von Tibet gewonnen wurde.«

MICHEL PEISSEL

Wir sind schon sehr früh von Chhuksang aufgebrochen. Das Land vor uns erscheint vibrierend, unglaublich wie eine Fata Morgana, mit nichts zu vergleichen, was ich bisher sah. Wir werden zu beiden Seiten von enormen roten Felswänden eingeschlossen, eine mit einer Reihe künstlicher Höhlen. Der Kali Gandaki schießt zwischen diesen Klippen durch und verschwindet in einer Schlucht. Eine Brücke eröffnet die Möglichkeit, den reißenden Fluß trockenen Fußes zu überschreiten. Die Luft ist mit Staub beladen, als wir nach Chele hinaufsteigen. Das Dorf sitzt wie ein Wächter hoch oben auf einer Kanzel, und der Blick reicht weit nach Süden, wo der Kali Gandaki in dunklen Canyons verschwindet und leuchtend weiße Berge wie Wolken darüber schweben. In früheren Zeiten, als hier die großen Handelskarawanen durchzogen oder lagerten, muß der Ort einen belebten Eindruck gemacht haben, aber heute treibt nur noch Staub durch die engen Gassen, die der beständige Südwind heranwirbelt.

In Chele verlassen wir das Kali-Gandaki-Tal. Der Weg zieht über einen versandeten Bergrücken hinauf und mündet in einen tief eingekerbten Canyon. Hier setzt ein wunderschöner Höhenweg an, der sanft ansteigend sich in vielen Windungen durch ein zersägtes Felslabyrinth schlängelt. Eng wird es nur, wenn eine Karawane entgegenkommt, aber das kündigt sich durch Glockengeklingel schon lange vorher an, so daß genug Zeit bleibt, eine sichere Ausweichstelle zu finden. Aber solche Begegnungen sind selten, meistens bleiben wir allein. Faszinierende Tiefblicke lassen keine Langeweile aufkommen.

Jenseits des Tales liegen wie hingesprenkelt rote und ockerfarbene Steinblöcke, grün schimmernde Buchweizenfelder und im Zentrum eine Ansammlung von sauberen weißen Häusern. Gyakhar befindet sich abseits unserer Route, und nicht einmal die freundlichen Zurufe der Bewohner mochten uns dazu bewegen, die tiefe Schlucht zu überqueren und dem Dorf einen Besuch abzustatten.

Am oberen Ende des Canyons schraubt sich der Weg zu einem Paß hinauf. Wie überall in der tibetischen Welt markiert ein Lhatse, ein Bündel vom Wind zerrissener Gebetsfahnen, die Paßhöhe.

»Lha gyal lo!« »Die Götter sollen siegen«, rufen die Sherpas in Richtung Samar.

»Lha gyal lo«, schallt es von den umliegenden Bergwänden vielstimmig zurück.

Aber die Götter haben Samar bereits verlassen. Das alte Kloster wurde völlig zerstört, vielleicht auch deshalb, weil seine Lage es zu einer natürlichen Festung machte. Der ganze Ort besteht aus zwölf Häusern, die vor einiger Zeit durch ein geplantes Kleinkraftwerk mit Strom hätten versorgt werden sollen. Aber die Bewohner waren so uneinig, daß das Projekt wieder fallen gelassen wurde. So werden in Samar wie eh und je abends die Butterlampen entzündet, und keine Drähte versperren tagsüber den Blick auf die Adler, die am tiefblauen Himmel kreisen.

Zwei Wege führen von Samar weiter. Der kürzere und schwierigere folgt im wesentlichen einer engen Schlucht und ist mit mehreren steilen Auf- und Abstiegen verbunden. Dafür berührt er ein weithin bekanntes Höhlenheiligtum – Rangyung, den auf wundersame Weise entstandenen Chörten. Der Name bezieht sich auf einen Monolith, von dem behauptet wird, daß der sich gewissermaßen selbst erneuere, wann immer ein Stück davon abbricht. Padmasambhava, der Dämonenbezwinger, tritt dem Besucher in unzähligen Bildnissen entgegen. Dahinter stehen vier normale – also von Menschenhand erbaute – Chörten. Von den Sockeln herab leuchten in frischen Farben die Buddhas Sakyamuni und Amitabha, in ihrer Mitte sitzt wieder Guru Rimpotche, und komplettiert wird das Quartett von Tchenresi, dem Bodhisattva der Barmherzigkeit, der seine hilfreichen Arme ausstreckt.

Zahlreiche Halbreliefs, aus dem nackten Fels herausmodelliert, schmücken die Wände der Höhle. Sie sind so vom Rauch der Butterlampen geschwärzt, daß sie nicht mehr identifizierbar sind. Dem Tibetforscher Giuseppe Tucci, der im Jahre 1952 das Heiligtum besuchte, erzählten die Gläubigen, daß eine dieser Figuren den indischen Gelehrten Atisa darstelle, der im 11. Jahrhundert nicht allzu weit entfernt von hier, im westtibetischen Königreich Guge, wirkte.

Vorhergehende Bildseiten: Ein Mädchen aus Ghemi und ihr jüngerer Bruder treiben Yakkühe zur Tränke an den Fluß hinunter.
Eine Frau aus Tsarang zerstampft Gewürze in einem Mörser aus Stein. Das weiß-rot gefärbte Bauwerk im Hintergrund ist das heute verwaiste monastische Zentrum Thubten Shedrup Dargyeling
Oben: Eine Karawane von prächtig aufgezäumten Maultieren zieht entlang des Höhenweges, der die Dörfer Chele und Samar verbindet.

Von Samar nach Geling

Der alte Karawanenweg, dem wir weiter folgen, verläßt Samar in nördlicher Richtung und führt vorbei an drei farbenfroh getünchten Chörten in ein tief eingeschnittenes Flußtal hinunter. Bevor ich in die Schlucht hinabstieg, hatte ich mir einen groben Überblick auf das Gelände vor uns verschafft, und deshalb bin ich nicht überrascht, als es gilt, wieder steil bergwärts zu steigen. In der Folge nehmen wir Bergrücken um Bergrücken, Tal um Tal, queren eisig blau-grüne Bäche, die sich durch unbegehbare Canyons zwängen.
Die Landschaft aber zeigt ein für Mustang ungewohntes Gesicht. Grünes Buschwerk überzieht die Hänge, Wacholder und knorrige Koniferen recken ihre gewundenen Äste in den Himmel. Es ist der einzige Platz in Lo, wo überhaupt Bäume wachsen. Entsprechend groß ist der Druck des Menschen auf diese rare Resource. Lopas bis hinunter nach Chhuksang und hinauf nach Ghemi kommen hierher, um Feuerholz zu holen. Sie kommen mit ihren Maultieren, schlagen Holz für ein paar Tage und kehren beladen zurück. Die Folgen sind nicht zu übersehen: Die Bäume können die abgeschlagenen Äste nicht mehr verkraften und sterben ab. Überall ist das zerstörerische Werk zu erkennen; es zeigt sich in den amputierten Bäumen, den nackten Stämmen und den vielen zurückgelassenen Stümpfen.
Der Mangel an Brennstoff ist ein großes Problem in Mustang. Weiter nördlich, wo es kein Holz gibt, wird ausschließlich getrockneter Dung verwendet. Aber dieser ist ebenfalls rar, denn nach der chinesischen Annexion Tibets durften die Lopas ihr Vieh nicht mehr zum Weiden auf das tibetische Plateau treiben. Das führte zu einer Reduktion der Herden und folglich auch zu einem Engpaß an Dung. Ich glaube, daß der generelle Brennstoffmangel, neben wirtschaftlicher Not, einer der Gründe ist, weshalb ein großer Teil der Bevölkerung regelmäßig im Winter das Land verläßt.
Die Gruppe ist in diesem Gelände kilometerweit auseinandergezogen. Jeder geht sein Tempo, folgt seinem eigenen Rhythmus. Von Lopsang und den Trägern, die zurückliegen, ist keine Spur zu sehen. Vor mir läuft Helmut. Er hat seit Tagen mit schlimmen Durchfällen zu kämpfen und hängt deshalb weit zurück oder er geht voraus – wie jetzt. Heute meint es die Natur mit ihm gut und hat ihm großzügig zahlreiche Büsche an den Wegesrand gestellt, hinter denen er in regelmäßigen Abständen verschwindet. Es ist später Nachmittag, als wir uns einem einzelnen Haus nähern, dessen vierbeiniger Bewacher uns so freundlich anbellt, daß wir unwillkürlich die Schritte beschleunigen, um so schnell als möglich aus der Gefahrenzone zu kommen. Aber da taucht plötzlich Mingma, unser Sherpa auf, in mächtigen Sätzen spurtet er hinterher, während er uns mit wild gestikulierenden Armbewegungen zum Anhalten auffordert. Das kann nur eines bedeuten: Lopsang möchte bei diesem Haus lagern. Genau so ist es. In der Zwischenzeit ist eine junge Frau an der Türschwelle erschienen und hat den Hund zum Schweigen gebracht, indem sie sich einen Stein griff und ihm einen drohenden Befehl entgegenschleuderte. Das Tier verschwand daraufhin knurrend hinter dem Haus und ward für den Rest des Tages nicht mehr gesehen.
Nach und nach trifft die Gruppe ein. Alles ist längst eingefahrene Routine: auspacken der Rucksäcke, aufstellen der Zelte, kochen. In wenigen Minuten hat sich der Platz vor dem Haus in ein Lager verwandelt, in einen Ort der Ruhe und der Geborgenheit.
Der Hang über uns gerät in Bewegung. In eine Staubwolke eingehüllt, treibt das Familienoberhaupt die Ziegen herunter. Der halbwüchsige Junge schleppt ein Bündel Holz auf dem Rücken herbei. Das warme Licht der Abendsonne hat eine Alte, die ich für die Großmutter halte, aus dem dunklen Inneren gelockt. Sie kann sich nur mühsam, auf zwei Stöcke gestützt, fortbewegen. Als sie sich auf den warmen Steinplatten niedergelassen hat, bringt ihr die jüngere einen Korb voll getrocknetem roten Chilli zur Auslese. Sie erzählt uns, daß die alte Frau ebenso wie wir nur die Nacht hier verbringt und morgen ihren Weg nach Norden fortsetzen will. Da sie mittellos ist, bezahlt sie Kost und Logis mit der Kraft ihrer Hände, die noch nicht erloschen ist, während die Beine ihren Dienst versagen. Sie bewegt sich unendlich langsam weiter, von Dorf zu Dorf, nur wenige Kilometer am Tag. Seit Wochen ist sie schon auf diese Weise unterwegs. Die Hoffnung auf medizinische Hilfe hat sie bis Jomosom getrieben, und nun muß sie den weiten Weg wieder zurück, in der grausamen Gewißheit, daß es in diesem Leben für sie keine Heilung mehr gibt. Wie dankbar müßten wir sein, so uneingeschränkt laufen zu können, aber wie selten wird mir das so bewußt wie in diesem Augenblick!
Ich habe das Bedürfnis, mich zu bewegen, und vor allem allein zu sein. Deshalb nehme ich den Rucksack und steige den Hang aufwärts, der hinter dem Haus ansetzt und zu einem aussichtsreichen Gipfel leitet. Die langen

Rechte Seite: Ein Angehöriger der elitären Bista-Klasse, der herrschenden Gesellschaftsschicht von Lo, reitet im letzten Abendlicht über die gewellten Hügel zwischen Tsarang und Lo Mantang.

Idyllischer Lagerplatz zwischen Samar und Geling. In diesem Gebiet befinden sich die letzten Waldresourcen Mustangs.

Aufenthalte in großen Höhen während der letzten Monate haben zu einer erstaunlichen Anpassung geführt. Ich kann lange in großem Tempo aufsteigen, bis mich der rasende Atem zu einer Pause zwingt, aber schon nach kurzer Zeit hat sich der Pulsschlag wieder beruhigt, so daß ich meinen Weg fortsetzen kann. Die Zelte sind zu winzigen Farbtupfern auf braunem Grund zusammengeschrumpft, während die leuchtend weißen Berggestalten von Nilgiri und Tilitso, hinter dem der Annapurna sein stolzes Haupt emporreckt, immer eindrucksvoller in Erscheinung treten.

Die Sonne ist im Untergehen, als ich den angepeilten Aussichtspunkt erreiche. Ich beobachte, wie der dunkle Schatten der Nacht langsam über den Hang zu mir heraufkriecht. Nur die fernen Eisgipfel baden noch lange im Licht der Abendsonne, sie leuchten so rein und klar, daß ich mir nichts sehnlicher wünsche als dort oben zu sein. Dabei hatte ich eine solche Situation erst vor kurzem erlebt. Noch vor einem Monat blickte ich vom Cho Oyu hinunter auf Tibet, das Dach der Welt lag zu meinen Füßen. Ich sah auf ein Meer von Gipfeln herab, wo einer nach dem anderen erlosch, wie Kerzen, die ausgeblasen wurden. Damals verfolgte mich der Wunsch, der Eiswüste zu entkommen, zurückzukehren in die Fülle des Lebens, zu menschlicher Wärme. Aber jetzt, da all das verfügbar ist, bedrängt mich wieder das Verlangen nach dieser exponierten Welt dort oben, und ich male mir aus, wie weit der Blick nach Norden reicht. Ich stelle mir vor, ich würde Tibet sehen, das Land meiner Träume: den Transhimalaya und die Talfurche des Tsangpo, in der die Pilger zum heiligen Berg Kailas streben. In diesem Augenblick beschließe ich, auf einen hohen Berg im Mustang Himal zu steigen. Der nächste Tag beginnt mit Frühstück auf einem Logenplatz. Wie auf einer Bühne leuchten die Gipfel im Morgenlicht auf, schieben sich die Bergketten kulissenhaft ineinander.

Marianne, Andreas und Axel sind schon aufgebrochen, weil sie etwas langsamer gehen wollen. Durch das Teleobjektiv der Kamera beobachte ich sie beim Aufstieg zum nächsten Paß. Winzige Silhouetten, die sich wie Schattenspielfiguren vor dem Hintergrund blendend weißer Eiswände bewegen. Ein helles Wolkenband, das die Berge auf halber Höhe umschließt, läßt die Dimension der Landschaft ins Unermeßliche wachsen und erweckt den Anschein, als würden die drei Wanderer auf den Wolken gehen. Erst als sie den Blicken entschwunden sind, schultere ich meinen Rucksack, um ihnen zu folgen. Noch liegt der Weg im Schatten, ist die Luft wohltuend kühl und von Wacholderduft erfüllt. 3970 Meter zeigt die Nadel des Höhenmessers, als ich auf der Paßhöhe stehe. Ein greller Lichtstrahl blendet mir die Augen. Von einem Schritt zum nächsten bin ich aus dem Schatten ins gleißende Licht getreten, und ich blicke auf eine sonnendurchflutete Landschaft, die in riesigen Wellen gegen das tibetische Plateau anbrandet. In der nächsten große Falte muß Geling liegen, in der darauffolgenden Ghemi, dann Tsarang und zuletzt Lo Mantang, das Herz von Mustang.

Die anderen haben bereits mit dem Abstieg begonnen. Sie sind nur noch als sich bewegende Punkte tief unten im Tal zu erkennen. Ziegen und Dzos – Kreuzungen zwischen Yak und Rind – grasen auf den gegenüberliegenden Hängen. Nach einer Stunde komme ich an einer kleinen Siedlung vorbei. Der Platz heißt Shyangboche und besteht aus zwei weißen Gebäuden, die als eine Art Rasthaus dienen. Vor dem einen stehen aufgereiht die Lasten unserer Träger: zusammengebundene Seesäcke und prallvolle geflochtene Tragekörbe, darüber verschwitzte Hemden zum Trocknen ausgebreitet. Daneben sitzt eine Frau auf dem Boden und ist damit beschäftigt, einen jener bunten Gürtel zu weben, mit denen die Lopafrauen ihre knöchellangen Mäntel zusammenhalten. Als sie mich sieht, blickt sie kurz auf, und mit einer schnellen Kopfbewegung bedeutet sie mir, in das Haus zu gehen. Dort ist bereits die Gruppe um einen Herd versammelt, und alle schlürfen Tee. Nach dieser willkommenen Pause geht es mit neuem Elan weiter. Über einen staubigen Pfad laufen wir im Stechschritt auf einen gelben Bergrücken hinauf. Oben grüßt ein mächtiger Chörten, vom Typus, wie man ihn häufig in Bhutan findet. Auf dem weißgetünchten Sockel sind die acht buddhistischen Glückszeichen aus Stuck herausgearbeitet. Darauf ruht der von den Lakapalas, den vier Weltenhütern, bewachte Götterhimmel in Form eines viereckigen Aufbaus, der an der Vorderseite eine türähnliche Öffnung besitzt. Die roten, weißen und dunkelblauen Farbbänder kennzeichnen es als ein Heiligtum der Sakyapa. Blickt man nach Süden, dann erscheinen über dem Chörten die Gipfel von Annapurna und Tilitso, im Norden aber ist bereits die grüne Oase von Geling in Sicht.

Der Weg dorthin ist eine entspannende Wanderung über leicht abfallendes Terrain. Kurz vor der Siedlung verlassen wir die Karawanenstraße, die am Fuß des Bergrückens weiterzieht, steigen hinunter auf eine Hochebene, überqueren ein schmales Flußtal und stehen vor brusthohen Steinmauern, die die Felder der Oase vor dem Wind beschützen. Im Zickzack leitet der Pfad durch das Gewirr der Gerstenfelder zu den ersten Häusern. Geling unterscheidet sich von allen Dörfern, die ich bisher gesehen habe. Die Gebäude sind nicht so zu einem Block zusammengeschweißt, sondern stehen in großzügigen Abständen zueinander. Auf den Flächen dazwischen gibt es Teppiche aus Gras und Bäume. Der Ort vermittelt nicht den gewohnten abweisenden, festungsartigen Eindruck, sondern liegt einladend und offen da. Diese Offenheit spiegeln auch die Menschen wider. Wir haben uns kaum unter den Augen des Buddha niedergelassen, der von dem Chörten hinter uns herabblickt, da kommen schon die ersten Bewohner dahergelaufen. Sie wollen uns informieren, daß der König gerade im Dorf sei. Er wäre nur für ein paar Stunden hier, lassen sie uns wissen, um an einer Besprechung teilzunehmen. Das trifft sich gut, denn ich wollte ohnehin ein längeres Gespräch in Lo Mantang mit ihm führen, und ein erster Kontakt konnte dazu nur förderlich sein. Wenn die Besprechnung vorbei ist, lasse ich Lopsang ausrichten, würde ich gerne um eine Audienz bitten. Einer der Männer macht sich daraufhin auf den Weg zu einem Haus, vor dem zwei prächtig aufgezäumte Pferde stehen. Lopsang fingert an seinem Gepäck herum, zieht eine blütenweiße gefaltete Seidenschärpe heraus – einen sogenannten Khadak –, der bei solchen Gelegenheiten unerläßlich ist, und läuft dem Mann hinterher.

Ich benütze die Wartezeit, um mich im Ort umzusehen, vor allem aber, um auf den gegenüberliegenden Hügel zu steigen, wo ein paar frisch bemalte Sakralbauten zwischen Ruinen herausleuchten. Im Gegensatz zu den Wohnhäusern macht der monastische Teil von Geling einen deprimierenden Eindruck. Dieser Eindruck bestätigt sich, als ich das erste der beiden noch existierenden Heiligtümer betrete. Nur zögernd öffnet der Wärter die Tür. Seine Vorsicht ist begründet, denn nur wenige Monate zuvor wurde von unbekannten Dieben ein gutes Dutzend alter Thangkas entwendet. Seitdem ist es streng verboten, die verbliebenen Gegenstände zu fotografieren, denn die Dorfbewohner sind der Meinung, daß Aufnahmen nur weitere Diebe anlocken würden. Wie recht sie damit hatten, zeigt das traurige Beispiel eines in Kathmandu ansässigen amerikanischen Journalisten. Er trachtete die Bewohner von Geling davon zu überzeugen, daß der einzige wirksame Schutz vor Diebstahl darin bestehe, ihn die Kunstwerke ablichten zu lassen, weil, wie er behauptete, »nur durch die Fotos die gestohlenen Objekte wiedergefunden werden

Geling macht nicht den festungsartigen Eindruck wie die anderen Dörfer in Lo. Die Häuser stehen hier in größeren Abständen zueinander und werden überragt von den Überresten eines einst bedeutenden monastischen Zentrums.

könnten«. Als die Lopas sich nicht umstimmen ließen, zog der selbstlose »Ratgeber« verärgert von dannen, aber später schreckte er »aus Sorge« um die Kunstwerke nicht zurück, in Lo Mantang ein Tempeltor aufzubrechen, um an seine »erstmaligen« Aufnahmen zu kommen. Er mißbrauchte nicht nur das Vertrauen des Königs, sondern versuchte dreist die Untat einem japanischen Fernsehteam in die Schuhe zu schieben, die ihm offenbar in seiner hemmungslosen Fotojagd im Wege standen. Erst später kam die ganze Wahrheit ans Licht, und ich war erschüttert, als ich bei meinem letzten Besuch in Lo Mantang von Bewohnern alle Einzelheiten erfuhr. Da ist es nur allzu verständlich, daß der Tempelwärter sich weigert, fremde Besucher in das zweite Heiligtum zu lassen – den Gonkhang. Dort hausen in einer dunklen Kapelle die Schutzgottheiten des Klosters und der ganzen Umgebung. Sie könnten angesichts des Frevels erst recht zürnen und den Menschen ihren Schutz versagen.

Zum Glück sind die größten Schätze in den Klöstern von Lo nicht entwendbar. Sie wurden als Fresken direkt auf die Wände gemalt oder erscheinen als Riesenfiguren, die mehrere Stockwerke einnehmen. Ich habe mich bemüht, dem Wunsch der Lopas zu entsprechen, und nur Abbildungen zu veröffentlichen, die solche »diebstahlsichere« Werke zeigen. Die Klöster von Geling gehören zur Sakyapa-Schule, genauer gesagt zur Ngorpa-Linie, einer Unterschule der Sakyapas. Das geht aus der Gründungsurkunde hervor, die der Wärter des Heiligtums dem Tibetforscher Giuseppe Tucci voller Stolz zeigte. Der ist auch zu entnehmen, daß der Begründer und erste Abt des Ngor-Klosters in Tibet – Künga Sangpo (1382–1457) – auf Einladung von König Amepäl mehrmals nach Lo kam, um die buddhistische Lehre zu verbreiten. Bei seinem ersten Besuch soll er den Bau dieses Klosters, das den Namen Gelun Tchöde trägt, initiiert haben. Zwei weitere Besuche folgten, der letzte im Jahr 1447, bereits unter Agön Sangpo, dem Nachfolger Amepäls. Eine Vielzahl von Taten werden Künga Sangpo zugeschrieben: Neben der Gründung weiterer Klöster soll er vor allem die heiligen Schriften hierher gebracht und unermüdlich die Mönche darin unterwiesen haben. Mag sein, daß vieles in späterer Zeit erst hinzugefügt wurde, aber eines ist sicher, daß sein Wirken in Lo den Buddhismus fest verankerte und ein für Jahrhunderte währendes Band mit den Sakyapas, insbesondere mit dem zentraltibetischen Kloster Ngor, schuf.

Amepäl wurde der erste Dharma-König Mustangs, der nicht nur die buddhistische Lehre förderte, sondern selbst zum ordinierten Lama wurde und deswegen neben seinem Laiennamen einen zweiten – einen Ordensnamen – trug. Auf Amepäl folgten in ununterbrochener Reihenfolge 24 Könige; der 25. Herrscher von Lo und vorläufig letzte sitzt jetzt dort unten in diesem unscheinbaren Haus und erwartet mich. In wenigen Minuten würde ich ihm gegenüberstehen. Lopsang hat die freudige Mitteilung gebracht, daß uns der Lo-Herrscher empfangen will. Er hat auch, weiß Gott wo, ein paar nicht mehr ganz saubere Khadaks aufgetrieben, denn unsere, die wir erst in Lo Mantang einzusetzen gedachten, sind hoffnungslos tief im Gepäck vergraben.

Jigme Dorje Trandul sitzt mit untergeschlagenen Beinen auf einem erhöhten Sitz. Der vierundsechzig Jahre alte Herrscher, der den Hindu-Namen Balba Bista angenommen hat und den offiziellen Titel Raja führt, lächelt uns freundlich zu, als wir ihm kleine Geschenke, eingehüllt in weiße Seidenschals, überreichen. Die Unterredung ist nur sehr kurz. Er möchte wissen, aus welchem Land wir kommen, wie lange wir in Lo bleiben wollen und wo wir überall hingehen werden. Als Lopsang ihm die entsprechenden Antworten gegeben hat, bitte ich ihn, dem Raja zu erklären, daß ich beabsichtige, ein Buch über sein Land zu schreiben, und deshalb gerne in Lo Mantang ein längeres Gespräch mit ihm führen würde. Als er einwilligt ist die Audienz beendet, und wir beeilen uns, rasch fortzukommen – um Ghemi – unser Tagesziel – noch vor Einbruch der Dunkelheit zu erreichen.

Portrait des Königs Jigme Dorje Trandul, des 25. Herrschers der Lo-Dynastie, den wir in Geling erstmals trafen.

Im steinernen Herzen von Lo

Zuerst müssen wir wieder zum breiten Karawanenweg hinaufsteigen, der oberhalb von Geling vorbeizieht, dann gilt es den bisher höchsten Paß, den 4150 Meter hohen Nyi La zu überqueren. Als wir schließlich die Paßhöhe betreten, stehen wir an der Grenze zum »Inneren Lo«. Vor uns liegt ein mythisches Land: blutrote Hügel von Dämonen geschaffen und Mani-Mauern aus deren Gedärmen. So lautet jedenfalls die Erklärung für die ungewöhnlichen Bergformationen um Ghemi und die wohl längste Mani-Mauer der Welt. Sie wirkt aus der Vogelperspektive wie eine Riesenschlange, die sich durch die Landschaft windet. In vorbuddhistischer Zeit soll hier ein mächtiger Dämon gehaust haben, der von Padmasambhava besiegt wurde. Nachdem er ihn getötet hatte, riß er ihn in Stücke, warf das Herz dorthin, wo heute Lo Gekar – das älteste Kloster des Landes – steht. Dann ergriff er die Lunge und schleuderte sie zur Seite. Dort wo sie niederfiel, entstanden die roten und rosa Klippen, die heute über Ghemi aufragen, und zuletzt warf er den Darm zu Boden, aus dem die fast 300 Meter lange Mani-Mauer entstand.

Endlos lang wie die Mauer zieht sich auch der Weg vom Paß hinunter, und die Sonne verschwindet gerade hinter den Bergen, als wir die ersten Häuser von Ghemi erreichen. Dort ist die »rush hour« angebrochen. Von überall her treiben die Hirten ihre Tierherden heim, Frauen laufen geschäftig durch die Gassen, mit Tragekörben voll frischem Gras oder getrocknetem Dung auf dem Rücken, Kinder schleppen wassergefüllte Plastikkanister vom Brunnen in die Häuser, und die Dorfältesten haben sich zum gemütlichen Tratsch vor dem Kloster eingefunden.

Unsere Träger haben längst Quartier bezogen und das ganze Erdgeschoß eines Hauses in Beschlag genommen. Uns bleibt deshalb nur der Platz auf dem Dach. Dort schlagen wir die Zelte auf. Die Aussicht ist traumhaft schön, und das hüfthoch aufgeschichtete Holz schützt uns einigermaßen vor dem Wind. Die gegenüberliegenden Wände, die über dem Fluß aufragen, zeigen das gewohnte Bild. Ein ganzer Höhlenkosmos durchbricht die senkrechten Abstürze. Die dunklen Löcher finden sich an den unmöglichsten Stellen, sie wirken heute eher wie Nistplätze von riesenhaften Vögeln, die in grauer Urzeit einmal die Erde bevölkerten, denn als menschliche Behausungen. So genau ich auch diese Höhlen betrachte, es lassen sich nicht die geringsten Anzeichen für Zugangsmöglichkeiten erkennen. Und die einzige Erklärung, die mir einleuchtet, ist die Vermutung, daß sich der Fluß seit dem Bau dieser Höhlen um so viele Meter tiefer gegraben hat, wodurch die Grotten in unerreichbare Lage rückten.

Bei Ghemi windet sich die längste Mani-Mauer der Welt auf dunkelrot gebänderte Bergketten zu, die ebenso wie die Mauer aus den Gedärmen eines getöteten Dämons entstanden sein sollen.

Am nächsten Morgen verlassen wir Ghemi in nordöstlicher Richtung, steigen zum Fluß hinunter, den wir auf einer nagelneuen Hängebrücke überqueren. Dann folgt ein kurzer Aufstieg zum Rand der Hochfläche, wo der Riesendarm des erschlagenen Dämons sich in Form einer Mani-Mauer auf blutrote Gesteinsbänder zuschlängelt. In der Tat habe ich noch nie ein längeres Bauwerk dieser Art gesehen. Tausende und Abertausende Steinplatten, in denen das segensreiche Mani-Mantra eingemeißelt ist, sind in dieser Mauer verarbeitet. Der Sockel zeigt wieder jene für die Sakyapas charakteristischen Farben, die die einzelnen Richtungen innerhalb dieser Schule symbolisieren. In zahlreichen Stufungen, die dem Gelände angepaßt sind, zieht sich das ungewöhnliche Heiligtum bergwärts. An seinem Ende beginnt der Aufstieg zu einem weiteren Paß. Wie alle Pässe Mustangs, die ich bisher kennengelernt habe, ist auch dieser leicht und relativ niedrig. Von seiner Höhe in 3870 Meter blicke ich hinunter in das Tal des Tsarang Chu. Sein tief eingeschnittenes Flußbett wirkt wie eine Rißwunde in der Landschaft.

Da schwimmt eine Ebene voll Gerste wie ein grün schimmernder See, wenn der Wind in sie hineinfährt, dazwischen leuchten weiße Häuserwürfel vor dem Hintergrund dunkler Bergkegel. Ein blaugrau gefärbtes Gebäude, weiß-rot gerändert, und mehrere spitze Türmchen ragen aus dem Häusergewirr. Über allem aber thront ein weißes Schloß, das in seiner Mächtigkeit und Größe an die berühmtesten Bauwerke Tibets erinnert. Wir nähern uns Tsarang.

Tsarang

Der Weg in den Ort hinein führt durch einen gewaltigen Torchörten und entlang einer breiten, mit Steinen gepflasterten Straße, die zu beiden Seiten von brusthohen Mauern eingefaßt ist. Die Häuser von Tsarang machen einen gediegenen Eindruck. Sie lassen noch den Glanz vergangener Zeiten spüren, als der Ort in bezug auf Macht und Reichtum kaum hinter Lo Mantang zurückstand. Damals bewohnte sogar der König mit seinem Hof zeitweise den Palast, und mehr als tausend Mönche erfüllten die Hallen des Klosters mit Leben. Aber diese Zeiten sind für immer vergangen. Die beiden Zentren des alten Glanzes sind nur noch stumme Zeugen, die sich über die zusammengekauerten Häuser erheben. Samdrub Gephel, der Wunscherfüllende Palast, gleicht einer Ruine, und Thubten Shedrup Dargyeling, das monastische Zentrum von Tsarang, liegt verwaist da. Keine neuen Arbeiten werden unternommen, keines der verfallenen Gebäude wieder aufgebaut. Der althergebrachte Glaube der Bewohner scheint dadurch nicht erschüttert, und das Leben in Tsarang unterscheidet sich auf den ersten Blick kaum von den anderen Orten, die ich bisher kennengelernt habe. Aber das täuscht. Hinter der Fassade gewohnter tibetischer Freundlichkeit verbergen sich die tiefen Risse, die sich durch eine Serie unheilvoller Ereignisse in jüngster Vergangenheit in der Bevölkerung aufgetan haben. Der flüchtige Besucher wird weder die Spannungen wahrnehmen noch das Mißtrauen und die Zweifel, die das Klima seit geraumer Zeit belasten. Aber davon später.

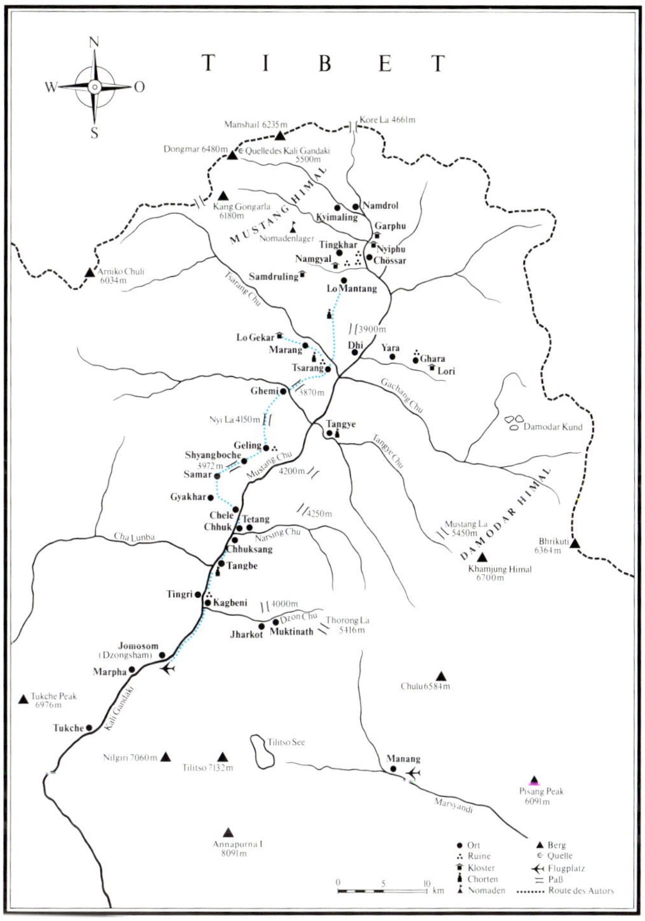

Zuerst kommt die positive Nachricht. Sie erscheint in der Gestalt von Lopsang, der freudestrahlend berichtet, daß es hier den bisher besten Chang gibt, von erstklassiger Qualität, wie er betont, und höchstpersönlich serviert von der hübschen unverheirateten Nichte des Königs. Soviel Verlockung kann man schwer widerstehen. Kurze Zeit später sitzen wir bereits im gemütlichen Wohnraum von Gyaltsens Haus, der mit der Schwester des Königs verheiratet ist. Seine Tochter – Maia – ist auch da. Sie wirkt sicher und selbstbewußt. Mit kurzen lauten Kommandos dirigiert sie die Küchenmädchen, füllt Chang in eine silberbeschlagene Karaffe um und schenkt daraus unsere Becher regelmäßig nach. Ab und zu beteiligt sie sich an der Unterhaltung, ohne dabei ihre Arbeit zu vernachlässigen. Im Gegensatz zu seiner quirligen Tochter bewegt sich Gyaltsen langsam und bedächtig. Meistens sitzt der behäbige Mann auf seiner Bank. Vor ihm steht ein niedriges Tischchen, zu dem er sich manchmal vorbeugt, um von seinem Chang zu nippen. Der ist übrigens wirklich köstlich, allererste Marke, nicht der trübe, mit Wasser vermengte Gerstensaft, den man meistens bekommt, sondern die Flüssigkeit, in der die Gerste selbst gegoren hat. Das Getränk ölt nicht nur unsere staubigen, ausgetrockneten Kehlen, sondern löst auch die Zungen der Gastgeber. Bald schon kreist die Unterhaltung um ein heikles Thema in Tsarang: dem Schicksal des letzten Abtes.

»Es ist bei uns Tradition, daß der älteste Sohn des Königs Abt des Klosters wird«, erzählt Gyaltsen, »aber der letzte Abt und Bruder des heutigen Rajas verliebte sich in ein Mädchen, heiratete und mußte das Kloster verlassen.«

»Warum mußte er das Kloster verlassen, ich denke Sakyapa-Mönche dürfen heiraten«, werfe ich ein.

»Gewöhnliche Mönche schon, aber nicht der Abt.«

»Wo ist der Abt nun?« frage ich weiter.

»Er lebt mit seiner Familie in Kathmandu«, antwortet er, ohne eine Miene zu verziehen. Gyaltsen hat seine Gefühle völlig im Griff, und nichts an seiner Stimme verrät, was all diese Ereignisse für seine Familie und Tsarang bedeuten.

»Wird seit dieser Zeit das Kloster nicht mehr bewohnt?« will ich wissen.

»Ja, so ist es.«

»Wo sind die Mönche, die dort lebten?«

»Sie sind ebenfalls fortgezogen, bis auf wenige, die jetzt alle hier im Dorf leben.«

Auf die Frage, ob es in Tsarang zukünftig einen neuen religiösen Führer geben wird, zuckt Gyaltsen nur müde die Schulter.

»Vielleicht«, sagt er, »wird es der Sohn des nächsten Königs«, aber in seinen Worten liegt wenig Glaube.

Thubten Shedrup Dargyeling, das verwaiste Kloster von Tsarang.

Eine Ahnung dessen, was sich im Leben dieses Mannes abgespielt haben muß, der offenbar wider Willen in die Mönchslaufbahn gezwungen wurde, vermitteln die Berichte der wenigen Europäer, die den Lama-Abt kennenlernten. Giuseppe Tucci, der im Jahre 1952 Tsarang besuchte, traf den Abt noch in vollem Orant in seiner Kapelle an, allerdings bereits verheiratet mit einer Frau, an der Tucci kein gutes Haar ließ, weil sie den Lama mit allen Mitteln daran hinderte, dem Europäer kostbare Reliquien zu verkaufen. Als vier Jahre später der Tibetforscher David Snellgrove vorbeikam, fand er den Lama bei der Arbeit auf den Feldern vor. Zu diesem Zeitpunkt hatte der »Unglückliche«, wie Snellgrove ihn bezeichnete, das Kloster bereits verlassen und versuchte ein Leben als Bauer zu führen. Das freilich haben die Bewohner nie akzeptiert. In ihren Augen war er unrein oder gar ein Dämon, der nur Unheil bringt. Da sah man es als Strafe und zugleich böses Omen an, als seine Frau plötzlich starb. Vielleicht war es die Trauer über den Verlust, aber auch der Druck der Bevölkerung, die ihn nötigte, ins Kloster zurückzukehren und ein Gelübde abzulegen, das ihn verpflichtete tagsüber nichts zu essen, seine Kammer drei Jahre lang nicht zu verlassen und während dieser Zeit auch keine Besucher zu empfangen. Letzteres nahm er allerdings nicht so ernst, denn er empfing im Jahre 1964 den Franzosen Michel Peissel in seiner Kapelle. Peissel und sein Gefolge konnten sogar im Kloster wohnen, und der Abt versuchte den Fremden, der Abwechslung in seine isolierte Welt brachte, so lange als möglich bei sich zu behalten. Auch gab er unumwunden zu, daß er seine Lage nur noch mit äußerster Willensanstrengung ertragen könne. Später, als auch diese erlahmte, ist er endgültig fortgezogen, hat wieder geheiratet und alle Brücken zu seinem Kloster abgebrochen.

Das Schicksal des letzten Abtes lastet wie ein Fluch auf dem Heiligtum. Die Bewohner meiden den Ort, dem selbst die Mönche den Rücken gekehrt haben. Mir ist, als betrete ich ein verwunschenes Schloß, als ich die schwere Holztür aufstoße, die hinter mit wieder knarrend zufällt. Unwillkürlich blicke ich mich um und bin froh, daß Mingma und Helmut mir gefolgt sind. Gähnende Leere und Totenstille umfängt uns im Inneren. Auf der einen Seite der Gasse, die wir entlanggehen, reihen sich verwaiste Mönchszellen, eine nach der anderen, manche stehen offen, andere sind mit schweren Hängeschlössern ver-

sperrt. Auf der anderen Seite erhebt sich das Hauptgebäude mit seiner fensterlosen, rotgefärbten Fassade.
Ein dunkles Treppenhaus führt zum oberen Stockwerk hinauf. Als ich darin eine Tür entdecke und aus purer Neugier aufdrücke, pralle ich entsetzt zurück. Von der Decke baumelt ein ausgestopfter Schneeleopard, dessen mumifizierte Fratze mich aus dem Halbdunkel anzugrinsen scheint. Nach dieser Begegnung verzichten wir auf die weitere Erkundung des Obergeschoßes und wenden uns dem Dukhang, der großen Gebets- und Versammlungshalle zu. Der Eingang ist mit einem schweren, aus Yakwolle gewobenem Tuch verhängt. Dahinter befindet sich ein Raum, der noch an jene besseren Zeiten erinnert, in denen Thubten Shedrup Dargyeling dem Ruf eines spirituellen Zentrums gerecht wurde. Die Hauptfigur ist ein wunderschöner bronzener Maitreya Buddha, umgeben von den Buddhas Sakyamuni und Vajradhara. Auch die Fresken an den Wänden sind noch gut erhalten. Tucci hat sie in das 16. Jahrhundert datiert. Sakyamuni tritt einem zusammen mit Bhaishajyaguru entgegen, ein Buddha, der in einem östlichen Paradies thront und den heilenden, vollkommen machenden Aspekt der Buddhaschaft symbolisiert. Die tausend Buddhas des Glückszeitalters sind ebenso vertreten wie die fünf transzendenten Buddhas, Symbol der ersten Ankunft kosmischen Bewußtseins im illusorischen Spiel, das wir Welt nennen.

Ausgestopfter Schneeleopard im Kloster von Tsarang.

Eine alte Quelle, die unter dem Namen Tsarang Molla bekannt wurde und worin die Namen und Taten aller Lo-Könige aufgeführt werden, suggeriert, daß dieses Kloster bereits vom legendären König Amepäl gegründet wurde, also noch älter sein soll als die Klöster von Lo Mantang. Da diese Behauptung von keiner anderen Quelle bestätigt wird, liegt die Vermutung nahe, daß es eine Manipulation darstellt, mit der Absicht, das Tsarang-Kloster über alle anderen zu erheben.

In derselben Quelle wird die Gründung des zweiten großen Bauwerkes von Tsarang, nämlich des Palastes, dem König Ahang Döndrup Dorje zugeschrieben, der Ende des 16. Jahrhunderts in Lo regierte. Im Gegensatz zum Kloster ist das weiße schloßähnliche Gebäude, das auf einem dunklen Felssockel über einer abgrundtiefen Schlucht sitzt, unbewohnbar und droht jeden Augenblick einzustürzen. Es trägt den klingenden Namen Samdrup Gephel – Palast, in dem Wünsche in Erfüllung gehen und die Tugenden gedeihen. Im Inneren des zerfallenen Bauwerks steigen wir über schwankende Leitern zum zweiten Stockwerk hinauf. Hier befindet sich ein verlassener Altarraum. Rotbemalte Holzvitrinen beherbergen mehrere Figuren und einen schönen Votivchörten.
Davor steht ein Tischchen mit einer Reihe von Butterlampen, die davon zeugen, daß der Kontakt der Menschen mit ihren Göttern noch nicht ganz abgebrochen ist. In einer der Nischen sitzen die drei »Heiligen« von Lo, jene Gestalten, die nach der Tsarang Molla das Königreich begründeten und die buddhistische Lehre durch zahlreiche Klostergründungen und Stiftungen im Land fest verankerten. Der Dharma-König Amepäl wird flankiert vom Ngor-Abt Künga Sangpo und seinem Minister Tsewang Sangpo.

Der Besuch der beiden verwaisten Gebäude hat mich sehr nachdenklich gemacht, und ich muß immerzu an die Stimmung im Kloster des letzten Abtes denken, als ich durch die engen Gassen zum Lagerplatz schlendere. Wie viele zerstörte Klöster habe ich in Tibet gesehen, aber ich fand keines, wo nicht noch ein Funken Hoffnung keimte, Gläubige bereit waren, es wieder aufzubauen. Hier aber verfällt ein intaktes Kloster, weil sich niemand mehr darum kümmert, weil es den Menschen fremd geworden ist und gleichgültig.

Oben: Von der Brücke, die den Tsarang Chu überspannt, eröffnet sich ein herrlicher Blick über das Tal. Rechts oben thront Samdrup Gephel, der Wunscherfüllende Palast *von Tsarang und im Hintergrund ragt ein Eisgipfel des Damodar Himal über die braune Gebirgswüste von Lo.*
Linke Seite unten: Als David Snellgrove vier Jahre später den Lama traf, hatte dieser bereits das Kloster verlassen und lebte als Bauer im Dorf.
Unten: Der letzte Abt von Tsarang noch in vollem Ornat, fotografiert von Giuseppe Tucci im Jahre 1952.

Lo Gekar – Kloster der »Reinen Tugend«

Den nächsten Tag wollen wir dazu benutzen, um einen Ausflug zum ältesten Kloster von Lo zu unternehmen. Das Heiligtum liegt ein Stück nördlich von Tsarang, etwas höher in den Bergen oben. Der Weg führt stets parallel zum Tsarang Chu nordwärts. Den Fluß selbst jedoch bekommen wir nicht zu Gesicht, denn er verbirgt sich am Grund einer tiefen Schlucht. Aber seine lebensspendende Kraft ist überall zu sehen, sie zeigt sich in den zahlreichen Bewässerungskanälen, die die Felder durchziehen, im Grün der reifenden Gerste und den kräftigen Bäumen, die dazwischen wachsen. Außerhalb der gestrichelten Linie der Oase herrscht totale Unfruchtbarkeit.

Von einem Schritt auf den nächsten lassen wir die Felder zurück und finden uns in einem bunten Steingarten wieder, der unter den Strahlen der Höhensonne erglüht. Rotes, lilafarbenes, in allen Gelb- und Braunschattierungen schimmerndes Gestein, chaotisch übereinandergetürmt, formt eine unwirkliche Landschaft. Darin eingebettet, fernab menschlicher Siedlungen, liegt Lo Gekar, das älteste Kloster Mustangs. Der dunkelrote Kubus erhebt sich auf einer ausladenden Terrasse, und mit den mastähnlichen Stangen, auf denen Stoffetzen wie zerschlissene Fahnen hängen, gleicht es einem Segelschiff, das einsam durch das Gebirgsmeer kreuzt.

Die ungewöhnliche Lage des Heiligtums, seine abweisenden fensterlosen Mauern, lassen bereits erahnen, daß man sich einem besonderen Ort nähert. Lo Gekar steht auf einer Bühne himmlischer Handlungen. Padmasambhava, der »aus dem Lotos geborene Lehrer«, hat nicht nur die mächtigen Dämonen des Schneelandes bezwungen und in den Dienst der buddhistischen Lehre gestellt, sondern den Menschen auch »verborgene Schätze« hinterlassen. Diese bestanden aus esoterischen Büchern und Kultgegenständen. Zu diesen Schriften gehörte auch das meistbekannte Buch des tibetischen Buddhismus, der Bardo Thödol – das sogenannte »Tibetische Totenbuch« oder Reiseführer in verborgene Täler und Bewußtseinszustände. Da die komplizierten spirituellen Lehren und Anweisungen, die diese Schriften enthalten, zu diesem Zeitpunkt von den Menschen noch nicht verstanden wurden, hat sie Padmasambhava an geheimen Plätzen versteckt und versiegelt, so daß sie unsichtbar blieben. Sie zeigten sich nur demjenigen, der bereits die notwendige spirituelle Reife besaß, sie zu verstehen und damit richtig umzugehen. Auf diese Weise wollte Guru Rimpotche verhindern, daß seine Lehren in die falschen Hände gerieten. Nach der Auffassung der Nyingmapas, der ältesten Schule des tibetischen Buddhismus, gibt es viele solcher »verborgenen Schätze« im Himalaya, einige wurden im Laufe der Zeit gefunden, manche von Padmasambhava verschlossene Täler sind heute geöffnet. Ein solcher Ort ist Lo Gekar.

Alte Überlieferungen berichten, daß Padmasambhava, nachdem er den lokalen Dämon unterworfen hatte, an dieser Stelle einen solchen »Schatz« versteckte und durch magische Kräfte versiegelte. Ein gelehrter Mönch namens Sanggye Lama fand das Vermächtnis, und später entstand dort das Kloster »der Reinen Tugend von Lo«.

Von dieser Tugendhaftigkeit scheint aber wenig auf den Verwalter des Heiligtums abgefärbt zu haben, denn das ist ein mürrischer Geselle, der sich selbst kaum zu mögen scheint.

Wir treffen ihn in der Küche an, wo er emsig am Feuer hantiert und uns barsch abweist, ohne dabei ein einziges Mal aufzublicken. Vielleicht ist er ein grimmiger Wächter, den Padmasambhava zum Schutze des heiligen Ortes ein-

Oben: Der italienische Forscher Giuseppe Tucci in Tibet.

gesetzt hat, denke ich mir und gehe hinaus, um mir das Gebäude einmal von außen anzusehen. Das Kloster besteht aus einem rot-weißen Gebäude mit einer Reihe von Gebetsmühlen herum und vier Chörten an den Ecken. Hunderte Mani-Steine sind zu einer Mauer aufgeschichtet, und eine Vielzahl rot getünchter, aus groben Steinblöcken zusammengefügter Chörten, große und kleine, finden sich in der Umgebung. Sie sehen aus wie kosmische Antennen.

Zu unserer Überraschung erscheint der Wärter mit dem Schlüssel in der Hand. Er verlangt von jedem 100 Rupien Obolus, dann aber öffnet er ohne weiteres Zögern die schwere Holztür und führt uns ins Innere. Drinnen ist es stockdunkel, wie in einer Gruft, so daß sich die Augen erst daran gewöhnen müssen. Das spärliche Licht der Butterlampen, die vor dem Altar brennen, läßt nicht mehr als die Silhouetten der Figuren erkennen. Da diese noch dazu mit Tüchern und Khadaks zugehängt sind, bleibt uns nichts anderes übrig, als die Taschenlampen einzusetzen. Das stört zwar die natürliche Stimmung im Raum, aber schließlich wollen wir auch etwas von den Schätzen sehen, die dieses Heiligtum beherbergt. Padmasambhava ist die dominierende Erscheinung. Er beherrscht die gesamte Altarfront. Seine magischen Augen blicken einen aus dem Dunkel heraus an. Umgeben ist der indische Tantriker von seinen beiden Gattinnen, der indischen Königstochter Mandarava, seiner Yogini, und der Ex-Frau des tibetischen Königs Yeshe Tsogyal. Um diese zentrale Gruppe scharen sich verschiedene Emanationen Padmasambhavas, teils von furchteinflößendem Aussehen, den Geisterdolch in der Hand, mit dem er die Dämonen unterwarf.

Nun gleitet der Strahl der Lampe über die Seitenwand. Da ziehen wie im Film die Bilder in rascher Folge vorbei. Ein ganzes Pantheon von Gottheiten ist hier versammelt: Buddhas, Bodhisattvas und Heilige, Hunderte bemalter Steinreliefs, eingebaut in eine Kassettenwand. Die Reliefs sind ungeheuer fein herausgearbeitet und mit Farben bemalt, die noch ganz frisch wirken. In keinem anderen Kloster habe ich eine ähnliche Form der Wandgestaltung gesehen. Auch die Architektur von Lo Gekar unterscheidet sich von den anderen Klöstern Mustangs. Es gibt hier keinen Haupttempel, sondern mehrere Räume, die sich auf zwei Etagen verteilen und annähernd gleich groß sind. Das Gebäude sieht deshalb im Inneren wie ein normales Wohnhaus aus. Glaubt man den Aufzeichnungen der Tsarang Molla, dann wurde das Kloster in der Vergangenheit zweimal restauriert: einmal gegen Ende des 16. Jahrhunderts in der Regierungszeit von König Ahang Döndrup Dorje und zwei Jahrhunderte später unter der Herrschaft von Ahang Tsewang.

Beim Hinausgehen fällt der Schein der Taschenlampe auf die schrecklichen Fratzen von Schutzgottheiten. Der Wächter warnt uns eindringlich davor, sie allzulange zu betrachten. Seine Gesten lassen keinen Zweifel offen, welche Gefahr von ihnen ausgeht. Sind sie jene lokalen Dämonen, denen Padmasambhava, nachdem er sie besiegte, den Schutz des Heiligtums anheim stellte?

Draußen trifft uns ein heftiger Wind. Er weht von Süden herauf, treibt uns den Staub ins Gesicht und läßt uns nicht mehr los, bis wir die schützenden Mauern von Tsarang erreicht haben. Unsere Zelte stehen in einem ummauerten Viehpferch, der wie so viele andere heute

Oben: Lo Gekar, das älteste Kloster von Mustang, soll auf jenem Platz stehen, wo der indische Tantriker Padamsambhava geheime Schriften versteckte. Folgende Doppelseite: Einer der wenigen Mönche, die heute noch in Tsarang leben, wandert auf seinem morgendlichen Rundgang an einer Mani-Mauer vorbei.

leer steht, weil die Herden reduziert werden mußten, seit das tibetische Weideland jenseits der Grenze nicht mehr zur Verfügung steht.
Als wir zurückkommen, herrscht am Lagerplatz heilige Ruhe. Lopsang und die Sherpas sind ausgeflogen, die Träger sind ebenfalls fort, und das »Küchenpersonal« schläft im Zelt. Aber schon nach ein paar Minuten tauchen wie von unsichtbaren Fäden gezogen eine Reihe von Wuschelköpfen hinter der Mauer auf. Mit großen Kulleraugen blicken uns ein gutes Dutzend Kinder an.
»Mitei, mitei«, schallt es wie im Chor über den Hof. Die Kinder fordern lautstark Süßigkeiten. Es ist nicht leicht, ihnen diesen Wunsch zu verwehren, trotzdem wollen wir lieber Schreibgeräte verschenken. Die werden zwar auch akzeptiert, aber es dauert nicht lange, bis die Rufe nach Bonbons wieder zu hören sind. In der Zwischenzeit habe ich mich ins Zelt zurückgezogen und gehe einer meiner liebsten Beschäftigung auf langen Reisen nach, nämlich die Bücher zu lesen, die ich schon immer lesen wollte, aber aus Ermangelung an Zeit bisher nicht schaffte. Ich habe gerade mit der Lektüre von Kawaguchi`s »Three Years in Tibet« begonnen. Der japanische Zen-Mönch hat auf dieser Reise ein ganzes Jahr hier in Tsarang verbracht. Nur an diesem Tag soll mir keine Muße vergönnt sein, dafür sorgen schon die kleinen Plagegeister. Daß wir uns einfach in die Zelte verkriechen, geht den Kleinen mächtig gegen den Strich, und als ihre Rufe nach »mitei« ohne Resonanz bleiben, beginnen sie Steine nach den Zelten zu werfen. Zuerst sind es nur kleine, weil wir nicht darauf reagieren, werden es immer größere. Was bleibt da anderes übrig, als sich der Kinderschar zu stellen?
Gegen Abend kommen die Erwachsenen, vor allem Kranke, die um Medizin bitten, und mit ihnen drängt eine Menge Schaulustiger in den Hof hinein. Dabei hat Tsarang schon viel merkwürdigere Gestalten gesehen, als wir es sind.
Einer der ungewöhnlichsten Besucher war wohl der vorher erwähnte Japaner Ekai Kawaguchi. Er pflegte Sonntags auf die umliegenden Berge zu steigen, ein Umstand, der allein schon geeignet war, bei den Bewohnern von Tsarang Aufmerksamkeit zu erregen. Diese regelmäßigen Touren unternahm der Zen-Mönch, um sich auf die strapaziöse Reise nach Tibet vorzubereiten. Um den »Trainingseffekt« noch zu erhöhen, schleppte er einen Korb voll Steine auf dem Rücken mit. Den erstaunten Lopas erklärte er, daß dies eine besondere Form religiöser Übung sei. Das konnte die Bewohner nicht so recht überzeugen, denn sie begannen Pläne zu schmieden, den eigenbrötlerischen Mönch mit der hübschen Tochter seines Gastgebers zu verkuppeln. Als Kawaguchi davon erfuhr, ergriff er die Flucht und wanderte über das Dolpo nach Tibet.
Den Abend verbringen wir wieder bei den Gyaltsens. Es kommt zu einer hitzigen Diskussion, an der nicht nur der vorzügliche Chang Schuld trägt, auch nicht die anmutige Maia, sondern eine harmlose Frage meinerseits. Mir sind die Glühbirnen aufgefallen, die an losen Drähten von der Decke herabhängen. Als es immer dunkler wurde und die Birnen ebenfallls dunkel blieben, wollte ich wissen, zu welchem Zweck die dort hingen. Das hätte ich nicht tun sollen.
»Die Gurungs sind Schuld daran, daß wir keinen Strom mehr haben«, entfährt es Gyaltsen.
»Sie sind dumm und noch dazu Kommunisten«, fügt seine Tochter hinzu.
Gyaltsen ist nämlich ein Bista. So nennen sich heute die Angehörigen der alten feudalen Kudak-Klasse, zu der auch das Königshaus zählt und die in Lo seit der Gründung der Dynastie herrschen. Bistas gibt es in jedem Dorf, sie sind alle irgendwie mit der Königsfamilie verwandt, haben größere Besitztümer und können sich ein für dortige Verhältnisse angenehmes Leben leisten. Bistas reiten auf Pferden durch das Land, unternehmen ausgedehnte Reisen, verfügen über Personal und gehen nur Heiraten innerhalb ihrer Gesellschaftsklasse ein. Seit Generationen suchen die Lo-Könige ihre Frauen im alten tibetischen Adel. Die übrigen Lopas dagegen führen ein einfaches Leben. Die meisten nennen sich heute Gurungs nach einer gleichnamigen Volksgruppe Nepals. Während in Tibet die feudale Gesellschaftsstruktur durch die chinesische Aggression hinweggefegt wurde, ist sie in Mustang geblieben. Die alten Klassen haben sich einfach Hindu-Namen übergestreift, die Kudaks – nun Bistas – setzten sich mit Nepals herrschendem Thakuri-Clan gleich, und auch die »Gurungs« erhoffen sich durch die Namensänderung größere Chancen in der hindu-dominierten Gesellschaft Nepals. Letztlich wurde Mustangs altes Feudalsystem nur durch ein neues ersetzt, mit Kathmandu als Zentrum.
Bei wichtigen kommunalen Projekten und Entscheidungen wird diese Gesellschaftsstruktur zu einem kaum überwindbaren Hindernis. Ein typisches Beispiel dafür ist die Elektrifizierung von Tsarang. Zunächst hatten alle dafür gestimmt und die Bistas für einen Kredit zur Finanzierung des Projektes gebürgt. Um die Götter günstig zu stimmen, wurde das Kloster zuerst verkabelt. Jeder Dorfbewohner mußte angeben, welche Stromverbraucher er in seinem Haus verwenden wolle, darauf wurde die Leistung des kleinen Generators abgestimmt. Die meisten entschieden sich, nur Glühbirnen zu installieren. Aber nach geraumer

Zeit begannen einige Familien elektrische Kocher zu benutzen, die ein Vielfaches an Energie verbrauchten als einfache Glühbirnen. Abgesehen davon, daß niemand bereit war, für den Mehrverbrauch zu bezahlen, führte das zu einer Überbelastung des Generators und schließlich zu einem Zusammenbruch des Systems. Gyaltsen Bistas Familie, die den Generator beaufsichtigte, wurde für den Defekt verantwortlich gemacht. Aber niemand war bereit, für die Reparatur aufzukommen, und weil es keinen Strom mehr gab, weigerten sich die Bewohner, das Darlehen weiter zurückzubezahlen. Seitdem bleiben in Tsarang die Glühbirnen dunkel. Auch in den beiden anderen Orten, die sich für die Elektrifizierung entschlossen hatten, kam es zu ähnlichen Problemen. Nach diesen Erfahrungen wurden die bereits geplanten Projekte für Lo Mantang, Samar und Chele auch fallengelassen.

Lopsang scheint das wenig zu stören, er fände Maia ohnehin im dunklen Schein der Öllampen viel attraktiver, erzählt er mir auf dem Weg zum Zeltplatz. Ob das als Kompliment gemeint ist, läßt er allerdings dahingestellt.

Am nächsten Morgen, als wir aus dem Ort ziehen, folgt uns neben der gewohnten Kinderschar noch ein unverkennbarer Geruch, der mir sagt, daß auch die Träger gestern Abend ein changträchtiges Haus gefunden hatten. Sie haben sich den richtigen Tag für einen Kater ausgesucht. Denn die heutige Etappe ist wahrlich ein gemütlicher Spaziergang. Zunächst steigen wir hinunter ins Bett des Tsarang Chu, den wir auf einer Brücke überqueren. Dann geht es aus dem Flußtal hinaus und über sanft geschwungene Bergrücken auf ein Plateau zu. Der ausgetretene Karawanenpfad ist so breit wie eine Straße. Als nächstes kommen wir an einem Chörten vorbei. Dahinter beginnt das Gelände wieder langsam anzusteigen, der Weg zieht hinauf zu einer Schwelle, wo ein riesiges Büschel von Gebetsfahnen, schon von weitem sichtbar, im Wind flattert. Jetzt bin ich an dem Punkt, wo der Weg durch die Kali-Gandaki-Schluchten, über Tangye und Dhi, einmündet. Es sind kaum mehr als zwei Stunden seit dem Aufbruch in Tsarang vergangen, als ich am heiligen Wegzeichen stehe und ein paar Steine auf den Haufen werfe. Tief unter mit aber, in der nächsten Falte des Gebirges, schimmert eine Fläche im verlockendsten Grün. Das ist Mönthang – die Ebene der Sehnsucht. Auf ihr steht eine Stadt, wie eine feine Miniatur von einem begnadeten Künstler in die Landschaft gesetzt. Eine rote rechteckige Mauer hält ein weißes Häusergewirr zusammen, dazwischen leuchten purpurne Gebäude heraus, und filigrane Türme überragen sie. Lo Mantang, das Ziel unserer Reise!

Beim Anblick dieser Stadt droht die Phantasie durchzugehen. Mir ist, als stünde ich vor den Toren des mythischen Landes Shambhala, von dem die alten Schriften berichten. Ich sehe den legendären König von Shambhala mit seiner unbesiegbaren Streitmacht aus dem Tor der Stadt reiten, zur letzten Schlacht mit den bösen Kräften des Universums bereit, damit das Goldene Zeitalter anbrechen kann, wie die Prophezeiungen von Shambhala verheißen.

LO MANTANG

»Von einem Paß aus sahen wir, noch im hellen Licht der hohen Sonne, unser Ziel: Mustang. Weite, goldgelbe Getreidefelder, dahinter schwere, schwarze Wolken, die schon über Tibet schwebten, zwei weiße Gipfel, senkrechte, rote Felswände – und dazwischen eine kleine Stadt, die von einer hohen, rechtwinkligen Mauer eingeschlossen war.«

HERBERT TICHY

Lo Mantang – der Königssitz Mustangs – macht den Eindruck einer mittelalterlichen Stadt. Die sieben Meter hohen Mauern, die die Häuser umgeben, und die Wachtürme an den Ecken demonstrieren Wehrhaftigkeit. Die Stadt steht allein inmitten der Ebene. Sie wirkt wie ein geschlossener Block, der in seiner Grundsubstanz seit Jahrhunderten unverändert blieb. Die letzten Jahrhunderte, die in der Welt eine so rasante Entwicklung gebracht haben, scheinen an diesen Mauern abgeprallt zu sein wie der Sturm, der ständig dagegen anbrandet.

Wir nähern uns der Stadt von Süden her, müssen noch ein tief eingekerbtes Flußtal nehmen, aus dem wir schließlich zur »Ebene der Sehnsucht« hinaufsteigen. Hier beginnen die ersten Felder, von grob aufgeschichteten Steinwällen eingefaßt, zwischen denen der Pfad hindurchführt. Der Weg läuft direkt auf die Stadtmauer zu. Ihre blutrote Farbe hebt sich von den weißen Anbauten ab, die sich in ununterbrochener Reihe an der Mauer entlangziehen.

Wir umwandeln die Stadt wie ein buddhistisches Heiligtum, also im Uhrzeigersinn, die Mauer stets zu unserer Rechten. Auf diese Weise gelangen wir an die Nordseite, wo der Weg zwischen Chörten und Mani-Mauern verschwindet. Kurze Zeit später stehen wir vor dem einzigen Tor. Kaum jemand schenkt uns Beachtung, als wir den Torbogen durchschreiten, kein Wachposten hält uns an, um nach dem Woher und Wohin zu fragen. Der Ort wirkt wie ausgestorben.

Vor 500 Jahren jedoch hätte ein Beobachter, der sich am Stadttor aufhielt, ganz anderes zu berichten gewußt. Damals gab sich hier eine illustre Schar von Reisenden ihr Stelldichein: Tibetische Händler mit ihren Yakkarawanen, die Salz von den unerschöpflichen Quellen der Changthang über den Himalaya transportierten. Fromme Pilger, die zum heiligen Berg Kailas strebten, gelehrte Mönche aus fernen Klöstern Tibets, Beamte und Boten des Königs, zerlumpte Bettler und hin und wieder ein verrückter Heiliger. Damals ist aber nicht heute, und heute ist es nur eine Schar Kinder, die uns hinterherläuft und lautstark mitei – Bonbons – fordert.

Lopsang ist nicht zum erstenmal in Lo Mantang, ein nicht zu unterschätzender Vorteil, wenn ich daran denke, was wir in den nächsten Wochen alles vorhaben. Er kennt nicht nur den Ort, wo es den besten Chang gibt, sondern weiß auch eine gastfreundliche Familie, die uns aufnimmt. Zielstrebig führt er uns zu einem Haus, das einen sehr wohlhabenden Eindruck macht. Es liegt gegenüber dem Königspalast und in Nachbarschaft zum »Postamt«. Schon nach dem ersten Becher Chang, den wir zur Begrüßung leeren müssen, ist die Quartierfrage geklärt, und wir sind uns schnell handelseinig. Wir haben die Wahl, im Haus zu wohnen oder die Zelte in einem ummauerten Hof außerhalb der Stadtmauer aufzustellen. Trotz der sprichwörtlichen Toleranz und Gastfreundschaft, die den Lopas genauso eigen ist wie den Tibetern, mögen wir es der Familie nicht antun, eine so große Gruppe wie die unsere für längere Zeit aufzunehmen. Deshalb entscheiden wir uns für das Zeltlager. Es bietet auch mehr Platz, und wir können uns dort freier bewegen. Nur einige Träger werden hierbleiben, zusammen mit Lopsang, der das zentrumsnahe Quartier braucht, um »organisatorische Dinge« zu erledigen wie er sich ausdrückt. Alle anderen ziehen wieder mit uns durch das Stadttor hinaus, dort wenden wir uns nach rechts – ganz im Sinne der rituellen Umwanderung –, kommen an einer Mani-Mauer vorbei, und nach einem weiteren Rechtsschwenk lotst uns der Sohn der Gastgeberfamilie in einen der ummauerten Krals, die offensichtlich erst in jüngerer Zeit der Stadtmauer hinzugefügt wurden. Es ist nicht zu verkennen, daß hier noch kürzlich halbwilde Yaks standen – oder Dzos, wie die Kreuzungen mit dem Rind heißen. Aber abgesehen vom Stallgeruch eignet sich der Platz gut für ein Lager. Die Mauern sind hoch genug, um vor dem heftigen Wind zu schützen, und auch die Tür kann mit Steinen innen verriegelt werden. In wenigen Minuten sind die Zelte aufgestellt und bald zelebrieren wir die erste Teerunde in unserem neuen Domizil. Das ist für die nächsten Wochen unser Basislager, von wo aus wir Touren unternehmen wollen und wohin wir immer wieder zurückkehren werden. Andreas will endlich malen und geht deshalb seine eigenen Wege, Marianne und Axel werden Wanderungen zu den umliegenden Klöstern und hinauf zur tibetischen Grenze unternehmen, und ich möchte zusammen mit Helmut und Mingma einen der 6000 Meter hohen Eisgipfel besteigen, die sich über Lo Mantang erheben, und nach den geheimnisvollen Quellen des Kali Gandaki suchen. In wenigen Tagen werden Beat und Daniel eintreffen, gerade rechtzeitig, um eines der größten Feste in Lo mitzuerleben. Die Vorbereitungen sind bereits in vollem Gange, und Lopsang hält uns ständig auf dem laufenden, wenn religiöse Zeremonien anstehen.

Vorhergehende Bildseiten: Auf dem Dach von Chöde Gompa führen Mönche eine Regenzeremonie durch. Der vergletscherte Berg im Hintergrund ist der Kang Gongarla, einer der Sechstausender im Mustang Himal.
Einer der wenigen Männer aus Lo Mantang, die noch traditionelle Tracht und Schmuck tragen.
Der traditionelle Haarschmuck der Lopa-Frauen besteht aus einem schmalen Stoffband, das mit prächtigen Türkisen und silbernen Schnallen bestückt ist.
Vajrasattva, das Diamant-Wesen, tritt häufig auf den Mandalas der Jampa Gompa in Erscheinung. Dorje Sempa, wie die Tibeter diese Gottheit nennen, besitzt die Fähigkeit geistige Verunreinigungen zu beseitigen. Seine weiße Körperfarbe symbolisiert die fünf Buddha-Familien, in der rechten Hand hält er den Dorje, ein auf das Herz gerichtetes Diamantenzepter, während seine linke Hand mit einer Glocke auf der Hüfte ruht.
Buddha mit Dharma-Chakramudra, der Geste des Inbewegungsetzens des Rades der Lehre. Die große vergoldete Figur thront auf dem Altar der Chöde Gompa.

Das Lager macht tagsüber einen sehr verlassenen Eindruck. Wir eignen uns den Rhythmus der Lopas an, ziehen in aller Frühe los und kommen knapp vor Sonnenuntergang zurück. Während Marianne, Axel und Andreas es kaum erwarten können, ihre geplanten Ausflüge nach Norden hinauf zu unternehmen und schon für die nächsten Tage Pläne schmieden, will ich mir zunächst einmal Lo Mantang genauer ansehen. Manchmal sind Mingma und Helmut dabei, aber oft bin ich alleine unterwegs. Der Gang durch das Stadttor ist immer ein Spießrutenlauf. Denn man muß an den Kindern vorbei, die sich dort zu jeder Tageszeit aufhalten und keine Gelegenheit auslassen, um Süßigkeiten zu erbetteln. Ihr bevorzugter Spielplatz sind die großen Gebetsmühlen, die in gemauerten Nischen ruhen. Alte Männer sitzen davor und verspinnen rohe Wolle zu dünnen Fäden, die die Frauen später färben, um damit ihre schönen regenbogenfarbenen Schürzen zu weben. Mit einem Auge haben die Männer immer den jüngsten Nachwuchs im Blick und pfeifen auch einmal die älteren Kinder zurück, wenn sie sich dem Fremden gegenüber besonders dreist gebärden.

Hat man einmal diese Hürde genommen und das Tor hinter sich gelassen, steht man vor der mächtigen weißen Mauer des Königspalastes, die einen vor die Wahl stellt, rechts oder links herumzugehen. Automatisch wende ich mich nach links und gelange so an die Vorderfront des Palastes. Dann folge ich im Zickzack einer Kombination enger Gassen und stehe nach zwei Minuten vor der südlichen Stadtmauer, und nach fünf Minuten bin ich wieder dort angelangt, wo meine Stadtrunde begann, nämlich am Eingangstor. Jetzt wird mir bewußt, wie klein Lo Mantang eigentlich ist. Die ganze Stadt ist nicht viel länger als 300 Meter und vielleicht 150 bis 170 Meter breit. Innerhalb dieser Fläche stehen rund 200 Häuser, in denen ebenso-

Blick über Lo Mantang nach Süden, wo die gigantische Nordwand des Annapurna eine in den Himmel geschriebene Grenze markiert.

viele Familien wohnen. Insgesamt leben cirka 800 bis 1000 Menschen in Lo Mantang. Um ihre Bekanntschaft zu machen, braucht man sich nur zu Sonnenuntergang in der Nähe des Stadttores aufzuhalten. Da trifft man fast jeden, der in der Stadt lebt. Die meisten Bewohner kommen dann von der Feldarbeit heim. Dazwischen sieht man Vertreter der elitären Bista-Klasse, hoch zu Roß, die von Handelsreisen oder Verwandtenbesuchen zurückkehren, und den Postreiter, der die neuesten Nachrichten bringt. Dann ist die Stadt plötzlich mit Leben erfüllt, und wenn noch dazu die Hirten ihre Viehherden in die Stadt treiben, gibt es sogar einen Verkehrsstau. Das sind immerhin rund 2000 Schafe und Ziegen, 250 Pferde und ebenso viele Maultiere, die sich morgens und abends durch die engen Gassen zwängen und durch ihre Exkremente das Brennmaterial für die Stadt anliefern. Die wertvollen Tiere werden nachts nie draußen gelassen, sie könnten Wölfen zum Opfer fallen oder dem Schneeleoparden, den es hier noch geben soll. Früher kam noch die Gefahr von Räubern hinzu, die ihre Beutezüge von der tibetischen Steppe aus unternahmen. Aber diese Zeiten sind längst vorbei, und auch das Stadttor braucht heutzutage nachts nicht mehr verschlossen zu werden. So mittelalterlich Lo Mantang immer noch wirkt, in einer Hinsicht ist die Stadt zukunftsweisend. Sie ist eine einzige Fußgängerzone, so wie das gesamte Königreich. Kein motorisiertes Fahrzeug gibt es im Land, ja nicht einmal ein Rad existiert hier – außer dem Rad der buddhistischen Lehre, das Buddha vor 2500 Jahren in Bewegung setzte.

Aus dem Gewirr weißgekalkter Häuser, die alle etwa gleich hoch sind, ragen vier Gebäude heraus: der bereits erwähnte Königspalast und die drei Klöster Thubchen, Jampa und Chöde. Das älteste von allen ist Thubchen Gompa. Es ist mindestens so alt wie Lo Mantang selbst und seine Geschichte verliert sich in Mythen und Legenden. Nicht weit entfernt davon erhebt sich Jampa Gompa – der dreistöckige Maitreya Tempel –, der ebenfalls ein hehres Alter aufweist. In der nördlichsten Ecke der Stadt schließlich befindet sich Chöde Gompa, das neue Kloster. Es ist das einzige Heiligtum, wo der Begriff Kloster zutreffend ist, denn nur hier wohnen noch Mönche, findet monastisches Leben statt. Innerhalb seiner Mauern residiert auch der höchste religiöse Führer des Landes, Khenpo Tashi Tenzing, der Abt des Klosters. Ebenfalls in diesem Teil der Stadt liegt das Haus eines der merkwürdigsten Bewohner von Lo Mantang. Er heißt Tashi

Chusang, ist 63 Jahre alt und Mönch, Arzt, Astrologe und Maler in einer Person.
Zuletzt möchte ich noch ein Gebäude nennen, das weder heilig ist noch durch eine besondere Bauweise auffällt, aber trotzdem im Leben der Stadt eine wichtige Rolle spielt. Es ist immer offen und nach Sonnenuntergang der begehrteste Ort in Lo Mantang. Ich meine damit das lokale Wirtshaus. Chang gibt es zwar in jedem Wohnhaus, aber hier wird zusätzlich geschmuggeltes chinesisches Bier angeboten und eine eindrucksvolle Kollektion diverser Schnäpse gleichfalls chinesischer Herkunft. Von außen sieht es wie ein ganz normales Familienanwesen aus, und ich wäre wahrscheinlich kaum darauf gestoßen, wenn mich nicht die Suche nach Lopsang dorthin geführt hätte. Ich traf ihn bei Würfelspiel und Chang, vereint in feucht-fröhlicher Runde mit einigen Bistas. Auch einen Teil der Träger und alle Sherpas hatte es hierher verschlagen. Seitdem weiß ich wenigstens, wo er steckt, wenn wir ihn brauchen.
Mein Tagesablauf sieht nun folgendermaßen aus: Die frühen Morgenstunden nutze ich, um eines der beiden alten Heiligtümer zu besuchen. Thubchen Gompa und Jampa Lhakang werden von Laien betreut, die sie nur morgens und abends kurz aufschließen, um duftendes Räucherwerk und Butterlampen für die Gottheiten zu entzünden. Tagsüber halte ich mich gerne bei den Mönchen von Chöde Gompa auf oder noch lieber im Haus von Tashi Chusang, der sich als eine Quelle unerschöpflichen Wissens über die Kultur Mustangs erweist. In der Zeit um Sonnenuntergang aber verlasse ich die Stadt regelmäßig, um auf einen der umliegenden Hügel zu steigen. Das ist jedesmal ein berückender Anblick. Die ganze Ebene ist von einem geradezu unwirklichen Licht durchflutet. Die Häuser glänzen wie pures Gold; mit ihren leuchtend bunten Fahnen und den braunen Dachrändern aus aufgeschichtetem Holz sehen sie wie kleine Schmuckkästchen aus. Die Mauer aber, die sie umgibt, erscheint in einem Rot, als stünde sie in Flammen. Ohne Übergang schließen sich daran die Felder an, ein wogendes Meer von Gerste und Buchweizen, das in allen Grünschattierungen schimmert. Die kahlen Bergketten dahinter durchlaufen die ganze Farbskala von Gelb über Ocker bis hin zum dunklen Braun. Über allem aber steht der Annapurna. Stolz reckt er sein strahlend weißes Haupt in den dunkelblauen Himmel, und seine Gipfel baden noch im klarsten Licht, wenn über Lo Mantang schon lange der kalte Schatten der Nacht gefallen ist.
Das Abendprogramm ist durch die Existenz eines einzigen Wirtshauses vorprogrammiert. Helmut, der noch immer mit Darmproblemen kämpft, muß dabei passen. Es kostet

ihn schon genug Anstrengung, den geschwächten Körper tagsüber durch die Gegend zu schleppen. Da bis jetzt alle Mittel ohne den gewünschten Erfolg blieben, hat er sich nun eine Radikalkur verordnet. Durch eine Nulldiät hofft er die hartnäckigen Erreger in seinem Körper auszuhungern.

Thubchen Gyälwai Phodrang – Im Palast des siegreichen Buddha

Die Tür zu den verborgenen Schätzen Lo Mantangs öffnet sich mir zum erstenmal, als ich in die dunkle Halle der Thubchen Gompa eintrete. Was sich hier unter einem Schleier von Staub und vom Zahn der Zeit angenagt dem staunenden Auge präsentiert, gibt mehr als nur eine vage Ahnung von vergangenem Glanz und Prunk. Den Eingang bewachen die barocken Figuren der vier Lokapalas, den Hütern der vier Himmelsrichtungen. Wie aus dem Klosternamen hervorgeht, genießt Buddha Sakyamuni hier besondere Verehrung. Seine Figur nimmt den zentralen Platz ein. Umgeben ist der »Erleuchtete« von Avalokitesvara, dem Bodhisattva der Barmherzigkeit, und dem zukünftigen Buddha Maitreya. Nur Sakyamuni ist aus Bronze, während alle anderen Figuren aus Terrakotta bestehen. Maitreya zur Rechten thront Padmasambhava mit seinen beiden königlichen Gattinnen. Alle Figuren sind mit ganzen Bündeln weißer Khadaks – seidenen Glücksschleifen – behangen.
Das Dach dieses Raumes wird von hölzernen Säulen gehalten, die mit ihren liebevoll geschnitzten Kapitellen ein großartiges Beispiel für tibetische Schnitzkunst abgeben. Von noch größerer Kunstfertigkeit zeugen die Fresken an den Wänden. Sie sind Ausdruck höchster Vollendung, von Meistern geschaffen, wie ich sie von ähnlicher Qualität nur noch in den Klöstern von Guge sah. Einige der Fresken sind von ungewöhnlicher Größe und zeigen die für Sakyapa-Klöster typischen Gottheiten. Manche sind noch außerordentlich gut erhalten, andere sind bereits abgebröckelt oder durch eindringendes Wasser, das von der Decke herabtropft, zerstört. An einer Seitenwand gibt es eine lange Inschrift in Goldbuchstaben. Sie beschreibt die Bedeutung der Bildwerke und erinnert an den König samt all den noblen Stiftern, die diese in Auftrag gegeben haben.
Von außen macht das Gebäude den Eindruck einer trostlosen Ruine, und niemand würde vermuten, welche Schätze in dieser düsteren Halle, die wie eine riesige Höhle wirkt, verborgen sind. Die gigantischen Proportionen des Gebäudes und die verfallenen Mönchszellen machen deutlich, daß Thubchen Gompa einst das kultische Zentrum von Lo war. Es ist jammerschade, daß auch die letzten Reste dieses Klosters weiter verfallen und die Regierung in Kathmandu bisher nichts unternommen hat, um dies zu verhindern. Wenn man bedenkt, daß alle Klöster und Paläste nur aus luftgetrockneten Lehmziegeln und Holz bestehen, die ohne ständige Pflege in diesem rauhen Klima rasch verfallen, dann ist es überhaupt ein Wunder, daß noch etwas davon erhalten ist. Die Lopas besitzen weder die Mittel noch die technischen Möglichkeiten, die halbverfallenen Bauwerke zu renovieren, ja nicht einmal, sie vor weiterer Zerstörung zu schützen.

Padmasambhava, der indische Gelehrte, der im 8. Jahrhundert den Buddhismus nach Tibet brachte und die Dämonen des Himalaya unterwarf, thront als Riesenfigur in der Thubchen Gompa.

Die Regenzeremonie

Die Menschen plagen ganz andere Sorgen. Um diese Zeit ist es das lebenswichtige Wasser, dem all ihre Aufmerksamkeit gilt. Es ist Mitte Juni, der Monsun sollte schon längst da sein, aber in diesem Sommer ist noch kein Tropfen Regen gefallen. Das Land aber ist von der Feuchtigkeit abhängig, die über die Himalayabarriere dringt und gewöhnlich vom Mustang Himal abgefangen wird. Die Gletscher dieses Gebirges wiederum speisen die Quellen des Kali Gandaki, der alles Leben in Lo spendet. Kein Wunder also, daß sich in diesen Tagen alles um das kostbare Wasser dreht. Die erste Frage an jeden, der von Süden kommt, lautet: »Hat der Monsun den Himalaya schon erreicht?« Die Antwort ist stets ein klares »Nein«. Jetzt hofft man auf die Hilfe der Götter. Die Mönche von

Die engen Gassen von Lo Mantang sind genauso Lebensraum wie die Dächer der Häuser. Hier spielen die Kinder, verrichten Frauen ihre Arbeiten oder treffen sich Bewohner zum Gedankenaustausch.

Chöde Gompa sollen eine Regenzeremonie durchführen. Auch darf niemand um diese Zeit den Grenzpaß ins Dolpo überschreiten. Da alles Wasser von den eisbedeckten Gipfeln oberhalb Lo Mantangs kommt, insbesondere von den Gletschern des götterbewohnten Berges Dongmar, ist es keinem Menschen erlaubt, sich dem Göttersitz zu nähern und durch seine Anwesenheit die heilige Ruhe der beschützenden Wesen zu stören.

Auch in der »Wirtsstube» von Lo Mantang, wo Flüssigkeit keine Mangelware darstellt, ist das Ausbleiben des Regens Gesprächsthema. Daneben wird, wie überall an solchen Örtlichkeiten, Lokalpolitik gemacht. Lopsang, der bereits bestens in die Gesellschaft eingeführt ist, mischt kräftig mit. Von ihm erfahre ich, daß die Bewohner von Lo Mantang, anläßlich eines »inoffiziellen« Besuches von König Birendra im Jahre 1990, dem nepalischen Monarchen eine Petition überreicht haben, die drei Forderungen enthielt: den Bau einer Straße von Pokhara nach Lo Mantang, die Elektrifizierung des Ortes und die Öffnung des Landes für Fremde. Letzteres ist in der Zwischenzeit erfüllt worden, aber auch erst, nachdem das Panchayat-Regime stürzte und König Birendra seine absolute Macht einbüßte. Die Revolution in Nepal und Einführung einer demokratischen Verfassung hat den Lopas im Jahre 1991 zum erstenmal in ihrer Geschichte freie Wahlen beschert. Dabei errang die kommunistische Partei die meisten Stimmen.

»Ich habe die kommunistische Partei gewählt, weil jeder Nomade in Tibet mehr Yaks besitzt als der König von Mustang«, sagt einer.

Die Wahlen haben zur Folge, daß es nun zwei unterschiedliche Gruppen gibt, die das kommunale Geschehen bestimmen: eine demokratisch gewählte Volksvertretung und die traditionelle Administration des Königs, die immer noch existiert. Der Verwaltung des Königs gehören nur Vertreter der alten Kudak (Bista)-Klasse an, die alle von Töchtern der Lo-Könige abstammen. Bis zum Jahre 1956 waren sie die einzigen, die außer dem König selbst eigenes Land und Häuser besitzen konnten. Sie waren frei, während alle übrigen dem König dienen mußten. Jede Familie hatte eine bestimmte Arbeit für den

Eine Bäuerin aus Lo Mantang vermengt Tee mit gesalzener Butter in einem hölzernen Zylinder.

König zu verrichten oder jährliche Abgaben in Form von Naturalien zu leisten. Die einen belieferten den König mit Holz, andere leisteten Abgaben in Form von Getreide oder Fleisch. Die Verpflichtungen dem König gegenüber gingen stets auf die Kinder über. Einige Lopa-Familien dienen dem König bis heute auf diese Weise. Sie tun eine Arbeit, wie sie Leibeigene in jeder Feudalgesellschaft zu verrichten hatten.

Auf der untersten Sprosse der gesellschaftlichen Leiter stehen die Rigrinin. Sie entsprechen etwa den »Unberührbaren« (Parias) der traditionellen Hindu-Gesellschaft. Dazu gehören die Hofmusikanten und die Schmiede. Sie dürfen weder innerhalb der Mauern von Lo Mantang leben noch mit Angehörigen einer anderen Klasse eine Ehe eingehen. Ihre Lebensverhältnisse sind noch um vieles ärmlicher und härter als die der einfachen Lopas. Man findet sie, wenn man vom Stadttor den breiten Weg nach Norden folgt und knapp vor den Chörten einer schmalen Gasse zwischen ummauerten Viehpferchen entlanggeht. In einer dunklen, vom Rauch geschwärzten Kammer, die eher wie ein Stall aussieht, haust der Zeremonientrommler des Königs mit seiner Frau, und gleich daneben, in ähnlichem Ambiente, lebt der Hofschmied samt Familie. Weitere Schmiede haben sich am Grunde der Schlucht angesiedelt, die wie ein tiefer Burggraben die Stadt im Norden umschließt. Das Tal ist gerade so breit, daß ein paar Häuser Platz finden. Ein glasklarer Bach durchzieht die Schlucht. Er läßt einen schmalen Grünstreifen zu beiden Seiten entstehen, auf dem saftiges Gras und sogar Bäume wachsen. Die Wiesen sind den Pferden des Königs vorbehalten, während die Mühlen daneben allen Bewohnern zur Verfügung stehen. Das sind kleine quadratische Häuser aus Stein, die wie Bunker aussehen, in denen sich große runde Mühlsteine befinden. Über einen künstlichen Kanal wird das Wasser zur Mühle geführt und setzt die schweren Steine in Bewegung. Auf diese Art werden auch die Mani-Chökhor angetrieben, große Gebetszylinder, in denen millionenfach das Mantra *om mani padme hum* auf eine Papierrolle geschrieben ist. Durch ihre rotierende Bewegung wird die heilbringende Formel in den Himmel geschickt.

Am Himmel aber zeigt sich nicht eine einzige Wolke. Auch im Süden, wo die dominierende Erscheinung des

Annapurna das Panorama beherrscht, sind keine Anzeichen vom herannahenden Monsun zu sehen. Immer sorgenvoller blicken die Lopas zur Eiskappe des Götterberges Dongmar auf. Aber auch seine weiße Pyramide steht ohne Wolken da und funkelt wie ein Diamant. Deshalb ist am nächsten Tag die Regenzeremonie angesagt.
Schon in aller Frühe weckt der Ruf des Muschelhorns die frommen Schläfer. Bald darauf versammeln sich die Mönche in der Gebetshalle von Chöde Gompa. Der Altar ist im Schein der Butterlampen hell erleuchtet. Wohlriechender Duft von verbranntem Wacholder erfüllt die Luft. Mönche, in dunkelrote Gewänder gehüllt, haben auf schmalen Teppichen Platz genommen. Sie sitzen sich in zwei langen Reihen gegenüber. Kleine bemalte Holztischchen stehen davor, auf denen Bücher in Form von losen bedruckten Blättern ausgebreitet sind, daneben liegen verschiedene Musikinstrumente und gefaltete rote Baretts. Tashi Tenzing, der Abt des Klosters, hat auf einem Thronsessel an der Stirnseite Platz genommen. In Griffnähe befinden sich seine wichtigsten Kultgeräte – Diamantenzepter und Ritualglocke –, Symbole der polaren männlichen und weiblichen Kräfte, deren Vereinigung letztlich zur Befreiung führt. Daneben sind Pfauenfedern drapiert und ein Gefäß für das Wasseropfer. Nun eilen Mönchsschüler mit dampfenden Teekannen daher. Blitzschnell haben die Mönche hölzerne Schalen aus den Falten ihrer Gewänder gezogen, die die Novizen der Reihe nach bis zum Rand füllen. Nach dem ersten Schluck wird noch einmal nachgeschenkt. Kaum sind die Tassen auf den kleinen Tischen abgestellt, setzt der Chor der Mönche ein. Mit tiefen sonoren Stimmen, halb murmelnd, halb singend, rezitieren die Mönche aus den heiligen Büchern. In regelmäßigen Abständen bricht das Rezitativ ab, dann ergreifen alle ihre Instrumente, und Töne wie aus einer anderen Welt erfüllen den Raum. Sie werden von Trompeten, Muschelhörnern, großen runden Trommeln und Pauken erzeugt. Dazwischen mischt sich helles Glockengeklingel. Lopsang ist tief ergriffen und verrichtet minutenlang Niederwerfungen. Dann ziehen wir langsam an der Galerie von Figuren entlang, die den Altar füllen. Eine Heerschar von Gottheiten ist hier versammelt, aus Bronze gegossen und feuervergoldet. Wir opfern weiße Glücksschleifen und spenden dem Kloster etwas Geld. Nach einer weiteren Teepause ergreifen die Mönche ihre Instrumente, setzen die roten Baretts auf und ziehen in einer feierlichen Prozession ins Freie hinaus. Sie bewegen sich in einer langen Reihe quer über den Hof und ersteigen dann über eine hölzerne Leiter das flache Dach. Hier nehmen sie wieder Aufstellung. Die roten Gewänder, die im Wind flattern, heben sich vom dunkelblauen Himmel ab, und die weiß leuchtenden Gipfel des Mustang Himal bilden den unvergleichlichen Rahmen zu dieser Szenerie. Zwei der Mönche bringen alphornähnliche Instrumente (Radongs) in Position, während Tashi Tenzing Wasser und Gerste in alle Himmelsrichtungen streut. Jetzt steigern die Instrumente den Rhythmus. Der tiefe Klang der Radongs läßt die Mauern erzittern. Diese Musik ist elementar, sie gleicht der Urgewalt der Landschaft und scheint aus der Tiefe des Erdinneren zu kommen. Wie aufeinanderfolgende Wellen brandet die Melodie dahin und endet in einem beschwörenden Inferno, das noch weiterschwingt, als die Instrumente längst verstummt sind. Die Mönche aber verlassen das Klosterdach und begeben sich in den Hof der neuen Versammlungshalle, die die Figuren von ein paar Sakya-Lamas beherbergt und worin die Cham-Masken aufbewahrt werden. Jetzt ist nur das feine Geklingel der Ghanta, der Ritualglocke, zu hören. Die Mönche haben sich zu beiden Seiten von Tashi Tenzing aufgestellt, alle tragen die roten Raupenhelme, nur der Abt hat eine schwarze Mitra auf und einen orange-gelben Umhang übergestreift. Mit rhythmischem Glockengeklingel, gemurmelten Gebeten und im betörenden Duft von verbranntem Wacholderreisig geht die Regenzeremonie zu Ende.

Zur Burg der Himmelswandler

Am folgenden Tag soll ein ähnliches Ritual im Namgyal Kloster stattfinden. Das Sakyapa-Heiligtum – wie die Farbsymbolik der Gebäude zu erkennen gibt –, ist weniger als einen Kilometer von Lo Mantang entfernt. Man sieht das Kloster bereits vom letzten Paß aus, wenn man auf Lo Mantang hinunterblickt. Der rote Farbklecks mit der weiß-rot gestreiften Vorderfront bildet einen faszinierenden Kontrast zur umgebenden Landschaft. Inmitten der kahlen braunen Bergrücken, deren Falten wie riesige Wogen aussehen, gleicht es einem Schiff, das gegen die Brandung ankämpft.
Namgyal übte vom ersten Augenblick an, als ich es sah, eine geradezu magische Anziehungskraft auf mich aus. In Lo Mantang verbrachte ich viel Zeit damit, es zu betrachten, von unterschiedlichen Standpunkten aus, zu verschiedenen Tageszeiten und wechselnden Stimmungen. Einmal im gleißenden Licht der Mittagssonne mit dem heiligen Berg Dongmar im Hintergrund, dann abends im Gegenlicht, wenn die Gebetsfahnen wie Funkfeuer leuchten, oder früh am Morgen, wenn weiße Nebelschwaden wie Feen darüber schweben. Jetzt bin ich gespannt, wie

das Kloster im Inneren aussieht. Ich habe auf diesen Augenblick gewartet, habe gehofft, daß einmal eine Zeremonie stattfindet, weil ich das Heiligtum sehen wollte, wenn es lebt, wenn Mönche es mit ihrem Geist erfüllen.
Es ist noch früh am Tag, als ich Lo Mantang in Richtung Norden verlasse und zum Fluß hinuntersteige, der von den Bergen oberhalb Namgyals herabkommt. Ich bräuchte nur dem Flußbett zu folgen, in dem auch der Karawanenweg verläuft, und ich wäre in kürzester Zeit in Namgyal. Statt dessen überquere ich das tief eingeschnittene Flußtal, in dem die Häuser der Schmiede und Aussiedler stehen. Dort führt auch der Pfad hindurch und leitet zum Rand der Böschung hinauf. Vor mir erhebt sich eine mehrere hundert Meter hohe Erdpyramide, auf deren Spitze die mächtige Ruine einer Burg thront. Die Lopas nennen die verfallene Festung Khachö Dzong – Burg der Himmelswandler – und behaupten, daß sie einst König Amepäl erbaute und auch bewohnte, bevor er die ummauerte Stadt Lo Mantang gründete. Die Lage ist einmalig und ebenso verspricht die Aussicht zu sein. Der Pfad zur Burg ist lange schon verschwunden, aber auch auf einem ausgetretenen Weg muß es eine Knochenarbeit gewesen sein, die Burg zu versorgen. Was für Mühe, um allein den täglichen Wasserbedarf hinaufzuschaffen. Tashi Chusang, der große Gelehrte von Lo Mantang, hat mir über Khachö Dzong folgende Geschichte erzählt: Drei Söhne des tibetischen Königs Langdarma, der als Buddhistenverfolger in die Geschichte einging, wanderten in Richtung Westen und kamen schließlich nach Lo. Der älteste der drei Brüder hieß Amepäl. Zu dieser Zeit waren alle Bewohner von Lo Anhänger der vorbuddhistischen Bön-Religion. Ihr Anführer – ebenfalls ein Bönpo – hieß Hawa Kimara.
Dieser hatte zuvor einen Traum, in dem seine Schutzgottheiten erschienen waren und ihm mitteilten, daß drei Brüder kommen werden, die er freundlich empfangen solle, denn der älteste von ihnen werde König von Lo sein. Daraufhin sandte er in alle Richtungen Leute aus, um die drei Fremden zu suchen und willkommen zu heißen. Als man diese fand und zu ihm gebracht hatte, ernannte er – wie ihm der Traum geheißen hatte – Amepäl zum König von Lo. Danach bauten sie gemeinsam die Burg Khachö Dzong hoch oben auf der Spitze dieses Berges.
Damals lebten die Lopas noch in Höhlen und Amepäl verliebte sich in ein Mädchen aus einem Höhlendorf im Norden des Landes. Der Vater des Mädchens hieß Tsewang Sangpo. Nach drei Jahren gebar sie ihm einen Sohn. Nun

Linke Seite: Mönche der Chöde Gompa blasen die Radongs, jene alphornartigen Instrumente, die der Ritualmusik Tibets ihr unverwechselbares Gepräge geben.

dachte der König daran, eine neue Residenz für die Zukunft seines Sohnes zu errichten. Er verbrachte viel Zeit, darüber nachzusinnen, wo wohl der beste Platz für den Palast sei, aber so sehr er sich auch bemühte, er fand keine befriedigende Antwort. Da wurde ihm im Traum mitgeteilt, er müsse eine Tasse mit Joghurt in alle vier Himmelsrichtungen schleudern. Dort aber, wo sie niederfalle ohne zu zerbrechen, solle der Palast gebaut werden.
Daraufhin ging er auf das Dach von Khachö Dzong, legte eine Tasse Joghurt in die Schleuder und tat, wie ihm im Traum geheißen. Die erste Tasse landete im östlichen Tal Nanyur, und das Joghurt fiel heraus, die zweite Tasse schleuderte er nach Westen, in das Tal Julung, wo sie in einem Fluß verschwand. Die dritte Tasse landete im Dorf von Amepäls Frau (Puwa). Die Tasse blieb wohl ganz, auch kein Joghurt fiel heraus, aber sie lag umgedreht da. Die vierte Tasse schließlich fiel auf eine Ebene im Süden zu Boden. Sie blieb heil, kein Joghurt ging verloren, und sie war auch nicht umgedreht. Das war der Platz, an dem Amepäl den neuen Palast baute. Den Ort aber nennt man seitdem Mönthang – der verwirklichte Traum!

Thubten Dargyeling – Insel der Lehre des Buddha

Von diesem geschichtsträchtigen Platz eröffnet sich eine beherrschende Rundsicht. Die Bewohner der Burg konnten einen beträchtlichen Teil des alten Karawanenweges einsehen. Bis hinauf zum Grenzpaß Kore-La reicht der Blick nach Norden, und nach Süden hin durchschneidet das hellbraune Band der Heerstraße die Landschaft kerzengerade wie ein Pfeil. Tief unter mir, hingestreut auf eine Felskuppe, liegt Namgyal Gompa. Dem Auge erscheint es wie eine Oase, eine Insel des Glaubens und der Hoffnung, inmitten einer übermächtigen Natur. Obwohl von Thubten Dargyeling, wie die Mönche das Heiligtum nennen, nicht mehr übriggeblieben ist als der Dukhang – die Gebets- und Versammlungshalle – und zwei kleine Kapellen. Ruinen überziehen den nackten Fels wie ausgebleichte Knochen. Die »Insel auf der die Lehre des Buddha gedeiht«, wie der Name sinngemäß lautet, ist lange schon untergegangen. Denn das befestigte Kloster hatte einst in der Verteidigung dieses Tales eine Schlüsselposition inne, weshalb es immer wieder zerstört wurde. Als ich mich dem Heiligtum nähere, dringt leise Musik und dumpfes Stimmengewirr an mein Ohr. Die gemurmelten Gebete und der rhythmische Klang der Trommel schlagen mir wie eine Botschaft aus längst vergangenen

Zeiten entgegen. Über einen quadratischen Innenhof, vorbei an verwaisten Mönchszellen, führt der Weg zum Eingangstor, das hinter einem schweren Vorhang aus Yakhaar verborgen ist. Im Halbdunkel der Säulenhalle, vom flackernden Schein einiger Butterlampen spärlich beleuchtet, haben sich ein gutes Dutzend Mönche versammelt, um für Regen zu beten. Sie sitzen vor dem Altar in zwei langen Reihen, Musik und Rezitativ wechseln einander ab. Von den Fresken, die einmal die Wände schmückten, ist heute nicht mehr viel zu sehen, das wenige noch Erhaltene aber ist von höchster Qualität. Die Figuren am Altar und der Bronzechörten sind nicht viel mehr als letzte Zeugnisse unaufhaltsamen Verschwindens. Trotzdem vermittelt der Raum als Ganzes einen altehrwürdigen Eindruck. Es ist, als würde in den abbröckelnden Mauern noch jene Atmosphäre nisten, die den Ort einst erfüllte. Namgyal Gompa ist zweifellos sehr alt. Nach den Mollas, den »Geschichtsbüchern« von Lo, soll es während des ersten Besuches von Ngorchen Künga Sangpo im Jahre 1427 restauriert worden sein. Also muß schon vorher eine Kultstätte existiert haben, wahrscheinlich ein Heiligtum der Bön. Künga Sangpo ließ die ursprünglich vorhandene Kultstätte zu einem monastischen Zentrum ausbauen und gab ihm den Namen Thubten Dargyeling – die »Insel auf der die Lehre des Buddha gedeiht«. Der erste Abt dieses Klosters wurde Jamyang Sherab Gyatso (1396–1474), der bereits Künga Sangpo auf seiner ersten Reise im Jahre 1446 nach Lo begleitete.

Es ist später Nachmittag, als ich mich auf den Rückweg nach Lo Mantang mache. Jetzt folge ich dem Hauptweg, vorbei an einer Ziegelei, wo Hunderte Lehmquader zum Trocknen ausgelegt sind. Danach verschwindet der Pfad zwischen grünen Gerstenfeldern. Die Bauern sind noch mitten in ihrer Arbeit. Einige Felder wurden bereits abgeerntet und müssen nun gepflügt werden. Wie in Tibet werden auch hier Yaks oder Dzos vor den Pflug gespannt. Ein Mann lenkt das Ochsengespann, während der andere den Pflug führt. Eine Gruppe von Lopas – Männer und Frauen – ist mit dem Bewässern der Felder beschäftigt. Es gibt nur eine Ernte im Jahr, aber auch diese ist nur mit Hilfe eines ausgeklügelten Bewässerungssystems möglich. Damit es funktioniert, bedarf es ständiger Kontrolle und eines hohen Maßes an gemeinschaftlicher Arbeit. Dabei ist jeder von jedem abhängig. Ein einziger Fehler kann dazu führen, daß das eine Feld überflutet wird, während das andere vertrocknet. Weil es in den Bergen noch immer keinen Niederschlag gegeben hat, ist der Wasserstrahl in den Kanälen zu einem dünnen Faden geschrumpft. Sie deuten mit sorgenvoller Miene auf den wolkenlosen Himmel, als ich an ihnen vorbeilaufe.

In Lo Mantang herrscht eine gespannte Atmosphäre. Es ist bekannt geworden, daß die Tür zum untersten Raum des Maitreya Tempels aufgebrochen wurde. Man verdächtigt zunächst ein japanisches Filmteam, das 70.000 Dollar dem Tourismusministerium in Kathmandu bezahlt hat, um als »erste« in Mustang drehen zu dürfen. Sie benahmen sich nicht nur so, als hätten sie das ganze Königreich gekauft, sondern machten auch kein Hehl daraus, daß sie das Recht beanspruchten, alle Kulturschätze des Landes abzufilmen. Erst viel später stellte es sich heraus, daß sie, was den Einbruch im Jampa Lhakang betrifft, tatsächlich unschuldig waren. Lange bevor wir nach Lo Mantang kamen, hatten wir von den Japanern gehört. Fast in jedem Dorf erzählte man uns, daß sie drei junge Schneeleoparden in ihrem Lager hielten, die sie mit in ihre Heimat nehmen wollten. Das Muttertier sei von Lopas getötet worden, der Jäger hätte dann die Jungen nach Lo Mantang gebracht, wo er sie an die Japaner verkaufte.

Als ich nach Lo Mantang zurückkomme, fragt mich Lopsang, ob ich mit ihm in das Japaner-Camp gehen wolle, um die Schneeleoparden zu sehen. Natürlich bin ich neugierig, so ein seltenes Tier einmal aus der Nähe zu sehen. Das Lager ist leer bis auf den Koch und zwei Sherpas, die zurückgeblieben sind, um es zu bewachen. Zwischen den Zelten balgen sich drei zottelige graue Knäuel, die wie junge Hunde aussehen. Es sind keine Schneeleoparden, sondern Wolfsjungen. Am liebsten möchte ich sie in die Freiheit entlassen, aber gleichzeitig weiß ich, daß sie wohl nicht weit kommen würden. Entweder würden sie von Hunden getötet oder von Lopas, wenn sie sie erwischten. So werden sie wohl in irgendeinem Zoo landen. Das Verhalten der Japaner aber hatte noch ein Nachspiel. Nachdem sie die drei jungen Wölfe bis Kathmandu gebracht hatten, versuchten sie eines der Tiere für den Zoo von Osaka zu exportieren. Der Direktor des Zoos lehnte jedoch den Erwerb des Himalaya-Wolfes ab, weil er fürchtete, das Internationale Artenschutzabkommen zu verletzen. Daraufhin kam es zu vehementer öffentlicher Kritik am verantwortlichen Leiter des Filmteams, dem man zusätzlich vorwarf, einige Szenen des Mustang-Films inszeniert und ohne Wissen der Fernsehanstalt (NHK) einen lukrativen Werbespot für eine japanische Automobilfirma hergestellt zu haben.

In der Wunderwelt der Mandalas

Am nächsten Tag treffen Beat und Daniel ein. Sie kommen als persönliche Gäste des Königs im Palast unter, beziehen das Gästezimmer, in dem sonst nur die engsten Verwandten des Herrschers logieren, wenn sie gerade auf Besuch sind. Ihnen ist es zu verdanken, daß sich bald eine sehr vertraute Beziehung zu allen Palastbewohnern – außer dem Wachhund – entwickelt, die es uns erlaubt, mit der gleichen Selbstverständlichkeit ein- und auszugehen wie im Haus unserer Gastgeber. Die Küche zieht nun vom Zeltlager außerhalb der Stadtmauer in das Erdgeschoß des Wohnhauses der Gastgeberfamilie um. Jener Raum, der uns bei der Ankunft zum Schlafen angeboten wurde, wird nun unser Eßzimmer, wo auch Beat und Daniel mit uns gemeinsam ihre Mahlzeiten einnehmen, wenn sie nicht gerade bei Raja und Rani zu Tisch geladen sind.

Zunächst gibt es viel zu erzählen, Beat und Daniel bringen Nachrichten von der Welt draußen mit und sind gespannt zu erfahren, was wir bisher alles erlebt haben. Anschließend entwerfen wir einen groben Plan für die nächsten zwei Wochen, den wir ganz auf die bevorstehenden Festlichkeiten abstimmen. In den Tagen, an denen keine besonderen Rituale stattfinden, möchte ich mit Helmut und Mingma in den Mustang Himal ziehen, um einen Berg zu besteigen und nach den Quellen des Kali Gandaki zu suchen. Beat und Daniel werden in dieser Zeit nach Tsarang und zur Yak-Farm des Königs reiten.

Nach der ersten Stadtrunde machen wir uns auf den Weg zum Jampa Lhakang, dem Tempel des Buddha Maitreya. Lopsang hat das Kunststück zuwege gebracht, den Schlüsselverwalter ausfindig zu machen, und was noch schwieriger ist, ihn zu überreden, daß er uns bereits am Nachmittag das Heiligtum aufsperrt. Der Schlüssel rotiert nämlich von einer Familie zur anderen. Für die Dauer eines Monats muß dann die jeweilige Familie Butter in den Lampen nachfüllen und Besuchern die Türe öffnen. Das geschieht meistens frühmorgens und abends knapp vor Sonnenuntergang, tagsüber jedoch arbeitet die schlüsselverwaltende Familie genauso draußen auf den Feldern wie die anderen Lopas auch. Wir sind deshalb sehr dankbar, daß wir das Heiligtum noch bei Tageslicht besuchen können und auch viel Zeit dafür zur Verfügung haben. Nach dem frevelhaften Einbruch in das unterste Geschoß, das für Fremde tabu ist, wundern wir uns überhaupt, daß die Lopas noch fremde Besucher in das Gebäude lassen. Mit versteinerter Miene zeigt der Verwalter auf das aufgebrochene Schloß und zerstörte Siegel der Eingangstüre. Dann führt er uns über eine Leiter zur Pforte des Mittelgeschoßes hinauf.

Jampa Lhakang ist von den Proportionen her kleiner als Thubchen Gompa, dafür aber drei Stockwerke hoch. Das Mittelgeschoß ist der einzige Teil des Klosters, den man überhaupt noch besuchen kann. Das gesamte monastische Viertel ist verfallen, das dritte Stockwerk ist unbegehbar, und im Untergeschoß ist der Zutritt verboten. Aber als der Verwalter die Tür öffnet und ein breiter Lichtstrahl das Innere erhellt, stehen wir vor einer Welt von kosmischen Mustern und Figuren, die hauptsächlich aus Kreisen und Quadraten bestehen. Meterhohe Mandalas, neben- und übereinander angeordnet, füllen die Wände. Sie sind von außergewöhnlicher Qualität, und die feinen Linien aus Gold funkeln aus dem Halbdunkel heraus wie fluoreszierendes Licht. Sie sind von überwältigender Schönheit und in exzellentem Erhaltungszustand. Die Farben sind noch frisch, seit Jahrhunderten in dieser Halle konserviert. Jedes kleinste Detail ist liebevoll gestaltet, fügt sich in das harmonische Ganze ein, so daß jedes Mandala zu einem genauen Abbild des Kosmos wird. Alle Mandalas weisen ein gemeinsames Grundmuster, das genau festgelegt ist, aber jedes hat eine andere Gottheit im Mittelpunkt und andere Figuren, die kreisförmig wie

Oben: Dorje Sempai Kyilkhor ist die zentrale Figur eines Vajrasattva-Mandala in der Jampa Gompa.

ein geöffneter achtblättriger Lotos darum angeordnet sind. Hier waren ganz große Meister am Werk. Ähnlich feine Mandalas habe ich nur im Shalu-Kloster Tibets gesehen und im Kloster von Alchi in Ladakh. Aber so viele auf einem Platz gibt es nicht einmal dort. Wie der Verwalter beteuert, zeigen auch die Wände des unteren Geschoßes, das wir nicht sehen dürfen, Mandalas in ähnlicher Anordnung. Schätzungsweise 80 solcher Bilder dürften ursprünglich die Wände des Tempels geschmückt haben, wovon ein Großteil die nahezu 600 Jahre seit ihrer Entstehung überlebt hat. Mit großer Wahrscheinlichkeit besitzt der Jampa Lhakang heute die größte Kollektion von Mandalas aus dem 15. Jahrhundert.
Im Vergleich zu den Fresken fallen die Figuren, die den Altar bilden, sichtlich ab. Obwohl die mehrere Meter hohe Riesenstatue des Buddha Maitreya, die im Zentrum steht, die größte Figur darstellt, die wir bisher in Mustang sahen. Sie reicht bis in das darüberliegende Stockwerk hinauf, und die Augen des zukünftigen Buddha scheinen in meditativer Versenkung das Innerste der Mandalas zu berühren.

Das Herrscherpaar von Lo in Festtracht auf einem alten Bild.

Zu Gast beim König von Lo

Beat und Daniel haben sich rasch an das Leben im Raja-Palast gewöhnt. Sie versorgen uns täglich mit dem neuesten Klatsch, der gerade am Königshof die Runde macht. Darauf sind wir genauso neugierig wie hierzulande auf die intimen Details der Royals. Skandalumwittertes gibt es auch beim abgeschiedensten Königshaus der Welt. So erfahren wir, daß Jigme Dorje Trandul als dritter Sohn, nach der Tradition, Mönch hätte werden sollen. Doch sein ältester Bruder entschloß sich, das Gelübde abzulegen, und wurde Abt des Klosters von Tsarang. Da auch der zweite Bruder als Nachfolger des alten Königs Angun Tenzing Trandul ausfiel, weil er sich zu Tode soff, rückte der jüngste Sohn an die Spitze des 600 Jahre alten Monarchengeschlechtes.
Auch die Besitzverhältnisse des Königs bleiben meinen Freunden nicht verborgen. Mit der Gründlichkeit von Finanzbeamten haben die beiden eine Bestandsaufnahme durchgeführt. Demnach gehören dem 25. Herrscher von Lo 400 Schafe, 280 Ziegen, 250 Yaks, 40 Pferde, elf Maultiere, drei Residenzen samt Inventar und der heilige Berg Dongmar, auf dem sein persönlicher Schutzgott residiert.
Beat und Daniels gute Beziehungen zur Königsfamilie ist es auch zu verdanken, daß der Herrscher uns zu einer offiziellen Audienz empfängt. Auf »inoffizieller« Ebene gibt es tägliche Kontakte zwischen den beiden fremden Gästen und der Raja-Familie. Denn das Leben im Palast gewährt keinerlei Privatsphäre. Einmal kommt das Königspaar samt Gefolge, um Beat und Daniel beim Aufwachen zuzusehen, dann trifft man sich bei der Morgentoilette im Badezimmer – ein öffentlich zugänglicher Waserkanister im Flur – oder begegnet sich auf dem Weg zum stillen Örtchen, das aus einem Loch im Boden besteht und dessen Benutzung in den untersten Regionen des Palastes widerhallt.
Am festgesetzten Tag, zur vereinbarten Stunde, die Geschenke protokollgerecht mit weißen Seidenschärpen eingehüllt, machen wir uns auf den Weg, um dem König unsere Aufwartung zu machen. Wie am Stadttor ist auch am Eingang zum Palast die Zelle, wo einst die Wache stand, gespenstisch leer. Real dagegen ist der tibetische Mastiff, der uns mit funkelnden Augen aus dem Halbdun-

Der schwarze Wachhund stürzt sich auf jeden Fremden, der den Palast betritt. Über ihm baumelt die mottenzerfressene Mumie seines Vorgängers.

kel anfährt, als wir über eine steile Holztreppe das erste Stockwerk erklettern. Zum Glück für uns ist er angebunden, aber die Leine ist gerade so lang gehalten, daß man seinen heißen Atem noch spüren kann. Weniger Furcht flößt uns dagegen sein Vorfahre ein, der in voller Lebensgröße ausgestopft und mottenzerfressen von der Decke des zweiten Geschoßes baumelt. In dieser Etage leben auch die 23 Dienstboten des Herrschers. Im dritten Stockwerk schließlich befinden sich die Privatgemächer der Königsfamilie sowie Gästezimmer und Audienzraum. Hier erwarten uns Beat und Daniel zusammen mit dem Privatsekretär des Königs, der neben Lopsang als Dolmetscher fungiert. Sie führen uns in das Empfangszimmer. Das Königspaar erwartet uns bereits. Sie sitzen wie Statuen hinter kleinen Tischchen und einer Vitrine, in der sich eine seltsame Mischung von Gegenständen befindet. Zwischen alten Familienfotos, vergoldeten Götterfiguren und Räucherstäbchen stapeln sich Batterien, Kodak-Filme und Seifen der Marke Camay.

Nacheinander überreichen wir dem König unsere Geschenke. Hin und wieder huscht ein Lächeln über sein Gesicht, während er jedem von uns einen weißen Glücksschal um den Hals legt. Aber diese Augenblicke sind selten, meistens bleibt sein Gesicht ernst. Der Monarch hat Sorgen. Der 25. Lo-Regent seit dem legendären Amepäl führt nur noch eine Schattenherrschaft. Seine Macht ist abgebröckelt, wie die Mauern des Palastes, der nicht mehr als die leere Hülse einer glanzvollen Vergangenheit darstellt.

Während das moderne Hindu-Königreich Nepal erst 200 Jahre alt ist, kann Lo auf eine Kultur zurückblicken, die schon mindestens 400 Jahre alt ist, bevor Mustang Teil von Nepal wurde. Der Herrscher trägt heute den offiziellen Titel Raja und gilt als Untertan des nepalischen Königs. Seine inoffizielle Autorität erstreckt sich nur noch über ein paar Dörfer in der Nähe von Lo Mantang, aber auch diese schwindet allmählich. Immer mehr Lopas kennen die nepalischen Gesetze und kommen mit politischen Parteien und deren Ideologie in Berührung; sie sind nicht mehr bereit, traditionelle Dienste für den König, wie das Abernten seiner Felder, zu leisten.

Obwohl Jigme Dorje Trandul den Hindu-Glauben annehmen mußte, um überhaupt den Titel Raja führen zu können, läuft er jeden Morgen, die Gebetsschnur in der Hand, um die Mauern der Stadt und murmelt Mani-Mantras. Mit derselben religiösen Inbrunst betet er zu den Schutzgöttern in seiner privaten Kapelle, in die er uns persönlich führt. Auf dem Altar, der die ganze Frontseite des Raumes einnimmt, thront eine phantastische Versammlung von Schutzgöttern, Buddhas und Heiligen. Jede Figur ist von erlesener Schönheit, alles Erbstücke, die von einem König zum nächsten übergingen, stumme Zeugen einer beeindruckenden Ahnenreihe.

In den Mollas ist die Genealogie der Lo-Könige niedergeschrieben, sie läßt sich lückenlos zurückverfolgen bis zu ihrem Begründer Amepäl. Erst dann, wenn es um die Herkunft der Herrscherdynastie geht, weichen die Quellen voneinander ab und verlieren sich in Legenden und Mythen.

So heißt es in der Tsarang Molla: »In diesem Lande, das über alle notwendigen und wünschenswerten Dinge verfügt, im Lande Lo, das den vollkommenen Überfluß besitzt, dort erschien der berühmte Sherab Lama aus dem Geschlecht der Himmelsgötter.« Und weiter führt der Text aus, daß »dieser zwei Söhne hatte, deren jüngerer Chökyongbum hieß und dem Heros Gesar glich«. Amepäl, der Bodhisattva-König, war dessen Sohn.

Über diesen König soll Padmasambhava einst prophezeit haben: »In dem Land, das Lo heißt, wird eine Emanation von mir erscheinen, eine aus dem mythischen Reich Orgyan. Er wird von Vajrapani getragen und als Ame berühmt werden. Er wird viele Dämonen unterwerfen, aber trotzdem werden die Menschen nicht froh darüber sein. Und obwohl die Dämonen es immer wieder versuchen, werden sie ihn nicht besiegen können.«

In anderen Quellen wird das Geschlecht Amepäls von den tibetischen Yarlung-Königen hergeleitet. In Wirklichkeit jedoch dürfte die Lo-Dynastie von einem westtibetischen Adelsgeschlecht abstammen.

Aber die glorreiche Vergangenheit zu beschwören, nützt heute wenig. Ein König ohne Land und Macht ist wie ein Reiter ohne Pferd. Ich frage mich, welche Rolle wird der Raja in Zukunft spielen. Wird er sein Heil im Tourismus suchen, wird er seinen Palast mit Geldern aus Kathmandu in ein Museum verwandeln, um dann den Touristen vorgeführt zu werden, bis er nach der x-ten Filmaufnahme zum Schauspieler seiner selbst geworden ist?

»Ich möchte mein Volk vertreten und ihm helfen, wenn es mich braucht«, ist seine Antwort.

Am nächsten Tag überschlagen sich die Ereignisse. Von Süden her wälzt sich eine dicke Wolkenwand heran. Der überfällige Monsun ist da, und auch die Gipfel des Mustang Himal stecken auf einmal in dunklen Wolken. Die Freude in der Stadt ist unbeschreiblich. Ist es doch sichtbares Zeichen, daß die Welt wieder in Ordnung ist und auch die Regenzeremonien ihre Wirkung nicht verfehlten.

Andreas hat seine erste Bilderserie gezeichnet, Marianne und Axel sind begeistert von einer Exkursion zu den Klöstern Garphu und Nyiphu zurückgekehrt, und Helmut hat seinen Durchfall besiegt und sprüht nur so vor Tatendrang. Jetzt ist es an der Zeit, in den Mustang Himal aufzubrechen.

Bruno Baumann im Gespräch mit dem König von Mustang in seinem Audienzzimmer. Rechts außen sitzt der Berater des Herrschers, ihm zur Linken hat seine Frau Platz genommen.

TREVIRA

EINSAMER MUSTANG HIMAL

»Es ist nicht die Dauer, sondern der kurze Augenblick eines tiefgefühlten Glücks, was unserem Leben die Erfüllung gibt.«

HERBERT TICHY

Zum erstenmal seit langer Zeit herrscht in unserem Lager wieder Aufbruchstimmung, jedenfalls was Helmut und mich betrifft. Wir stopfen die Schlafsäcke in die Hüllen, rollen Matten zusammen und bauen anschließend das Zelt ab. Dann wird gepackt. Zum erstenmal seit dem Abenteuer am Cho Oyu öffnen wir wieder den Sack, wo Bergstiefel, Steigeisen, Eisgeräte und Seil verstaut sind. Aber anders als am Cho Oyu, wo wir ausgetretenen Spuren folgten, führt uns hier jeder Schritt in alpines Neuland. Vor uns liegt eine unbekannte Welt aus gewundenen Tälern, kahlen Bergrücken und eisfunkelnden Gipfeln. Und ich spüre bereits das prickelnde Gefühl, das mich immer erfaßt, wenn Neugier und Ungewißheit im Spiel sind.

Mingma ist ebenfalls mit von der Partie und mit ihm noch vier Träger, die Verpflegung für ein paar Tage transportieren, weil wir nicht wissen, welche Schwierigkeiten uns erwarten. Der Tag ist noch jung, wir sind ausgeruht, und mein Optimismus ist grenzenlos, als wir Lo Mantang in Richtung Westen verlassen. Ein Bauer, den wir bei der Feldarbeit antreffen, fragt uns neugierig, wohin wir gehen.

»Wir möchten auf diesen Berg steigen«, erklärt ihm Mingma, während er auf die markante weiße Schneepyramide deutet, die sich über die braunen Hügelketten erhebt.

»Wie heißt dieser Berg«, möchte ich wissen.

»Kang Gongarla«, antwortet der Bauer.

»Gibt es einen Weg dorthin«, frage ich weiter.

»Nein, wo es kein Gras für unsere Tiere gibt, ist auch kein Weg«, erwidert der Bauer mit einer verächtlichen Handbewegung, die alles ausdrückt, was er von unserem Vorhaben hält.

Lopas steigen gewöhnlich nicht auf Berge und schon gar nicht aus Zeitvertreib oder Abenteuerlust. Sie fühlen sich auch im Leben nicht unterfordert wie wir und brauchen deshalb keinen Ausgleich, und überschüssige Energien werden dazu eingesetzt, um die eigenen religiösen Verdienste zu mehren. Reisen aus Selbstzweck sind ihnen deshalb genauso fremd. Wer sein Dorf verläßt, geht entweder auf Pilgerschaft oder treibt Handel. Aber wir sind eben keine Lopas, sondern kommen aus einer Welt, die geteilt ist in Arbeit und Freizeit, Alltag und Laissez-faire, und wo mittlerweile eine ganze Industrie damit beschäftigt ist, Möglichkeiten zu ersinnen, wie man seine »freie« Zeit vertreiben soll.

Die letzten Felder von Lo Mantang bleiben zurück, und

wir betreten ein breites, steiniges Tal, das leicht ansteigt und in der Ferne wie eine Pfeilspitze zusammenläuft. Wir bewegen uns in einer lang auseinandergezogenen Gruppe, jeder sucht sich seine eigene Route im Gewirr der Felsblöcke, die wie Zeugen einer vergangenen Megalithkultur auf der Ebene hingestreut liegen. Die wenigen menschlichen Spuren laufen alle auf ein schwarzes Nomadenzelt zu, das sich einsam gegen die übermächtigen Berge behauptet. Weißer Rauch steigt davon auf, wie von einem lebendigen Körper, der aus allen Poren dampft. Obwohl wir in großem Abstand daran vorbeiziehen, um die allgegenwärtigen Wachhunde nicht zu provozieren, scheinen diese von unseren guten Absichten nicht viel zu halten und schlagen einen Höllenlärm. Es ist das erste Nomadenzelt, das mir in Mustang begegnet. Dokpas, wie die Bewohner der tibetischen Steppen genannt werden, sind selten geworden. Als die tibetischen Freiheitskämpfer noch in Mustang standen, hielten sich die Chinesen vom Grenzbereich fern, aber nach deren Abzug rückten sie bis an die Grenze vor, und seitdem ist es den Lopas nicht mehr möglich, ihr Vieh auf tibetisches Weideland zu treiben. Die Weideflächen hier in Mustang reichen aber nicht aus, um einer größeren Anzahl von Nomaden eine Existenzmöglichkeit zu bieten. So sind sie heute fast verschwunden, genauso wie die großen Viehherden, die einst die Lopas besaßen.

Vor uns taucht eine verfallene Festung auf, und bald darauf kommen wir an den Rand eines tief eingeschnittenen Flußbettes. Drei Chörten, mit Gras überwuchert und von abbröckelnder weißer Farbe überzogen, stehen am Rand der Böschung, als ob sie dem Wanderer den Weg zu einem verborgenen Schatz weisen wollten. Der existiert in diesem Fall wirklich. Denn ein Stück unterhalb der Chörten, auf einem flachen Absatz, steht das Kloster Samdruling. Die Tür zur Schatzkammer jedoch ist verschlossen. Auf unser Klopfen hin antwortet niemand. Das Heiligtum ist ganz von den Menschen aufgelassen, dem langsamen Verfall preisgegeben. Ruinen, wohin man blickt, in allen Stadien der Verwitterung. Nur noch ein einziges Gebäude scheint das Vermächtnis der Vergangenheit aufzubewahren. Aber die letzten Schätze der »Wunscherfüllenden Insel«, wie der vielversprechende Name des Heiligtums lautet, liegen hinter dicken Mauern verborgen, und die Tür hat sich wie ein Grabdeckel für immer geschlossen. Eine heilige Ruhe liegt über dem Ort, und nichts erinnert heute noch daran, daß vor 30 Jahren in diesen Mauern Khampa-Guerillas hausten, die den Franzosen Michel Peissel argwöhnisch empfingen, als er dem letzten Lama des Klosters einen Besuch abstattete. Peissel konnte hier eine alte Schrift erwerben, in der von einer kriegerischen Auseinandersetzung zwischen Mustang und dem Fürsten der Festung Kagbeni die Rede ist. Das Kagyüpa-Heiligtum war auch zu Peissels Zeiten bereits im Verfallen begriffen, genauso wie die Höhlen, die in die Uferwand hineingetrieben wurden und die zuletzt als Nonnenkloster dienten.

Nach alten Quellen soll Samdruling Anfang des 17. Jahrhunderts unter der Herrschaft von König Ahang Tsewang gebaut worden sein. In der Phalanx der Sakyapa-Kultstätten, die in Lo dominieren, bildet das Kagyüpa-Heiligtum eine seltene Ausnahme.

Der Wind heult, als wir die »Insel der Wunscherfüllung« verlassen und unsere Blicke auf den weißen Schneedom heften, dessen Gipfel die Erfüllung unserer bergsteigerischen Wünsche verheißt. Das Tor dazu müssen wir heute öffnen. Je weiter wir an den Berg herankommen, je höher unser Lager steht, desto größer sind morgen unsere Chancen. Das Gelände wird nun steiler. Über einen breiten, steinigen Rücken geht es aufwärts. Allmählich gewinnen wir an Höhe. Es ist Mittag, als wir die 4500-Meter-Marke überschreiten. Ich steige voraus, um den besten Weg zu erkunden. Helmut und Mingma folgen in einigem Abstand, dahinter kommen die Träger mit ihren Lasten. Von Zeit zu Zeit legen

Vorhergehende Bildseiten: Vom Mustang Himal, der die westliche Begrenzung von Lo bildet, reicht der Blick bis weit nach Osten, wo die Gipfel des Damodar Himal ein großartiges Schauspiel auf der Bühne der Natur geben.

Vom Gipfel des Kang Gongarla eröffnet sich ein fantastischer Blick nach Nordwesten, auf namenlose Berge, die alle bereits in Tibet liegen.

Oben: Das Kloster Samdruling ist heute verlassen und verfällt zusehends. Hier hatten tibetische Widerstandskämpfer eines ihrer Hauptquartiere in Lo.

sie eine Rast ein. Dabei suchen sie sich Steinblöcke, an denen sie die Tragekörbe bequem abstellen können. Trotz der anstrengenden Kletterei im weglosen Gelände sind sie körperlich nicht ausgelastet. Denn kaum haben sie die Lasten abgesetzt, jagen sie übermütig Pfeifhasen hinterher, die uns aus geringer Entfernung neugierig mustern. Aber mit einer Schnelligkeit, die ich den plumpen Murmeltier-ähnlichen Geschöpfen nicht zugetraut hätte, bewegen sie sich über die Hänge und verschwinden jedesmal noch rechtzeitig in einem der vielen Erdlöcher, bevor sie einer erwischt. Mir mißfällt aber diese Art von Spiel, und bei der nächsten Gelegenheit bitte ich Mingma, den Trägern zu erklären, daß wir nach buddhistischem Gebot handeln und nicht möchten, daß ein Tier zum Spaß gefangen oder gar getötet wird.

In den nächsten Stunden gilt es, mehrere Steilstufen zu überwinden. Das Gelände wird immer alpiner, und in 5000 Meter Höhe nähere ich mich einem Bach, der zwischen Felsblöcken und Geröll herabgurgelt. Die eisigen Wasser kommen direkt von den Gletschern des Kang Gongarla herab. Ich warte, bis Mingma und Helmut zu sehen sind, dann setze ich den Aufstieg fort. Der Weg im steinigen Flußbett ist ermüdend, und das Balancieren auf den glitschig nassen Felsblöcken erfordert Konzentration. Allmählich ist auch die Höhe zu spüren. Von den Trägern

Khachö Dzong, die Burg der Himmelswandler, zeichnet sich vor dem Gewitterhimmel ab. Den Hintergrund bilden namenlose Sechstausender des Mustang Himal.

ist noch keine Spur zu sehen, aber auf sie zu warten, würde nur unnötige Diskussionen um den Lagerplatz auslösen. Dafür ist es noch zu früh. Der Gletscher, dessen Rand ich unbedingt erreichen will, ist noch weit entfernt, und bislang läßt sich nicht einmal abschätzen, ob sich dort eine Aufstiegsmöglichkeit eröffnet.

Mittlerweile ist es Abend geworden, und jeden Augenblick wird die Sonne untergehen. Kleine Terrassen oberhalb des Flußbettes bieten gute Lagerplätze, und ich hoffe inständig, daß Mingma die Träger dazu überreden kann, mir weiter zu folgen. Das Bachbett wird nun immer enger, bildet kleine Canyons. Dann kommt ein Wasserfall. Tief unten sehe ich ein paar sich bewegende Punkte und atme erleichtert auf, als ich erkennen kann, daß Mingma und Helmut noch aufsteigen. Die Felsstufe, über die das Wasser herabstürzt, kann am Rand überklettert werden. Dahinter teilt sich der Fluß. Ein Zufluß kommt aus unserem angepeilten Gletscher. Aber er ist teilweise zugefroren und für die Träger nicht gangbar. Deshalb folge ich weiterhin dem Haupttal. Die weiße Pyramide des Kang Gongarla steht zum Greifen nahe da, nur der

Gletscher, auf den ich schon seit Stunden in Gedanken Routen lege, ist noch nicht einzusehen. Ein breiter brauner Bergrücken versperrt die Sicht auf den Zustieg. Dieses Hindernis ist rasch überwunden. Aber der Blick auf das vor mir liegende Terrain läßt keine Freude aufkommen. Der Gletscher, der den kürzesten Weg zum Gipfel versprach, bricht im untersten Teil über eine glatte senkrechte Felswand ab. Die Enttäuschung ist nur von kurzer Dauer, denn bald entdecke ich eine Möglichkeit, an die Nordseite des Berges zu gelangen. Vielleicht zu einem Gletscher, der nicht so endet wie dieser. An eine weitere Erkundung ist heute nicht mehr zu denken, denn in kurzer Zeit wird es stockdunkel sein.

Zu Füßen des Wandabbruchs haben sich mehrere kleine Seen gebildet, in denen sich abschmelzendes Eiswasser sammelt. Sie sind von türkisgrüner Farbe und mit zentnerschweren herabgebrochenen Eistrümmern eingerahmt. Die Stelle aber, von der ich auf die Seen hinunterblicke, ist auf einem kleinen Plateau gelegen, das sich ideal für ein Lager eignet. Die Nadel des Höhenmessers zeigt auf 5300 Meter. Wir sind also hoch genug, um morgen eine reelle Chance auf den Gipfel zu haben, sind nahe genug am Berg, und Wasser ist ebenfalls vorhanden.

Ein eisiger Wind fährt mich an. Nebelschwaden ziehen von Süden herauf und hüllen die Gipfel ein. Ich streife mir eine Fleecejacke über, deponiere den Rucksack und laufe ein Stück des Weges zurück, um nach den anderen Ausschau zu halten. Vom oberen Rand des Wasserfalles sehe ich ein größeres Stück des Weges ein. Zunächst ist nur Helmut zu erkennen, der bald da sein wird. Dann atme ich erleichtert auf, als sich noch eine zweite Gestalt zeigt, die langsam aufsteigt. Zuerst denke ich, daß es Mingma ist, aber dann sehe ich, daß es sich um einen Träger handelt, der nur Mingmas Rucksack trägt. Mingma ist zurückgeblieben. Er hat eine der schwersten Lasten übernommen und bildet nun den Schluß der Gruppe. Einer nach dem anderen trifft ein, und es ist schon fast dunkel, als alle vollzählig versammelt sind. Mingma übersetzt ihnen unsere Dankesworte und das Versprechen auf eine Sonderprämie für diese Leistung. Die Zelte sind blitzschnell aufgestellt, und bald darauf ist das vertraute Geräusch des Kochers zu hören. Der Teekessel macht die Runde, und mit jeder Tasse, die wir leeren, verstärkt sich das Gefühl von Zufriedenheit und Geborgenheit. Nach dem Essen ziehe ich mich gleich in den Schlafsack zurück. Noch lange dringen die gedämpften Stimmen der Träger an mein Ohr. Dann vermischt sich das Stimmengewirr mit den Ereignissen des Tages mit den Erwartungen von morgen zu einem einzigen Geschehen jenseits der Begrenzungen von Zeit und Raum.

Zum Gipfel des Kang Gongarla

Mit einem Ruck öffnet sich der Reißverschluß des Zeltes, gleichzeitig ist die vertraute Stimme von Mingma zu hören.
»Early morning tea, Sir«, mit diesen Worten drückt er uns zwei volle Tassen Tee in die Hand. Draußen ist es noch ziemlich dunkel, auch nebelig, wie ich sehe, oder ist es nur die Schlaftrunkenheit, die das suggeriert. Helmut dreht sich noch einmal im Schlafsack und läßt im selben Augenblick einen Aufschrei los. Er hat die Teetasse umgestoßen und sich die brühend heiße Flüssigkeit übergeleert. So kann man auch aufwachen.
Dann folgt morgendliche Routine. Ein Blick auf den Höhenmesser, der anzeigt, ob sich der Luftdruck verändert hat. Raus aus dem Schlafsack, ankleiden, hinein in die eiskalten Bergstiefel und eine Aufwärmrunde im Freien. Die Trinkflaschen werden mit heißem Tee gefüllt, etwas Elektrolytpulver noch beigemengt. Wir wollen keine Zeit verlieren und überlassen das Abbauen der Zelte ganz den Trägern. Dieser Tag ist unsere einzige Chance: Wenn wir den Gipfel nicht erreichen können, müssen wir aufgeben. Denn morgen beginnt in Lo Mantang das große Fest zu Ehren von Dongmar, dem Schutzgott des ganzen Landes. Dort dabei zu sein ist mir wichtiger als die Gipfelbesteigung. Die Träger haben den Auftrag, mit der gesamten Ausrüstung nach Lo Mantang zurückzukehren. Um möglichst schnell zu sein, nehmen wir nur das Allernotwendigste mit: Bergausrüstung, etwas Verpflegung, Biwaksack und warme Bekleidung. Mingma wird uns bis zum Rand des Gletschers begleiten und dort bis zu unserer Rückkehr warten. Ich filme Helmut, wie er das Lager verläßt und über einen breiten Moränenrücken aufsteigt. Wir betreten nun wieder das Flußtal, dem wir schon gestern viele Stunden gefolgt sind. Es führt uns nun an die Nordseite des Berges heran. Das Gelände steigt nur mäßig an, aber das Turnen über Gesteinsblöcke und loses Geröll zwingt zu regelmäßigen Pausen.
Nach einer Stunde stehen wir vor einer Steilstufe, über die der Fluß in mehreren Kaskaden herabstürzt. Im Zickzack klettern wir am rechten Rand des Abbruchs hoch. Oben angekommen eröffnet sich der Blick auf eine erstaunliche Eislandschaft. Von allen Seiten ziehen Gletscher herab, die in bläulich schimmernden, seltsam gerifften Zungen enden. Auch den Talabschluß bildet ein breiter Eiswulst. Alle umliegenden Gipfel ließen sich von hier aus leicht besteigen, und wenn man sein Basislager dort aufstellt, wo wir letzte Nacht nächtigten, könnte man jeden Tag einen unbestiegenen Sechstausender machen. Wir lassen den Blick über die Gipfel und Firnflanken schweifen, abwägend ob wir nicht einen anderen Gipfel angehen sollten. Aber der Kang Gongarla erscheint uns immer noch als der höchste und attraktivste von allen.
Das Gelände zwingt uns, den Bach zu überqueren. Danach erreichen wir nach kurzem Anstieg den Beginn des Gletschers. Der Höhenmesser zeigt 5450 Meter an, und es sind vielleicht zwei Stunden seit unserem Aufbruch vom Lager vergangen. Schnell sind Gurt und Steigeisen angelegt. Wir nehmen Eisgeräte und Seil, durchforsten noch einmal die Rucksäcke nach überflüssiger Ausrüstung, während Mingma einen Platz sucht, von wo er uns gut beobachten kann. Noch eine letzte Kameraeinstellung mit Stativ, dann bleibt auch dieses zurück.
Die Steigeisen knirschen im Eis, als wir den ausgeaperten Gletscher betreten. Aber schon nach wenigen Minuten sind wir im weichen Firn. Zunächst gilt es eine Kuppe zu ersteigen, die sich vor uns als gerundete, geschlossene Schneefläche abzeichnet. Das Wetter wechselt ständig. Immer wieder hüllen uns Nebel ein, versinkt alles um uns in konturlosem milchigen Schleier. Dann wieder reißt es auf, Spotlichter huschen über die Oberfläche, und gebündelte Lichtstrahlen fallen aus jagenden Wolken.
Nach diesem ersten Aufschwung kommen wir in eine Mulde, aus der ein steiler Hängegletscher nach oben zieht. Dieser ist so mit Spalten und Seracs zerissen, daß es mir Angst macht, dort aufzusteigen, obwohl er einen direkten Weg zum Gipfel bietet. Auf der Suche nach einer Alternative entdecke ich an seinem Rand ein schmales Felsband, und unmittelbar daran schließt sich eine Firnrinne, die zwar sehr steil, aber geschlossen scheint. Uns kommt die Rinne wie ein Geschenk des Himmels vor, denn sie gibt uns die Möglichkeit, den gefährlichen unteren Teil des Gletschers zu umgehen und auf den Schneegrat hinauszuqueren, der uns bereits beim Anmarsch als ideale Anstiegsroute erschien.
Am Beginn der Steilrinne lassen wir das Seil zurück. Im harten steilen Firn gewinnen wir rasch an Höhe. Ich halte mich möglichst nahe am Felsband. Immer öfter zwingt die zunehmende Höhe zur Rast. Den Eispickel in den harten Firn gerammt, mit beiden Händen den Schaft fest um-

Rechte Seite oben: Wolken hüllen uns ein und erzeugen eine gespenstische Stimmung, als wir über die unteren Regionen des Kang Gongarla aufsteigen.
Unten links: Helmut Burisch am Gipfel des Kang Gongarla. Der Blick reicht weit nach Süden, wo der Annapurna in einsamer Größe herausragt und die heranbrandenden Monsunwolken abblockt.
Unten rechts: Helmut Burisch auf den letzten Metern zum Gipfel. Die Berge im Hintergrund liegen bereits in Tibet.

Blick vom Gipfel des Kang Gongarla über die Berge des Mustang Himal und nach Tibet hinein.

klammert, beuge ich mich nach vorne und ringe nach Luft. Dann beobachte ich Helmut, wie er langsam nachkommt. Er bewegt sich sehr vorsichtig, denn ein Ausgleiten hätte fatale Folgen. So steigen wir gemeinsam stundenlang auf, ohne ein Wort miteinander zu wechseln, jeder für sich, jeder in seiner Gedankenwelt, vom Willen besessen, den Gipfel zu erreichen, der sich uns entzieht, je öfter wir zu ihm aufblicken.

Oberhalb des Felsbandes quere ich nach rechts hinaus und dann schräg nach oben über einen endlos langen, mäßig steilen Schneehang. Das ist das härteste Stück des Weges. Der aufgeweichte Schnee erfordert kraftraubende Spurarbeit. Es gibt keine Anhaltspunkte mehr wie am Felsband, auf die man zusteuern könnte, die einem das Gefühl geben voranzukommen. Hier bewege ich mich über eine scheinbar unendliche Schneefläche, in der mir jedes Empfinden für Zeit abhanden kommt. Das ändert sich erst wieder, als ich den Punkt erreiche, wo ein schmaler Grat ansetzt. Aus luftiger Höhe eröffnet sich ein grandioser Blick auf Lo Mantang, der alle Anstrengung vergessen läßt.

Während sich Helmut noch über den Schneehang hinaufkämpft, setze ich den Weg am gewundenen Grat fort und genieße die herrlichen Tiefblicke auf unseren Anmarschweg und die Seen, an denen unsere Zelte standen. Sie leuchten tiefgründig wie geschliffene Türkise zu mir herauf. Dann plötzlich verschwindet alles in Nebel und Wolken. Augenblicke später beginnt es zu schneien. Der Wind treibt mir den Schnee in dicken Flocken entgegen. Das Gesichtsfeld hat sich auf ein paar Meter reduziert. Deshalb bin ich froh, als einige dunkle Flecken vor mir auftauchen, Felsbrocken, die aus dem Schnee ragen. Sie zeigen an, daß der Gipfel nicht mehr allzu fern sein kann. Vor allem aber bieten sie Schutz vor dem Schneesturm. Ich drücke den Körper an die noch warmen Felsplatten und warte auf Helmut. Minuten vergehen, dann taucht seine Gestalt aus dem Nebel auf. Wir nützen die Pause, um wieder einmal ausgiebig zu trinken und unsere trockenen Tschapatis hinunterzuwürgen. Der Höhenmesser zeigt, daß wir bereits die 6000-Meter-Marke überschritten haben. Ein Blick auf die Uhr, und wir wissen, daß wir nicht länger zuwarten dürfen.

Schon nach wenigen Metern wird eine Schneepyramide sichtbar: der ersehnte Gipfel. Aber als wir oben stehen, zeigt sich etwas weiter westlich eine zweite, etwas höhere Erhebung. Ein breiter Gratrücken verbindet die beiden höchsten Punkte. In diesem Augenblick verziehen sich die

Wolken, und vor unseren Augen erscheint eine phantastische Gebirgslandschaft, die nach Norden und Westen zu ein Meer von Gipfeln bildet. Im Süden ist jetzt der Annapurna aufgetaucht, anders als aus dem Blickwinkel der Täler stehen wir jetzt ihm gegenüber. Unsere Blicke sind so auf das Panorama fixiert, daß wir nicht mehr auf den Weg achten.
Und da passiert es. Plötzlich trete ich mit einem Fuß ins Leere. Vor mir tut sich ein gähnendes Loch auf, und noch in der Bewegung lasse ich mich instinktiv nach vorne fallen und versuche, mit dem Pickel Halt zu finden. Im gleichen Augenblick bricht auch Helmut, der hinter mir geht, durch die Schneedecke. Auch er schafft es, dem drohenden Sturz in die Spalte zu entkommen, und als wir wieder sicheren Boden unter den Füßen haben, sitzt uns der Schreck gehörig in den Knochen. Es vergeht einige Zeit, bis wir in der Lage sind, den Weg fortzusetzen. Mit größter Vorsicht tasten wir uns voran, das Gelände gewissenhaft mit dem Eispickel sondierend. Augenblicke später stehen wir am Gipfel. Wir reichen uns schweigend die Hände aus Freude am Ziel zu sein, vor allem aber auch aus Dank, daß wir nicht in der Gletscherspalte gelandet sind.
Es vergehen Minuten andächtiger Stille. Dann lasse ich den Blick über das Panorama schweifen. Ganz Mustang liegt uns zu Füßen. Vom Annapurna im Süden bis hin zum Damodar Himal im Westen spannt sich der Bogen. Im Nordwesten aber dehnt sich der Gesichtskreis bis tief nach Tibet hinein aus. Ich kann das Tal des Tsangpo erkennen und dahinter die schneebedeckten Gipfel des Transhimalaya. Wir sehen das braune Band der Militärstraße, die die Chinesen bis knapp an die Grenze geführt haben, und im Fernglas sind sogar die Baracken der Kaserne auszumachen, von der aus die Grenze kontrolliert wird. Nach Norden zu reihen sich weitere Gipfel, allen voran der Götterberg Dongmar, den Herbert Tichy und Pasang Dawa Lama im Jahre 1953 bestiegen haben, ohne zu wissen, daß es sich um einen heiligen Berg handelt. Dongmar ist somit der einzige Gipfel neben jenen, auf dem wir jetzt stehen, der bisher von Menschen betreten wurde.
Der Kang Gongarla ist weder ein bedeutender noch ein schwieriger Berg, aber es ist unser Gipfel, und wir haben ihn mit einfachen Mitteln erreicht. Seine Höhe beträgt 6180 Meter. Bevor wir den Gipfel endgültig verlassen, errichten wir noch einen kleinen Steinmann und hinterlassen eine Nachricht darin. Es ist cirka 15 Uhr, als wir mit dem Abstieg beginnen. Die Freude und die Begeisterung verleihen uns Flügel. Nach einer Stunde sind wir bei Mingma, der sich schon allmählich Sorgen machte.

Oben: Beim Abstieg sehen wir den Annapurna in den letzten Sonnenstrahlen unwirklich aufleuchten.
Rechts: Herbert Tichy als indischer Pilger verkleidet auf dem Weg zum Kailas. Der Erstbesteiger des Cho Oyu, der sich nie als Bergsteiger verstand, ist für mich die herausragende Persönlichkeit unter den Himalayapionieren. Mehr noch als seine Taten bewundere ich die Art wie er darüber schreibt.

Jetzt bleiben noch drei Stunden bis zum Einbruch der Dunkelheit. Vor uns liegen aber mehr als 1500 Meter Abstieg und der weite Weg hinaus nach Lo Mantang. Wir verlieren keine Zeit, packen in aller Eile die restliche Ausrüstung in die Rucksäcke und steigen zunächst zum verlassenen Lagerplatz ab, wo Mingma seinen großen Rucksack zurückgelassen hat. Von hier aus nehmen wir einen direkten Weg ins Tal. Wir laufen über die steilsten Hänge hinunter, durchqueren Bäche und Schluchten, die tiefe Furchen in der Landschaft bilden. Erst tausend Meter tiefer, nachdem der schwierigste Teil des Abstieges hinter uns liegt, genehmigen wir uns eine längere Rast. Auf den ersten kärglichen Grasflecken lassen wir uns müde und erschöpft nieder. Das Rechteck von Lo Mantang liegt noch immer tief unter uns und enttäuschend weit weg. Nur noch auf den höchsten Gipfeln im Süden ist Licht, dort verglühen die letzten Sonnenstrahlen des Tages. Es ist, als würde die Natur den Atem anhalten. Kein Geräusch durchbricht die Stille, und die Gipfel leuchten überirdisch auf, bevor alles Licht erlischt. Wir haben mit staunenden Augen dieses Schauspiel beobachtet, und es läuft bei mir noch einmal wie ein Film ab, während ich die Schritte bereits wieder zu Tal lenke.

Jetzt gibt es kein Entrinnen mehr vor der Nacht. Es ist stockdunkel, als wir uns an den Ruinen von Samdruling vorbeitasten. Wir sind müde und ausgebrannt. Mingma läuft voraus, und wir stolpern ihm wie Blinde hinterher. Wann immer der Weg uns an einen Bach führt, knien wir am Ufer nieder und trinken wie durstige Tiere. Dann kommen wir zu den ersten Feldern. In der Dunkelheit verlieren wir den Weg, irren in den Äckern umher, deren Steinmauern uns zu einem Hindernislauf zwingen. Nicht ein einziges Licht ist in der Ferne zu sehen, kein Anzeichen von einer Siedlung, das uns die Orientierung erleichtert hätte, nur ein schwarzes Nichts vor den Augen.

Wo bleibt denn nur der Mond? Morgen ist Vollmond, der Tag, an dem das große Fest in Lo Mantang beginnen soll. Irgendwann einmal stehen wir vor einer hohen Mauer. Ein paar Hunde beginnen wütend zu bellen. Dann sind wir im Lager. Lopsang, die Träger, die Freunde, alle sind da. Es gibt noch Tee, eine warme Mahlzeit und viele, viele Fragen.

Als ich endlich im Schlafsack liege und die Augen schließe, merke ich, daß ich noch gar nicht hier bin. Ich bin zu schnell gelaufen, denn meine Gedanken sind noch oben, dort wo ich für Augenblicke jenes wunschlose Glück empfand, das Menschen seit ewigen Zeiten zu beschreiben versuchen.

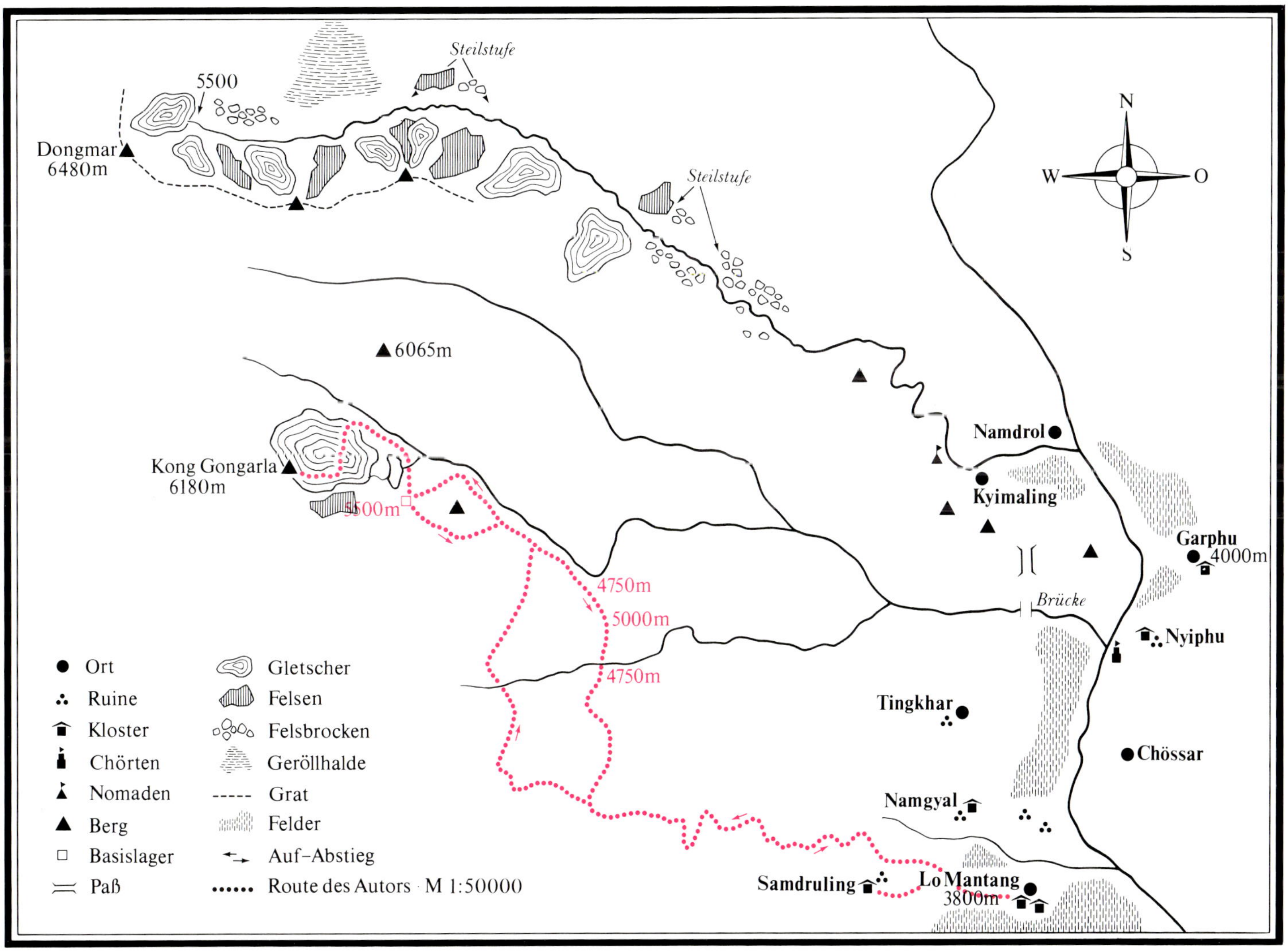

TENPA CHIRIM – DAS GROSSE FEST VON LO

»Die persönliche Schutzgottheit des Dharma-Königs von Lo heißt Namse Dongmarchen. Er ist die rotgesichtige Gottheit der Macht und deshalb in der Lage, Schutz zu gewähren. Namse Dongmarchen hat die achte Bodhisattva-Stufe erreicht, und man kann daher sowohl für dieses als auch für das nächste Leben bei ihm Zuflucht suchen. Die Bönpo nennen ihn Abse, die Sakyas Serta Dongmar. Egal wie man ihn bezeichnet, Tatsache ist, daß er die wichtigste Schutzgottheit des Dharma-Königs von Lo ist. Zur Zeit des gegenwärtigen Königs ist es meine Aufgabe, das Besänftigungsritual durchzuführen.«

TASHI CHUSANG

Der Ruf des Muschelhorns reißt uns aus dem Schlaf. Augenblicke später öffnet sich der Zelteingang und Lopsang schiebt seinen massigen Körper ins Innere. Er läßt einen Redeschwall los, aber schlaftrunken wir ich bin, verstehe ich nur, daß wir so schnell als möglich aufstehen sollen. Dann ist er wieder verschwunden, aber seine laute Stimme schallt über den Hof, und obwohl ich kein Wort verstehe, ist klar, daß er im rauhen Befehlston seine Mannschaft auf die Beine zu bringen versucht. Allmählich kommt Bewegung ins Lager; Zeltreißverschlüsse werden auf- und zugezogen, im Küchenzelt wird emsig hantiert, gedämpfte Stimmen sind zu hören, die bald darauf das Zischen des Benzinkochers übertönt. In aller Eile kleiden wir uns an, während Lopsang uns erklärt, daß wir das größte Fest des Jahres verpassen, wenn wir uns nicht beeilen. Eine Tasse Tee im Stehen ist noch drin, dann hasten wir ihm hinterher, laufen die staubige Gasse hinunter zum Stadttor und steuern direkt auf das »Neue Kloster« zu. Das Tor steht weit offen, und aus dem Inneren der Gebetshalle dringt der monotone Singsang der Mönche, begleitet von rhythmischem Trommelschlag. Tashi Tenzing, der Abt des Klosters, hat auf seinem Thronsessel Platz genommen, ihm am nächsten sitzt Tashi Chusang, der Arzt und Astrologe, während die übrigen Mönche zwei lange Reihen bilden. Novizen laufen dazwischen mit dampfenden Teekesseln hin und her. Bei so vielen Gebeten ist der Durst groß. Die Schalen der Mönche sind so schnell leergetrunken, daß die Teeholer kaum mit dem Auffüllen nachkommen.

»Das Tenchi-Fest (Tenpa Chirim) ist sehr alt«, erzählt Tashi Chusang während einer längeren Pause. »Als dem früheren Dharma-König von Lo kein Sohn geschenkt wurde, hat er vieles unternommen, um doch noch einen Nachfolger zu bekommen. Damals gab es einen berühmten Lama aus Lo, der in Chumig Gyasto (Muktinath) lebte und über außergewöhnliche Fähigkeiten verfügte. Der kinderlose König lud ihn in seinen Palast ein und bat ihm um Hilfe. Der Lama nahm die Einladung an und führte verschiedene Rituale durch. Aber alle Bemühungen blieben erfolglos. Der Lama hatte einen kleinen Hund, den er überall hin mitnahm. Er teilte auch seine Mahlzeit mit ihm. Wenn er Tsampa (teigiger Gerstenbrei) aß, pflegte er stets ein Stück für seinen Hund beiseite zu legen. Diesmal jedoch versteckte er den Tsampa-Klumpen in seinem Gewand und ging mit dem Hund auf das Dach des Palastes. Der Hund wich nicht von seiner Seite, als er begann, das Palastdach zu umrunden. An der östlichen Ecke des flachen Daches erblickte er plötzlich ein rotes Torma (aus Teig geformte Geisterfalle), das durch die Luft flog. Schnell holte er das Stück Tsampa aus seinem Gewand, segnete es, und schleuderte es in Richtung Torma. Die beiden Objekte vereinigten sich in der Luft, in dem Augenblick aber, in dem sie sich berührten, stürzten sie zu Boden und landeten auf einem großen Feld des Königs. Bald darauf wurde dem König ein Sohn geboren. Der Tag, an dem sich Torma und Tsampa vereinigten, war der 29. des 12. tibetischen Monats. Seitdem findet das Tenchi-Fest jedes Jahr am 27., 28. und 29. des 12. Monats des tibetischen Kalenders statt.«

»Das wäre im Winter, aber warum wird das Fest jetzt im Sommer gefeiert?« werfe ich ein.

»Diese Verschiebung war deshalb notwendig geworden, weil der König und der Abt vom Mönthang-Kloster zu dieser Jahreszeit in Kathmandu sein müssen. Wenn die beiden wichtigsten Persönlichkeiten des Landes, der König im weltlichen Bereich und der Oberlama im religiösen Bereich, nicht anwesend sein können, hat es wenig Sinn, das Tenchi-Fest im 12. tibetischen Monat zu feiern. Daher haben wir uns entschieden, das Fest vom 12. auf den 3. Monat zu verlegen.«

An den ersten beiden Tagen sind alle Mönche in der Gebetshalle von Chöde Gompa versammelt. Stundenlang werden heilige Formeln rezitiert und Opfer durchgeführt. Eine äußerst heikle und komplizierte Aufgabe ist es die verschiedenen Geister und Dämonen zu besänftigen, in Fallen (Tormas) zu locken und dienstbar zu machen.

»Geister wechseln häufig ihren Platz«, erklärt uns Tashi Chusang, der die entsprechenden Riten leitet, »und obwohl sie durch einen Eid gebunden sind, richten sie manchmal viel Unheil an.«

»Die älteren Menschen hier in Lo«, fährt er fort, »sind sehr besorgt über die zunehmenden Fremden im Lande, denn dies könnte die Schutzgeister verstimmen. Als Rache könnten diese dann Krankheiten und Hungersnöte verbreiten. Nichtsdestotrotz stelle ich fest, daß die Fremden unserer Religion gegenüber sehr positiv eingestellt sind. Dies ist sehr gut, und wir sind sehr froh darüber.«

Vorhergehende Bildseiten: Höhepunkt von Tenpa Chirim, dem größten Fest von Lo, sind die Cham-Tänze. Namse Dongmarchen, der rotgesichtige Schutzgott des Königs, tritt auf.

Mönchsmusiker mit ihren meterlangen Radongs bei den Cham-Tänzen im Hof von Chöde Gompa. Der tiefe Ton, den die Mönche alphornähnlichen Instrumenten entlocken, klingt wie ein Laut aus dem Erdinneren.

Während die Mönche durch vielfältige Rituale versuchen, die Gefahren, die das Land und die Menschen heute bedrohen, abzuwenden, feiern die Lopas außerhalb der Mauern des Klosters bereits den Sieg des Guten über das Böse, den Triumph der buddhistischen Lehre im Lande der Dämonen. Sie tun es heiter und ausgelassen und mit reichlich Chang, der die Stimmung weiter hebt. Gefeiert wird in den Häusern und auch in den Gassen. Überall sieht man Gruppen, die beisammensitzen, singen und tanzen. Bis in die späten Nachtstunden hinein dauern die Gelage an. Die Kinder sind auch mit dabei, denn in der Lopagesellschaft gibt es keine Teilung in Kinder- und Erwachsenenwelt wie bei uns.

Die Cham-Tänze

Erst am dritten und letzten Tag des Tenchi-Festes vereinigen sich Mönche und Laien, kommen die beiden Welten zusammen, um den zeremoniellen Höhepunkt gemeinsam zu begehen. Da finden die Cham-Tänze statt, das große Mysterienspiel, in dem der Kampf der guten mit den bösen Kräften auf der Tanzfläche ausgetragen wird. Cham ist getanzte Geschichte, denn darin wird der Sieg des Buddhismus über die Bön-Religion, die Bezwingung der Dämonen des Schneelandes durch Padmasambhava, zum Ausdruck gebracht. Sie spiegeln die wichtigsten Vorgänge in Tibets Geschichte wider, als der tibetische König Trisongdetsen im 8. Jahrhundert die beiden indischen Gelehrten Shantarakshita und Padmasambhava ins Land rief, um gegen den Widerstand der alten Bön-Priester das erste buddhistische Kloster Tibets Samye zu errichten und die Lehre Buddhas zu verbreiten.

Das Cham ist aber nicht nur Geschichtsunterricht in lebendiger Form, sondern es dient auch dazu, dem Gläubigen das Bardo Thödol – das »Totenbuch« – näher zubringen. Denn ähnliche Schreckgestalten wie sie in den Cham-Tänzen auftreten, können dem Bewußtsein auch in bestimmten Phasen des Sterbeprozesses erscheinen. Dann ist es wichtig, dieses zu erkennen, sie trotz ihres furchteinflößenden Aussehens als Schutzgottheiten zu identifizieren und keine Angst vor ihnen zu haben.

Der Innenhof von Chöde Gompa ist bis auf den letzten Platz gefüllt. Unter den Zuschauern herrscht erwartungsvolle Spannung, obwohl die meisten von ihnen das Mysterienspiel schon oft gesehen haben, den Ausgang genau kennen. Unter einer Galerie haben die Mönchsmusiker Platz genommen. Der Abt und die hohen Würdenträger des Landes sitzen auf der Stirnseite des Tanzplatzes,

genau gegenüber dem Eingang, aus dem die Maskentänzer erscheinen werden.

Das Gemurmel der Zuschauer verstummt plötzlich, es wird totenstill, als die ersten Tänzer erscheinen. Es sind weißgekleidete Gestalten mit Totenkopfmasken, barfüßig und mit Ketten um die Fußgelenke, an denen Glöckchen baumeln, die mit jeder Bewegung ein helles Geklingel verursachen, das sich mit dem tiefen Ton der Radongs und dumpfem Trommelschlag vermischt. Mit ihrem Donnerkeilschritt, den sie kreuzweise ausführen, wollen sie das Böse auf dem Weg zertreten. Die Zuschauer aber erinnern die tanzenden Skelette an die Vergänglichkeit und insbesondere an den physischen Tod, der am Ende jeder irdischen Lebensspanne steht.

Als nächstes kommt eine Gruppe komisch wirkender Gestalten in gemusterten langen Gewändern. Der Ausdruck der übergroßen Masken mit den abstehenden Ohren wirkt einfältig. Ihr ganzes Auftreten erinnert an Clowns, und jede ihrer Handlungen wird von den Zuschauern mit Lachsalven quittiert. Es sind die Atsari, die Spaßmacher, die sich über alles und jeden lustig machen und in keinem Cham fehlen. Im Gegensatz zu den anderen Masken, die im Cham auftreten, gelten jene der Atsari nicht als heilig und dürfen deshalb von Laien getragen werden.

Das Gelächter der Zuschauer nimmt ein jähes Ende, als am Klostereingang eine Gruppe von Tänzern erscheint, die furchteinflößende Masken tragen, mit weit geöffnetem Rachen, Reißzähnen und drittem Auge auf der Stirn. Alle Instrumente steigern den Rhythmus, während die wild aussehenden Gestalten von einem Bein auf das andere tanzend sich der Mitte nähern. Sie halten Schwerter, Sicheln, Donnerkeile und Ritualdolche in den Händen und vollführen Schutz- und Abwehrgebärden. Ihre prächtigen Seidengewänder mit den Trompetenärmeln sind mit verschiedenen Ornamenten verziert. Zusätzlich haben manche von ihnen knöcherne Schürzen umgebunden. Sie gehören allesamt zur Kategorie der Schutzgottheiten.

Linke Seite: Ein Cham-Tänzer tritt beim Tenchi-Fest auf. Er trägt die furchteinflößende Maske von Dongmar, dem grimmigen Schutzgott von Lo.
Oben: Tashi Chusang, der letzte große Gelehrte von Lo. Er ist Lama, Arzt und Astrologe in einer Person.

Unter ihnen befindet sich auch Dongmar, der mächtigste Beschützer von Lo. Die grimmige rotgesichtige Gottheit, die auf dem gleichnamigen Schneeberg residiert, ist auch persönlicher Schutzgott des Königs und seines Klans. In seinem Gefolge befindet sich eine ganze Schar von Gestalten mit Tier- und Vogelmasken, und sogar der sagenhafte »Schneemensch« des Himalaya, der Yeti, fehlt in dieser Gesellschaft nicht.

Zuletzt treten Tänzer ohne Masken auf, statt dessen tragen sie pyramidenförmige Hüte aus Yak-Haar. Von der Spitze der Hüte, die Totenköpfe zieren, hängen bunte Schärpen. Das Symbol des Totenkopfes zeigt sich auch auf der Brust der Tänzer. Das sind die Schwarzhuttänzer. In ihnen lebt ebenfalls ein historisches Ereignis fort. Sie verkörpern im Cham jene Priester der alten Bön-Religion, die einst Padmasambhava im magischen Wettstreit bezwungen hat. Im Wirbel der tanzenden »Schwarzhüte« geht das Cham zu Ende. Die Zuschauer sind vom Spektakel fasziniert, wie in Trance, und mit verklärten Gesichtern verlassen sie das Kloster. Tashi Chusang aber warnt: »Die Buddhaschaft erlangt man nicht durch rituelle Handlungen wie Zimbeln schlagen und Glocken läuten, sondern durch die Überwindung der drei Gifte des menschlichen Lebens – von Unwissenheit, Begierde und Haß.«

Namse Dongmarchen – Der Beschützer des Königs

Tashi Chusang ist nicht nur ein großer Gelehrter und Lamaarzt in Lo, sondern wurde vom König mit der Durchführung eines der wichtigsten Rituale betraut. Seine Aufgabe ist es, regelmäßig ein Sölkha – das Besänftigungsritual – für den Schutzgott Dongmar durchzuführen. Das muß dreimal im Monat geschehen. Zusätzlich wird einmal im Jahr eine große Zeremonie zu Ehren der rotgesichtigen Gottheit abgehalten, wobei der grimmige Schutzgott von seiner Bergresidenz herabsteigt und in der Maske Platz nimmt, die auf dem Dach des Palastes plaziert wird. Die Maske des Dongmar sei nicht identisch mit der Cham-Maske, die wir eben gesehen haben, sagt Tashi Chusang. Diese Maske wird nur einmal im Jahr in

der Öffentlichkeit gezeigt. Sie wird in einem abgeschlossenen Raum des Palastes aufbewahrt und nur an diesem Tag für einige Stunden auf dem Dach aufgestellt. Sie ist heilig und kraftgeladen, und nur der König durfe sich ihr nähern. Ursprünglich fand auch dieses Ritual im Winter statt, aber wie das Tenchi-Fest wurde auch die Dongmar-Zeremonie wegen der Abwesenheit des Königs und der Würdenträger in den Sommer verlegt. Dank der guten Beziehungen zum König und günstig geneigter Sterne werden wir auch Zeuge dieses Festes.

Der vom Astrologen Tashi Chusang bestimmte Zeitpunkt ist ein Vollmondtag im Juni. Das Ritual beginnt schon früh am Morgen. Wie durch Geisterhand verschwinden plötzlich alle Gebetsfahnen auf den Dächern der Häuser. Auch alle Masten, die an bestimmten Punkten der Stadt, vor dem Palast, dem Stadttor und den Klöstern stehen, werden aus ihrer Verankerung genommen und umgelegt. Die zerschlissenen, mit Mantras bedruckten Stoffbahnen werden abgenommen und durch neue ersetzt. Einige der reicheren Familien – die Bistas vor allem – haben Lamas verpflichtet, die in ihren Häusern, begleitet von Opferungen und Rezitationen, diese Prozedur durchführen. Die Elite von Lo, ausschließlich Bistas und alle religiösen Würdenträger, haben sich auf dem Dach des Königspalastes versammelt. Auch hier werden alle Gebetsfahnen erneuert. Nachdem das geschehen ist, wird eine aus Stroh gefertigte Figur am Sockel des Fahnenmastes aufgestellt. Sie wird mit kostbaren Seidengewändern bekleidet und mit Schild und Gabelflinte bewaffnet. Der Oberlama hat indessen mit einer Gruppe von Mönchen in einem Zelt Platz genommen. Davor postieren sich zwei Lamas mit ihren alphornähnlichen Radongs.

Linke Seite: Die Familie des Schmieds. Sie gehören zur untersten Gesellschaftsklasse und müssen außerhalb der Stadtmauern leben.
Oben links: Einmal im Jahr wird der rotgesichtige Schutzgott Dongmar eingeladen, in dieser Figur Platz zu nehmen. Das Foto entstand wenige Augenblicke bevor der Figur die kraftgeladene Maske aufgesetzt wurde.
Rechts: Die Maske von Dongmar. Handzeichnung von Andreas Pracht.

Wie auf ein geheimes Kommando setzt nun die Musik ein, erschallen die Posaunen, Trompeten, Pauken und Radongs, steigern sich zu einem mächtigen Ruf, der wie eine Woge über die Dächer brandet und von den umstehenden Bergen widerhallt. Aus den unteren Regionen des Palastes kommt die Antwort. Dumpfer Trommelschlag dringt nach oben, der rasch näher kommt. Eine Gestalt nach der anderen klettert über die Leiter auf das Dach hinaus. Eine ganze Prozession von seltsamen Figuren, die einem mittelalterlichen Kostümfest entsprungen sein könnten, zieht an uns vorbei. Angeführt wird die Gruppe von einem Mann, der zwei Trommeln umgehängt hat, auf die er rhythmisch einschlägt. Schwarz wie ein Knappe ist seine Kleidung, rußgeschwärzt auch sein Gesicht, aus dem nur die Augen hervorleuchten. Ihm zur Seite schreitet seine halbblinde, ebenfalls kohlrabenschwarze Frau, die hölzern wie eine Marionette dem Trommelschlag folgt. Dahinter kommen Mönche, in dunkelrote Gewänder gehüllt, purpurne spitze Mützen aufgesetzt. Sie tragen eine feuerrote, furchteinflößende Maske mit weit aufgerissenem Rachen, scharfen hervorstehenden Zähnen und einem dritten Auge auf der Stirn. Ein Raunen geht durch die versammelte Menge.
»Dongmarchen, Dongmarchen«, dringt es vielstimmig aus den Kehlen der Zuschauer, während sie mit gebeugten Häuptern ehrfürchtig zurückweichen.
»Niemand darf Dongmar fotografieren«, raunt uns Tashi Chusang zu. Nur Andreas ist es erlaubt, seinen Zeichenstift zu benutzen.
Unmittelbar hinter der Maske des Schutzgottes schreiten König und Königin einher, gefolgt von Männern mit verwegenem Aussehen, die alle mit urtümlichen Gabelflinten bewaffnet sind. Das Herrscherpaar kniet vor der bekleideten Puppe nieder, während Mönche ihr feierlich die Dongmar-Maske aufsetzen. Mit versteinerter Miene folgt der König dem Fortgang des Rituals, und nur ein einziges Mal huscht ein kurzes Lächeln über sein Gesicht, als eine Flinte zu früh losgeht und der Schütze, vom Pulverdampf geblendet, sein Gewehr fallen läßt.
Dann donnern die Salutschüsse hintereinander, hallen als Echo von den Bergen vielfach wider. Die Mönchsmusiker setzen zu einem fulminanten Finale an, ihre Musik vermischt sich mit feinem Glockengeklingel und gemurmelten Gebeten, die zusammen mit den unzähligen Mantras, die auf die Gebetsfahnen gedruckt sind, vom Wind den Göttern zugetragen werden.
»Dongmar ist ein mächtiger Schutzgott«, erzählt uns Tashi Tenzing.
»Einmal hat er sogar von einem Menschen Besitz ergriffen. Das war in der Zeit zwischen 1950 und 1963, als das Tenchi-Fest nicht stattfinden konnte. Damals residierte der König in Tingkhar, und Mönthang war völlig leer. Es war die Zeit, als in Tibet das große Unglück passierte und viele Menschen auf der Flucht waren. Da geschah es, daß der rotgesichtige Dongmar über ein Medium zu uns sprach und uns aufforderte, das Tenchi-Fest wieder einzuführen. Die Botschaft war sehr überzeugend, und wir beschlossen daher, das Tenchi-Fest wiederzubeleben. Seine königliche Hoheit, Chögyäl Jigme, der Oberlama Tashi Gyältsen und ich kamen überein, nach Mönthang (Lo Mantang) zurückzukehren und das Tenchi-Fest wieder zu feiern. Das war im Jahre 1963, und seitdem hat es jedes Jahr stattgefunden.«
Der grimmige Berggott entschwindet in sein eisiges Domizil während seine Maske in die finstere Kammer zurück muß, wo sie keines Menschen Auge sieht, bis sie ein Jahr später wieder hervorgeholt wird. Die Festlichkeiten aber sind noch lange nicht zu Ende, ganz im Gegenteil, jetzt geht es erst richtig los. Der Oberlama und die Gefolgschaft der Mönche verlassen den Palast und mit ihnen der Trommler, die Hofmusikanten, die Schützen und die Schar von Bistas. Sie alle versammeln sich nun vor dem Stadttor, wo bereits eine größere Menschenmenge ihrer harrt, die sich die Wartezeit mit reichlich Chang vertrieben hat. Die Mönche nehmen Aufstellung. Tashi Tenzing, der Oberlama, wird flankiert von den religiösen Würdenträgern, allen voran Tashi Chusang, daran gruppieren sich die Mönchsmusiker. Schnell sind kleine Holztischchen aufgestellt, auf welche die Lamas ihre Holzschalen stellen, die eine Lopafrau flink mit Chang füllt. Hölzerne Gefäße mit Gerstenmehl und eine silberbeschlagene Kanne für das Wasseropfer werden beigebracht. Aber es ist der große Tag der Bistas. Mit ihren festlichen Gewändern, den Pelzmützen und hohen Schaftstiefeln, den altertümlichen Gabelflinten, die sie aus Pulverhörnern laden, erscheinen sie wie Relikte einer längst vergangenen Zeit. Schon lodert ein Feuer, um das sich die Schützen drängen. Mit einem ohrenbetäubenden Knall geht eine der Flinten los, Pulverdampf erfüllt die Luft, und die Menge weicht in Panik zurück. Der Schütze blickt mit rußgeschwärztem Gesicht verduzt in die Runde. Daraufhin geht der nächste Schuß los, und gleich

Rechte Seite oben: Tashi Tenzing, der Abt von Chöde Gompa, mit zwei Mönchen beim Ritual.
Unten links: Einer der Schützen, die mit ihren altertümlichen Gabelflinten Salutschüsse abfeuerten.
Unten rechts: Die Bewohner von Lo Mantang haben sich vor dem Stadttor versammelt, um den Zeremonien beizuwohnen.

noch einer. Unbeirrt setzen die Mönche ihr Ritual fort. Plötzlich ergreift der Oberlama einen mit Gerstenmehl gefüllten Becher, hebt ihn hoch, und mit beschwörenden Worten schleudert er den Inhalt in die Zuschauermenge, die in einer weißen Wolke verschwindet. Jetzt ergreifen einige Bistas die restlichen Gefäße und bewerfen sich gegenseitig mit Mehl, und auch die übrigen Lopas lassen sich nicht lange bitten. Alle haben plötzlich die Hände voll mit Gerstenmehl, und eine regelrechte Schlacht entbrennt, bei der wir auch nicht ungeschoren davon kommen. Zum Schluß sehen wir aus, als wären wir alle in die Getreidemühle gestürzt.

Die Hofmusikanten des Königs spielen auf, und ein paar Bista-Männer versuchen sich als Tänzer. Die Stimmung wird immer ausgelassener und ich höre ihre schwermütigen Gesänge und das rhythmische Stampfen der Stiefel, bis mich ein changschwerer Schlaf übermannt.

Das Nyungnä-Fest

Am nächsten Tag werden die rituellen Aktivitäten mit dem Nyungnä-Fest fortgesetzt. Da im Winter mehr als die Hälfte der Bevölkerung nicht im Land ist, müssen alle Kulthandlungen im Sommer durchgeführt werden, im dritten, vierten und fünften Monat des tibetischen Kalenders.

»Das Nyungnä-Fest dient dazu, die unheilsamen Handlungen zu reinigen«, sagt Tashi Chusang. Für die Mönche der Chöde Gompa bedeutet dies eine siebentägige Klausur, sieben Tage, in denen sie das Kloster nicht verlassen dürfen. Gleichzeitig ist es ihnen auferlegt, sieben Tage lang zu fasten. Während dieser Zeit müssen sieben verschiedene Ritualsitzungen abgehalten werden. Im Mittelpunkt des Festes aber steht die komplizierte Herstellung eines Sandmandala. Khenpo Tashi Tenzing, der Oberlama, hat uns erlaubt, dem Ritual beizuwohnen. Damit geht für mich ein langgehegter Wunsch in Erfüllung. Zum erstenmal ist es mir möglich, die Schöpfung eines Mandala hautnah mitzuerleben. Tag für Tag wächst das Mandala, wird es ein Stück »ganzer«, bis es schließlich am siebten Tag vollendet ist – zu einem vollkommenen Abbild des Kosmos.

So kompliziert wie die Schaffung des Mandala ist auch die Vorbereitung. Jeder Schritt ist strengstens ritualisiert. Neben den äußeren Handlungen, die notwendig sind, um das Mandala erstehen zu lassen, laufen gleichzeitig beim Akteur innere, meditative Vorgänge ab.

Die Reinigung des Bewußtseins, das Visualisieren der komplizierten Zusammenhänge und abstrakten Wahrheiten, die hinter den Symbolen stehen, und schließlich die Einswerdung mit der Gottheit selbst, der das Mandala geweiht ist.

»Das Ziel der Kontemplation der im Mandala dargestellten Vorgänge ist, daß der Yogi des Gottes ›inne‹ wird, das heißt: Durch die Betrachtung erkennt er sich selbst als Gott wieder und kehrt damit aus der Illusion des Einzelseins in die universale Ganzheit des Gottes-Zustandes zurück«, mit diesen Worten beschreibt C. G. Jung den tieferen Sinn des Mandala-Rituals.

Oben: Mönche von Chöde Gompa beim Streuen des Sandmandala.
Unten: Das vollkommene Sandmandala.
Rechte Seite: In einer feierlichen Prozession wird das Sandmandala zum Fluß getragen.

Wie weit die Mönche von Chöde Gompa diesem Sinn nahekommen, kann ich nicht beurteilen, aber sie bemühen sich redlich. Unter der Leitung ihres Meisters Khenpo Tashi Tenzing sind alle mit großer Konzentration und bewundernswerter Ausdauer bei der Sache. Der erste Schritt ist die Reinigung und Weihe des Bodens, jener Fläche also, auf der das Mandala entstehen soll. Der Grund muß »die Reinheit und Natur eines Diamanten« annehmen, fordert die Tradition. Zuletzt umkreisen die Mönche die Mandala-Fläche mit Räucherwerk. Erst nachdem der Boden, auf dem das Sandmandala gestreut werden soll, gereinigt und geweiht ist und auch die Geister, die den Ort beseelten, gebannt bzw. als Beschützer in den Dienst des Rituals gestellt wurden, kann die eigentliche Herstellung des Mandala beginnen. Dazu ist mehrfarbiges Pulver aus Edelsteinen, Reis und buntem Gestein notwendig. Außerdem benötigt man Kalk und Schnüre zum Auftragen der geometrischen Linien. Zum Streuen des Mandala bedient man sich feiner, röhrenförmiger Metalltrichter, die mit farbigem Sand gefüllt werden.

Ein Mandala kann nicht frei gezeichnet werden, sondern basiert auf einem Netzwerk von Linien, die mit einer Kalkschnur appliziert werden. Zuerst wird die Mitte des Mandala festgelegt und werden die acht Großen Linien gezogen.

Diese Linien werden aufgetragen, indem man die Kalkschnur über die Oberfläche spannt und dann zupft. Jetzt beginnt das Streuen des Farbpulvers. Von der Mitte ausgehend lassen die Mönche das gesamte Mandala erstehen. Jede Farbe und jedes Symbol ist genau vorgeschrieben. Dabei ist es nicht notwendig, daß die Gottheiten in ihrer körperlichen Erscheinungsform abgebildet werden, sondern es genügt, die entsprechenden Embleme sichtbar zu machen. Im Mittelpunkt des Sandmandala der Mönche von Lo Mantang steht Padmasambhava. Der mächtige indische Tantriker wird in Lo besonders verehrt. Das gesamte Königreich soll auf dem Rücken eines Dämons entstanden sein, den Padmasambhava besiegte.

Stundenlang folgen wir dem Ritual, sehen, wie sich das Werk immer weiter verdichtet und dem Betrachter das Gefühl gibt, in einen dreidimensionalen Raum zu blicken. Am siebten Tag schließlich ist das Mandala fertig. Aber der Vollendung folgt die Auflösung.

Das einzige Ziel – auch des Mandala-Rituals – ist die Buddhaschaft. Ist dieses Ziel erreicht, braucht man keine Hilfsmittel mehr, sind Darstellungen von Gottheiten, Ritualgegenstände und auch das Mandala nicht mehr nötig. Man kann es zerstören, so wie das Sandmandala. In wenigen Minuten kehrt man das Farbpulver, das in sechstägiger Arbeit sorgfältig gestreut wurde, auf einen Haufen zusammen. Dann wird es in eine Vase geleert und in einer feierlichen Prozession zum Fluß getragen.

Draußen vor dem Tempeltor wartet die Eskorte Mönchsmusiker und ein weißer Elefant, in dessen Maske zwei Lamas geschlüpft sind. Das Gefäß mit dem kostbaren Inhalt wird nun hinausgetragen und auf dem Rücken des Elefanten befestigt. Der weiße Elefant versinnbildlicht eine der Sieben Kostbarkeiten der Königsherrschaft. Er steht für die Macht und Stärke des Weltenherrschers, die mit Güte, Klugheit und Selbstbeherrschung gepaart ist. Auf seinem Rücken wird deshalb der geheiligte Sand des Mandala transportiert.

Der Trommler des Königs führt die Prozession an, dahinter kommen die Mönchsmusiker, gefolgt von Khenpo Tashi Tenzing, der eine schwarze Mitra aufgesetzt hat. In der Mitte der Prozession schreitet der weiße Elefant, und den Schluß bilden die Mönche, die verschiedene Opfergaben und Ritualgegenstände mittragen. Eine ganze Schar Kinder läuft dem Zug hinterher. Wir bewegen uns im Sinne der rituellen Umwandlung um die Stadtmauern, dann geht es in Richtung Süden quer durch die Felder, und schließlich steigen wir in das tief eingekerbte Flußbett hinunter.

Das Gefäß mit den Resten des Mandala wird vom Rücken des Elefanten genommen, dann geht alles blitzschnell. Muschelhörner, Posaunen und Trompeten erzeugen einen ohrenbetäubenden Lärm, die Kinder bedrängen den Mönch mit der Vase, der in einer weiten Ausholbewegung den Inhalt in den Fluß kippt. Dort bildet sich ein letztes Mandala in Form konzentrischer Kreise, die sich im Wasser ausbreiten. Am Ufer aber balgen sich die Kinder um jedes der gefärbten Sandkörner, die nicht im Wasser gelandet sind. Sie gelten als sichere Abwehrmittel für alle Art Übel und werden mit nach Hause genommen, wo man ihnen einen Ehrenplatz zuweist.

Zum Ende der Festtage in Lo Mantang lädt uns der König in den Palast zu einem Mahl ein. Aber noch bevor wir uns an die Tafel setzen und den königlichen Chang probieren, von dem Lopsang schon seit Tagen schwärmt, steigen wir alle auf das Dach des Palastes hinauf. Beat und Daniel wollen ein Erinnerungsfoto zusammen mit allen Palastbewohnern machen. Abgesehen vom grimmigen Wachhund, auf dessen nähere Bekanntschaft wir ohnehin keinen Wert legen, ist alles versammelt.

Der Lo-Herrscher präsentiert sich im Festgewand, und die Königin hat extra ihre kostbare Kette aus Türkisen und Gzi-Perlen angelegt.

Die Figur, von der vor wenigen Tagen der Schutzgott des Königs Besitz ergriffen hat, ist längst verschwunden, und auch sein eisiger Wohnsitz, der heilige Berg Dongmar,

Am Dach des Königspalastes von Lo Mantang. Von links nach rechts: Bruno Baumann, der Lo-Herrscher Jigme Dorje Trandul, Beat Curti, Daniel Schmidt und der Berater des Königs.

steckt tief in Wolken. Ich frage den König, ob er wisse, wo der Kali Gandaki seinen Ursprung hat.

»Dongmar ist nicht nur unser Schutzgott, sondern auch unser Wasserspender«, antwortet der König. Dann streckt er seinen Arm in Richtung Nordwesten, dorthin, wo sich dunkle Wolkenmassen an namenlosen Bergen stauen.

»Dort in den Wolken«, sagt er, »ist die Quelle des Kali Gandaki.«

ZUR QUELLE DES KALI GANDAKI

»Der Kali Gandaki ergießt sich von Tibet und Mustang herunter in die Ganges-Ebene. Kali bedeutet »schwarze Frau«, und in der Tat herrscht zwischen den steilen Wänden, den grauen Fluten und dem schwarzen Felsgeröll eine unheimliche Finsternis. Die grausame schwarze Kali, die Gefährtin Shivas, ist das Symbol dieses düsteren Flusses, der von versteckten Berggipfeln aus unermeßlichen Wolken herabgurgelt und die Reisenden mit Angst erfüllt, seit ihn der erste Mensch zu überqueren versuchte und von seinen Fluten mitgerissen wurde.«

PETER MATTHIESSEN

Die Worte des Königs noch im Ohr, ziehen wir am nächsten Tag in Richtung Norden los. »Dongmar ist unser Wasserspender«, sagte er, als ich ihn nach der Quelle des Kali Gandaki fragte. Wollte er damit andeuten, daß sich die Hauptquelle des heiligen Flusses am Götterberg befindet? Findet die Verehrung des Berges als lebenswichtigen Wasserspender eine geographische Entsprechung?

Tatsache jedenfalls ist, daß über dem Ursprung des Kali Gandaki nach wie vor ein großes Geheimnis schwebt. Während die Quellen anderer bedeutender Flüsse Asiens – wie Indus, Ganges, Brahmaputra – lange schon bekannt sind, gibt es über die Herkunft des Kali Gandaki nur Vermutungen. Wohl behauptet der Franzose Michel Peissel, auf seiner Forschungsreise im Jahre 1964 die Quelle des Kali Gandaki entdeckt zu haben, aber schon bei der Lektüre seines Werkes kamen mir Zweifel. In seinem Buch »Das verbotene Königreich im Himalaya« berichtet er nämlich, daß der Fluß auf einer Weide unweit des Dorfes Namdrol entspringe, und wunderte sich darüber, daß die leicht erreichbare Stelle seiner »Quelle« niemandem vorher bekannt war und auch kein »Heiligtum oder sonstiges Mal« den Platz bezeichne. An die Richtigkeit dieser »Entdeckung« mochte ich nicht glauben. Die Zweifel wurden noch größer, als ich einen Blick auf die Landkarte warf. Ich konnte mir einfach nicht vorstellen, daß ein Fluß wie der Kali Gandaki auf einer Wiese entspringt, wenn in der näheren Umgebung über sechstausend Meter hohe Berge stehen, die gewaltige Gletscher aussenden. Bisher war es nur für Nepali möglich, nach den Quellen zu suchen, und natürlich für Lopas, aber offenbar war Mustang für nepalische Forscher zu entlegen oder zu wenig attraktiv, um sich damit zu beschäftigen, und für die Lopas steht ohnehin außer Frage, daß alles Wasser von Dongmar kommt.

Wir wollten es genau wissen und vor allem auch mit eigenen Augen sehen. Deshalb sind wir an diesem Tag schon in aller Frühe unterwegs. Helmut und Mingma sind wieder dabei, auch einige Träger, die Ausrüstung und Verpflegung für drei Tage transportieren. Mit von der Partie ist auch ein Lopa aus Lo Mantang, den uns Lopsang vermittelt hat und der fest behauptet, den Ort zu kennen, an dem der heilige Fluß seinen Anfang nimmt.

Unser Plan ist einfach. Wir wollen am Flußufer entlang nordwärts ziehen und, wann immer sich der Fluß teilt, dem wasserreicheren Arm folgen. Zunächst wandeln wir noch auf bekannten Pfaden, genauer gesagt: bewegen wir uns entlang des alten Karawanenweges, der zum Kore La hinaufführt. Der Grenzpaß zu Tibet ist am Horizont klar zu erkennen, genauso wie das hellbraune Band der Karawanenstraße, das sich zu ihm hinaufschlängelt. Unser Standort eröffnet eine beherrschende Rundsicht. Das gesamte nördliche Mustang liegt vor uns ausgebreitet da, vor allem aber überblicken wir das obere Kali-Tal, folgen mit den Augen dem Fluß, der sich in vielen Windungen durch eine Mondlandschaft zieht. Die einzige Abwechslung im monotonen Braun bilden einige Ansammlungen weißer Häuser, an denen winzige Oasen hängen, die sich gegen Wind und Sand behaupten. Darunter mischen sich in der Ferne rot-weiß gefärbte Bauten. Das müssen Nyiphu und Garphu sein, die nördlichsten Heiligtümer Mustangs.

Hoch über unseren Köpfen thront die »Burg der Himmelswandler«. Der kreisförmige Mauerring der verfallenden Festung sitzt wie ein Hut auf dem spitzen Hügel. Das alte Königreich war in seiner Glanzzeit ständig von zwei Seiten bedroht. Im Süden bildete das expandierende westnepalische Königreich Jumla eine ständige Gefahr, und gegen Norden mußten sich die Lopas nicht nur der sporadischen Einfälle von Räuberbanden erwehren, sondern auch potentieller Invasoren, wie Mongolen oder westtibetische Fürsten. Der relativ niedrige und flache Kore-Paß war kaum zu verteidigen, deshalb errichteten die Lopas eine ganze Reihe von Festungen und Burgen entlang des Kali Gandaki, die heute jedoch alle in Trümmern liegen. Die Hügel und Kämme vor uns, die sich über dem Ufer des Kali Gandaki erheben, sind mit Ruinen überzogen.

Vorhergehende Bildseiten: Nur noch wenige Nomadenfamilien können in Mustang überleben, seit sie ihr Vieh nicht mehr über die Grenze in das chinesisch besetzte Tibet treiben dürfen. Diese Familie hütet die Yak-Herde des Königs.
Der götterbewohnte Berg Dongmar, auf dessen Gipfel der Schutzgott des Königs thront, gilt auch als zentraler Wasserspender.
An diesem mächtigen Gletscher, der das Tal abriegelt, liegt die Hauptquelle des Kali Gandaki.
Oben: Oberhalb von Lo Mantang eröffnet sich ein großartiger Blick über das Kali-Tal bis hinauf zur tibetischen Grenze. In der Ferne sind die Klöster Nyiphu und Garphu zu erkennen.

Da die Lo-Könige über keine große Streitmacht verfügten, bedienten sie sich magischer Riten, um die Gefahren abzuwehren. Tashi Chusang, unser Gewährsmann für die Geschichte von Lo, berichtet von einer solchen drohenden Invasion, die sich in der Regierungszeit von König Agön Sangpo ereignete.
»Damals lebte im Kloster Namgyal ein Ngor-Lama, der als mächtiger Zauberer bekannt war. In seiner Not schickte der König einen Gesandten zu ihm, um ihn zu bitten, den bevorstehenden Angriff abzuwehren. Nachdem der Gesandte dem Jetsün Künga Drongchok – so hieß der Lama – die Geschenke des Königs überreicht hatte, gab dieser seinem Diener ein Stück Tsampa und befahl ihm, es auf das Dach des Tempels zu bringen. Dieser tat, wie ihm geheißen. Daraufhin verabschiedete sich der Gesandte des Königs und bat noch einmal den Lama, er möge das Abwehrritual so schnell als möglich durchführen. Der Lama aber antwortete, er solle dem König berichten, daß das Abwehrritual bereits ausgeführt worden sei. Nach der Rückkehr des Gesandten wollte der König wissen, was nun der Lama unternommen habe, um der Gefahr zu begegnen. Der Gesandte berichtete dem König, daß der Lama seinen Diener auftrug, ein Stück Tsampa auf das Dach des Tempels zu legen. Mehr habe er nicht beobachtet. Der Lama habe weder Gebete gesprochen noch Tormas (Geisterfallen) hergestellt.
Als der König dies hörte, war er sehr betrübt, und er rief aus: »Eigentlich verfügt dieser Lama über große übernatürliche Fähigkeiten, aber was nützen sie, wenn er diese nicht anwendet!«

Daraufhin schickte der König den selben Gesandten zu Siddha Mahaguru ins Chödzong-Kloster. Der erleuchtete Heilige, der auf den Sonnenstrahlen reiten konnte, befand sich in strenger Klausur. Doch weil es sich um einen Gesandten des Königs handelte, durfte er die Kammer des Siddha betreten. Der Lama fragte den Gesandten nach dem Grund seines Besuches. Wie schon dem Ngor-Lama zuvor, erzählte er auch dem Siddha, daß Lo eine Invasion bevorstehe und der König den ehrwürdigen Lama bitte, er möge die Gefahr mit seinen übernatürlichen Kräften abwehren. Aber er verschwieg, daß er vorher schon im Namgyal-Kloster gewesen war.

Der Lama bedeckte sein Haupt mit dem Gewand und verharrte etwa ein halbe Stunde lang in meditativer Versenkung. Dann sagte er zum Gesandten, er solle dem König ausrichten, daß er keine Invasion mehr zu fürchten hätte, denn der Lama vom Namgyal-Kloster habe die Sache bereits erledigt. Die Armee der Angreifer sei besiegt. Eine große Anzahl von ihnen sei im Fluß ertrunken, die anderen wären geflüchtet.

Nicht immer konnten die Gefahren, die Lo von außen bedrohten, durch die Macht der Lamas abgewendet werden, dazu sprechen die vielen Ruinen eine zu deutliche Sprache. Verfallene Dzongs – Burgen – und die Überreste wehrhafter Klöster säumen die Ufer des Kali Gandaki bis in den nördlichsten Winkel des Königreiches hinauf, bis zum Fuße des Kore La.

Zur tibetischen Grenze

Der Grenzpaß zu Tibet liegt zum Greifen nahe, und ich kann kaum meinen Blick davon abwenden und die Sehnsucht unterdrücken, die diese unscheinbare Schwelle am Horizont auslöst.

Aber der Weg zwingt uns unerbittlich zum Fluß hinunter, ins steinige Bett des Kali Gandaki, den wir auf einer hölzernen Brücke überqueren. Wie weiße Perlen an einer Kette aufgefädelt, reihen sich die Dörfer entlang des Ufers. Das erste dieser Dörfer heißt Chössar. Einen Teil der Bewohner treffen wir unten am Fluß. Sie sind gerade dabei, eine neue Brücke zu bauen. Vor einigen Jahren gab es hier eine große Überschwemmung, die viele Felder des Dorfes verwüstete. Daraufhin siedelte die Regierung die am ärgsten betroffenen Familien weiter im Süden an. Die aufgelassenen Felder und das halbleere Dorf machen einen deprimierenden Eindruck. In Chössar befindet sich die einzige höhere Schule des sogenannten »Ober-Mustang-Distrikts«. Wie in der Schule von Lo Mantang stammen auch hier alle Lehrer aus dem Süden Nepals. Sie sind Hindus und keine Buddhisten und deshalb gesellschaftlich isoliert. Im Winter ist die Schule geschlossen, dann ziehen auch die Lehrer so wie viele Lopas in den Süden des Landes. Der Unterricht erfolgt in Nepali, und die Essenz tibetischer Kultur, nämlich die Religion, wird nicht gelehrt. Wer seinem Kind eine traditionell buddhistische Ausbildung angedeihen lassen will, muß es nach Sikkim schicken. Das aber ist teuer, und nur wenige reiche Lopas können sich diesen Luxus leisten.

Nach einer Marschstunde in Richtung Norden nähern wir uns dem Höhlenkloster Nyiphu. Zuvor kommen wir aber noch an einem Dorf vorbei, das am Eingang eines bizarren Canyons liegt. Eine chaotische Landschaft aus geripppelten braunen Bergpyramiden bildet den Hintergrund zum weißen Häusergewirr. Ein erdfarbener Chörten fügt sich so in diese Landschaft ein, daß man ihn auf den ersten Blick ebenfalls für einen spitzen Berg hält. Ein Teil der Dorfbewohner lebt hier noch in Höhlen. Steile, in die Konglomeratwände gehauene Naturtreppen führen zu den Eingängen in luftiger Höhe. Der Zugang zu den Treppen selbst erfolgt über einen ummauerten Hof, der offenbar zu jeder Höhlenwohnung gehört. Dort wird nachts das Vieh hineingetrieben, und hier haust auch der unfreundliche Wachhund, der unsere Neugier auf die

Höhlenwohnungen erheblich dämpft. Wir haben uns schon damit abgefunden, daß der Besuch dieser Höhlenbewohner nur nach vorheriger Anmeldung möglich ist, da sehen wir eine Gruppe von Frauen, die sich im Schatten einer Hofmauer niedergelassen haben. Sie verbinden das Nützliche mit dem Angenehmen: während des Spinnens

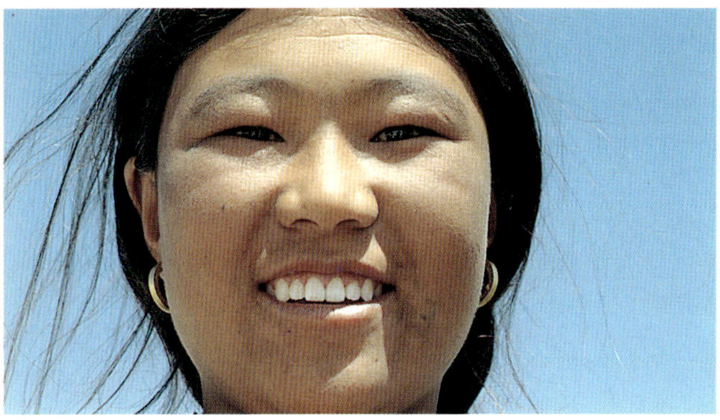

Linke Seite: In der Nähe von Nyiphu leben noch zahlreiche Lopas in Höhlenwohnungen. Ihre Arbeiten verrichten sie jedoch im Freien.
Oben: Gesichter aus Lo.

und Webens findet ein lebhafter Gedankenaustausch statt. Kleinkinder kriechen durch den Staub, beaufsichtigt von ihren älteren Geschwistern. Der Mastiff döst friedlich daneben. Dieses idyllische Bild aber ändert sich, sobald wir um die Mauerecke biegen. Das erste Kinde, das uns sieht, läßt einen Aufschrei los und sucht hinter der Mutter Deckung. Andere Kinder laufen kreischend durch den Hof. Der Wachhund reißt das müde Auge auf. Mit einem Satz ist er auf den Beinen und stürzt auf uns los. Noch bevor wir uns ein paar Steine gegriffen haben, erschallt ein lauter Befehl, plötzlich dreht der Hund ab und schleicht sich mit eingezogenem Schwanz knurrend davon.

Die Furcht der Kinder vor dem Fremden währt nur kurz, bald obsiegt die angeborene Neugier, und nachdem wir uns durch ein paar kleine Geschenke und allerlei Späße als menschliche Wesen zu erkennen gegeben haben, werden sie immer kecker, und schließlich können wir uns der andrängenden Kinderschar kaum mehr erwehren. Sie folgen uns, als wir mit einer der Frauen in ihre Höhlenwohnung hinaufsteigen, um eine offene Wunde zu verbinden, die sie sich bei der Feldarbeit zugezogen hat.

Im Inneren der Höhlenwohnung ist es wohltuend kühl, und ich bin überrascht, wie gemütlich es darin ist, sieht man einmal von der Dunkelheit ab. Das wichtigste Inventar – Schlafstelle, Herd, Ablagen – ist aus dem Konglomerat herausmodelliert und fügt sich harmonisch in die Umgebung. Die Höhlenwohnung bietet einen guten Schutz vor dem unangenehmen Wind, der hier häufig weht, und ich kann mir vorstellen, daß es dort im Winter viel wärmer und angenehmer ist, als in den Häusern unten.

Das Kloster Nyiphu wurde so kühn in die Felswand gesetzt, daß man es nur über eine steile Treppe erreichen kann.

Nachdem wir die Verletzung der Frau versorgt haben, müssen wir weiter. Mingma ist mit den Trägern schon lange vorausgeeilt und erwartet uns in einem schattigen Hain am Fuße der Nyiphu Gompa. Einige Lopa-Frauen haben sich dazugesellt, und als wir eintreffen, macht schon der zweite Krug Chang die Runde. Das kühle Gebräu schmeckt köstlich, »sicher besser als das Quellwasser des Kali Gandaki«, meint Mingma. Schallendes Gelächter. Die Frauen fragen, ob sie den Krug noch einmal auffüllen sollen. »Wer zur Quelle will, muß gegen den Strom schwimmen«, sage ich mir und antworte mit einem entschlossenen Nein. Die Träger machen ein langes Gesicht. In diesem Augenblick kommt der Verwalter des Klosters mit dem Schlüssel daher, und wir machen uns alle auf den Weg zur Nyiphu Gompa.

TREVIRA®

Das Felsenkloster ist in eine phantastische Bergkulisse eingebettet. Ein dunkelroter Farbklecks, flankiert von weißgekalkten Häuserwürfeln inmitten einer gelbbraun gebänderten Konglomeratwand. Schon aus der Ferne ist es als Sakya-Heiligtum erkenntlich, und die farbigen Längsstreifen auf dem Sockel aus Rot, Weiß, Ocker und Grau symbolisieren die einzelnen Richtungen innerhalb der Sakya-Schule.

Über Treppen und Leitern führt uns der Klosterverwalter zum Eingang hinauf. Durch eine Holztür, die in den durchbrochenen Fels eingesetzt ist, gelangen wir in die Versammlungshalle – eine dunkle Höhle mit einem Altar an der Stirnseite. Von den halbverfallenen Felsnischen, die das Hauptgebäude umgeben und die früher als Mönchswohnungen oder Klausen dienten, ist heute nur noch eine bewohnt. Der Lama jedoch sei nicht zu sprechen, erklärt uns der Führer. Ob denn in der Versammlungshalle überhaupt noch Zusammenkünfte stattfinden, will ich wissen, als wir die Treppen hinuntersteigen. Worauf er kurz nickt.

»Wann denn«, frage ich weiter.

»Zu Festzeiten«, antwortet er barsch und eilt grußlos davon.

Auch wir setzen unseren Weg fort. Schon nach kurzer Zeit taucht das Kloster Garphu auf. Es liegt auf einer Terrasse oberhalb des Kali Gandaki, inmitten einer Ansammlung weißer Häuser, in denen früher einmal die Mönche mit ihren Familien lebten. Garphu ist das einzige Nyingmapa-Heiligtum Mustangs. Tashi Chusang, der ebenfalls dieser Schule angehört, hat uns viel davon erzählt. Sie sind die Bewahrer der ältesten buddhistischen Überlieferungen in Tibet, die direkt auf Padmasambhava zurückgehen.

Der indische Gelehrte und Dämonenbezwinger hat diese Lehre im 8. Jahrhundert nach Tibet gebracht, erstmals verkündet hat sie der Adi-Buddha Samantabhadra. Die Nyingmapa-Schule ist eine mündliche Tradition, das heißt: Die Unterweisungen wurden immer direkt vom Lehrer zum Schüler weitergegeben. Viele dieser Lehren sind verborgene »Schätze«, Termas also, die von Padmasambhava versteckt wurden, damit sie zu gegebener Zeit aufgefunden und genutzt würden. Die bekannteste dieser Schriften ist das Bardo Thödol, das »Buch der Befreiung durch Hören im Zwischenzustand«, das unter dem Namen »Tibetisches Totenbuch« auch im Westen bekannt wurde.

Der Eingang zum Kloster steht weit offen, und als wir den Vorhof betreten, finden wir zu unserer Überraschung eine ganze Gesellschaft von Lopas versammelt. Aus dem Inneren dringt dumpfer Trommelschlag und das Gemurmel

rezitierender Mönche. Der kleine Tempelraum ist so voll, daß viele der herbeigeströmten Pilger keinen Platz finden und nun das Ritual vom Hof aus verfolgen. Wir können nur einen oberflächlichen Blick in das Innere werfen. Genug, um zu erkennen, daß Garphu ein Juwel unter den Heiligtümern von Lo ist.

Die Wände zieren Fresken feinster Art, von begnadeten Meistern geschaffen. Samantabhadra, der die ersten Unterweisungen der Nyingma-Tradition verkündete, steht im Mittelpunkt. Seine nackte Gestalt in kosmischer Vereinigung mit seiner Partnerin symbolisiert die Aufhebung aller Gegensätze. Er ist rein, unbefleckt, jenseits aller individuellen karmischen Begrenzungen. Seine Erscheinung steht hier in Zusammenhang mit den Gottheiten des Bardo Thödol. Die tanzenden zornvollen Wesen aus dem »Tibetischen Totenbuch« zeigen dem Betrachter realistisch all jene Schreckensvisionen, die ihm in den verschiedenen Phasen des Sterbeprozesses begegnen können. Dann ist es wichtig, daß er sie erkennt, als Manifestationen seines eigenen Bewußtseins identifiziert und vor allem keine Angst vor ihnen hat. Wenn ihm das gelingt, kann er Samantabhadra gleich werden und auf der Stelle aus dem Kreislauf der Wiedergeburten erlöst sein. Samantabhadra thront deshalb in der Mitte, Symbol des Absoluten, der endgültigen Erlösung. Um ihn gruppieren sich mandalaförmig die Adi-Buddhas Vairocana – der »Sonnengleiche«, Vajrasattva und Vajradhara.

Schade, daß wir an diesem Ort nicht länger bleiben können, aber die Zeit drängt, es ist schon knapp vor Mittag, und wir müssen uns beeilen, damit wir noch so weit kommen, daß wir morgen überhaupt eine Chance haben, die Quelle zu erreichen. Über eine ganze Reihe weißer Torchörten verlassen wir Garphu in Richtung Norden. Wir sind nun an der äußersten Grenze Mustangs angelangt, unmittelbar vor uns setzt der Aufstieg zum Kore-Paß an, auf dessen Höhe die Grenzlinie zum chinesisch besetzten Tibet verläuft.

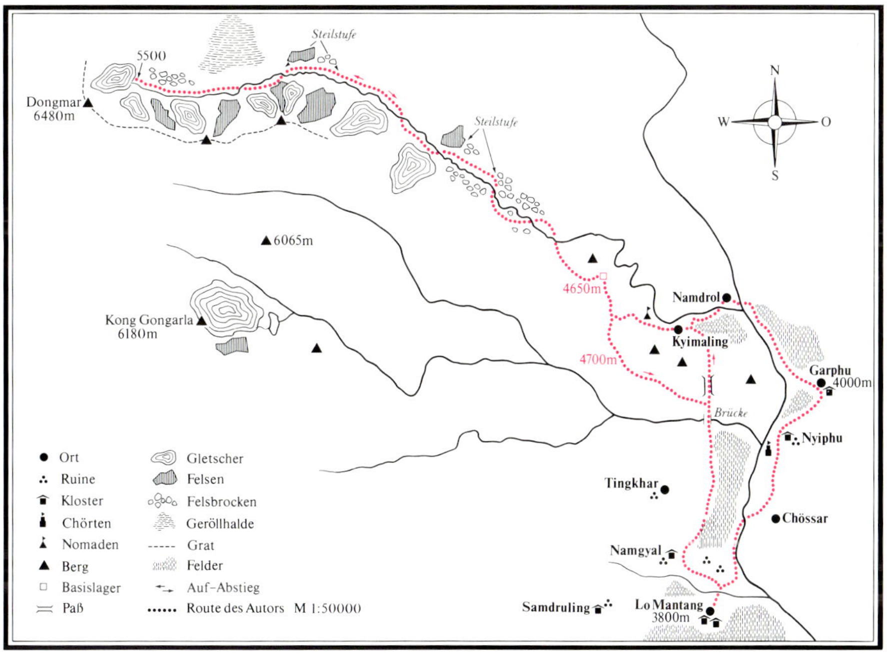

Die Quelle in den Wolken

Kurze Zeit später stehen wir vor einem entscheidenden Punkt. Hier teilt sich der Oberlauf des Kali Gandaki in zwei Arme. Einer zieht weiter in Richtung Norden und dürfte vom Kore La herabkommen, der andere, der um diese Zeit mehr Wasser führt, weist nach Nordwesten, in Richtung der Eisgipfel des Mustang Himal. Die Wahl, welchem der beiden Quellflüsse wir folgen sollen, ist für uns in diesem Augenblick nicht schwierig. Ohne zu zögern entscheiden wir, jenem Quellfluß zu folgen, der mehr Wasser führt. Aber später, als ich längst zu Hause war, kamen mir Zweifel, ob wir wirklich die richtige Entscheidung getroffen hatten und ob nicht der westliche Arm nur temporär mehr Wasser zuführt, während der andere die meiste Zeit des Jahres über der stärkere ist. Auch war ich mir unsicher, ob nicht der schwarze Gachang Chu, der aus dem Damodar Himal kommt, der eigentliche Hauptquellfluß ist. Ich konnte mich genau erinnern, welche Mühe es uns kostete, ihn auf dem Weg nach Lo Mantang zu überqueren.

Als ich dann ein halbes Jahr später noch einmal nach Mustang reiste, um das Land auch im Winter kennenzulernen, habe ich sowohl den Zufluß des Gachang Chu noch einmal in Augenschein genommen als auch die Stelle, an der wir nun stehen. Der gefährliche Gachang Chu war im Winter zu einem harmlosen Rinnsal geschrumpft, und der nordwestwärts führende Quellfluß, für den wir uns entschieden hatten, war auch zur kalten Jahreszeit der wasserreichste. Aber an all das denke ich erst viel später. Die Dynamik des Augenblicks ist die bestimmende Kraft, und ich verschwende keinen Gedanken an solche theoretischen Überlegungen, als wir unsere Schritte entschlossen westwärts lenken. Zunächst müssen wir den Fluß überqueren. Das geschieht etwas oberhalb der Stelle, an der er sich spaltet. Danach folgen wir einem gut erkennbaren Pfad, der uns zum letzten Dorf Mustangs

führt – nach Namdrol. Der Ort mit dem klingenden Namen »Insel der Vollkommenheit« thront in beherrschender Position auf der Höhe eines Hügels, von dem ein Teil der Route auf den Kore La einzusehen ist. Weiter nördlich liegt nur noch die nepalische Zollstation – eine armselige Baracke im menschenleeren Niemandsland.

Namdrol liegt am nördlichen Ufer unseres Quellflusses. Ein guter Pfad, der ein zügiges Vorankommen verspricht, zieht sich jedoch am Südufer entlang. Deshalb steigen wir von der Höhe des Dorfes wieder in das Flußbett ab und sind höchst erfreut, als wir eine Brücke vorfinden, die den reißenden Wildbach überspannt und uns ein kühles Bad erspart. Nach der Überquerung des Flusses setzen wir den Weg in Richtung Nordwesten fort. Stets parallel zum Fluß ziehen wir durch eine tibetisch anmutende Landschaft. Braune, sanft geschwungene Bergrücken und kleine Hochalmen wechseln einander ab. Über eine Schwelle führt der Pfad zum Dorf Kyimaling. Der Ort besteht aus zwei Gruppen weißer Häuser, zwischen denen der Weg hindurchführt. Außer ein paar Hunden, die uns böse anbellen, zeigt sich kein Lebewesen. Mit Kyimaling lassen wir die letzte menschliche Ansiedlung hinter uns. Wir treffen nur noch auf ein einsames Nomadenzelt, an dem wir aber in größerem Respektabstand vorbeiziehen.

Dann tauchen wir in die Bergwelt des Mustang Himal ein. Stunde um Stunde steigen wir in umittelbarer Nähe zum Flußbett auf, das nun deutlich auf die Nordseite des heiligen Berges Dongmar zuläuft, der als leuchtend weiße Eispyramide die umliegenden Gipfel überragt. Wir queren Täler und grasbewachsene Bergrücken, wandeln über ganze Teppiche aus Bergblumen.

Der angeheuerte Führer erweist sich als wenig ortskundig. Er lotst die Träger auf einen steilen Kamm hinauf, von dem man wieder absteigen muß. Helmut und ich wählen einen anderen Weg und sind bald weit voraus. Das Steigen macht Spaß. Wir haben mittlerweile einen Grad der Höhenanpassung erreicht, der uns selbst staunen läßt – Ergebnis monatelangen Aufenthaltes im Himalaya.

Am späten Nachmittag nähern wir uns wieder dem Flußbett, hören das gurgelnde Wasser, das sich in tiefen Schluchten über Geröll und Felsstufen herabstürzt. Wir versuchen die steinige Schlucht zu vermeiden, traversieren abschüssige Grashänge und halten auf eine Terrasse zu, die am oberen Rand der Schlucht ansetzt. Dort verheißt ein grüner Fleck Wiese einen guten Lagerplatz. Eine andere Wahl bleibt uns ohnehin nicht mehr, denn es ist knapp vor Einbruch der Dunkelheit, als wir den Ort erreichen. Die Nadel des Höhenmessers zeigt auf 4600 Meter. In kürzester Zeit ist das Lager errichtet, und später gibt es zu unserer Freude sogar noch eine warme Mahlzeit.

Oben: Der blaue Scheinmohn ist eine der schönsten Blumen des Himalaya. Wir fanden dieses Exemplar in fast 5000 Meter Höhe.

Der nächste Morgen dämmert düster und wolkenverhangen herauf. Trotzdem brechen wir schon früh auf. Nur das Allernotwendigste nehmen wir mit, um möglichst schnell zu sein. Die Ereignisse haben es so bestimmt, daß dieser Aufstieg am Ende unseres Aufenthaltes in Mustang steht.

Als ob ein unbekannter Dramaturg Regie geführt hat, bleibt uns nur noch dieser eine Tag, um unser Ziel zu erreichen. Es ist unsere einzige Chance. Denn übermorgen müssen wir Lo Mantang verlassen, unser Permit läuft aus, und wir würden unseren Begleitoffizier in große Schwierigkeiten bringen, wenn wir das Königreich nicht rechtzeitig verlassen. Vielleicht haben wir auch schon gestern unsere Chance vertan, weil wir nicht weiter gekommen sind, als bis hierher. Wir hätten uns bei den Klöstern nicht so lange aufhalten dürfen. Solche Gedanken gehen mir durch den Kopf, während ich mechanisch den Rucksack packe und meine Trinkflasche mit heißem Tee fülle.

Das Wetter ist alles andere als ermutigend. Ständig ziehen die Nebelschwaden vom Tal herauf, und die Gipfel vor uns sind in pechschwarze Wolken gehüllt. Mit den ersten Schritten aber kommt die alte Zuversicht wieder, sind alle Zweifel wie weggewischt. Wir werden es schaffen, wenn wir schnell sind und wenn keine großen Hindernisse auf uns warten.

Mingma und der angeheuerte Führer aus Lo Mantang begleiten uns. Über eine steile Geländestufe geht es aufwärts. Die Anstrengung läßt den morgendlichen Pulsschlag hochschnellen, aber dafür gewinnen wir rasch an Höhe. Bald haben wir die 5000-Meter-Grenze erreicht. Die letzten Grasflecken bleiben zurück, und von nun an umgibt uns nur noch Geröll, nackter Fels und Eis. Deshalb glaube ich, einem Wunder zu begegnen, als ich einige Exemplare des blauen Scheinmohns entdecke. Hauchdünnes Eis hat sich wie eine Glasur um Blätter und Stengel gelegt. Die Blüten aber leuchten in einem überirdischem Blau, wie es in den Niederungen nie vorkommt.

Es ist Mittag, als wir das Flußtal betreten, das wir bis zur Quelle nicht mehr verlassen wollen. Das Gelände erzwingt eine Überquerung. Kein leichtes Unterfangen, denn der Fluß scheint immer wasserreicher zu werden. In der Regel wird ein Fluß kleiner, je näher man seiner Quelle kommt, aber dieser scheint eine Ausnahme zu sein. Des Rätsels Lösung: Durch künstliche Bewässerungskanäle wird dem Fluß bis in diese Höhe hinauf ständig Wasser entzogen, um tief unten im Tal die Felder zu bewässern. Nur mit Mühe und einigen riskanten Sprüngen gelingt es uns, den reißenden Fluß über eine Kombination von Felsblöcken zu überwinden. Kurze Zeit später stehen wir vor dem nächsten Hindernis. Ein Gletscherausläufer schiebt sich quer über das Tal und versperrt den Weiterweg. Der Fluß schießt unter dem Eis hervor.

»Das ist die Quelle«, erklärt der angeheuerte Führer und fordert uns zur Umkehr auf. Von Neugier getrieben erklettere ich die Eisbarriere und sehe, daß sich das Tal dahinter weiter fortsetzt, genauso wie der Fluß. Helmut und Mingma kommen mir nach, der Lopa kehrt um.

Abwechselnd über loses Geröll, mannshohe Steinblöcke und glatte Felsstufen steigen wir aufwärts. Unsere Suche nach der Quelle wird immer mehr zu einem Wettlauf mit der Zeit. Mittag ist längst vorbei, noch zwei Stunden, dann müssen wir umkehren, um noch vor Einbruch der Dunkelheit das schützende Lager zu erreichen. Wir haben keinerlei Biwakausrüstung dabei und dürfen deshalb kein Risiko eingehen.

Auf dem Weg zur Quelle des Kali Gandaki.

TREVIRA

Ein weiterer Gletscher baut sich vor uns auf. Wieder hat es den Anschein, als würden die Eismassen das Tal abriegeln und der Fluß aus dem Gletscher entspringen. Doch abermals setzen sich Tal und Fluß dahinter fort.
Jetzt steigere ich noch einmal das Tempo, denn viel Zeit bleibt nicht mehr. Helmut und Mingma bleiben zurück. Ich laufe so schnell ich kann, ohne einmal zu rasten, wie in Trance. Da öffnet sich vor mir das Tal, und ich betrete ein gigantisches Amphitheater von Felswänden und Gletschern. Die größten Eisströme kommen vom Götterberg Dongmar herab, dessen Gipfel nun zum Greifen nahe scheint. Überall wohin ich blicke versperren Eiszungen den Weiterweg. Den Talschluß nach Nordwesten zu aber bildet ein mächtiger Eisstrom aus bizarren spitzen Türmen, die wie überdimensionale Haifischzähne aussehen. Er bricht abrupt in einer gut 20 Meter hohen gezackten Eiswand ab. Aus dieser Wand schießt ein gebündelter Wasserstrahl hervor. Das ist die Quelle!
Minuten später sind Helmut und Mingma da. In der Zwischenzeit habe ich mich auf einen der Steinblöcke gesetzt, den der Gletscher vor sich her schob. Minuten vergehen, Minuten andächtiger Stille, in denen wir nur schauen, das elementare Schauspiel der Geburt eines Flusses betrachten. Aber ich spüre deutlich, daß wir uns in einem Heiligtum befinden, wo wir eigentlich nicht hingehören. Wir sind in ein Refugium eingedrungen, das rein ist, frei von aller irdischen Befleckung.
An diesem Ort beginnt die Lebensader einer ganzen Region, von der das Schicksal unzähliger Menschen abhängt, und im gurgelnden Wasser glaube ich den Pulsschlag der Natur zu vernehmen. Mehr um den Platz zu heiligen, als unsere Anwesenheit zu dokumentieren, errichten wir eine kleine Steinpyramide.
Dann wird es plötzlich um uns dunkel, Wolken hüllen uns ein, Augenblicke später bricht ein Schneesturm los, und alles um uns versinkt im konturlosen Weiß. So, als würde Dongmar, dessen zu Eis erstarrte Manifestation als Wächter über der Quelle thront, uns zürnen, so entfesselt gebärden sich die Elemente. Uns bleibt nur die Flucht. Wie Blinde tasten wir uns talwärts, und wenn wir uns umblicken, geben wir dem König insgeheim Recht. In der Tat entspringt der Kali Gandaki in den Wolken!

Linke Seite: Bruno Baumann an der Hauptquelle des Kali Gandaki. Der heilige Fluß tritt aus dem Gletscher des Götterberges Dongmar heraus. Zur Weihung des Ortes, an der der Fluß aus dem Gletscher tritt, errichteten wir eine kleine Steinpyramide.

WINTER IN MUSTANG

*»Da breitet sich dieses Mustangbhot rund um uns aus,
dieses Aufeinander und Hintereinander von Ödland, das nur in den
Talfurchen – und auch da nicht immer –
unterbrochen wird von frischem Grün.
Wie einsam muß dieses Land mit den wenigen Siedlungen im Winter sein!
Wenn keine Wolken sich in den endlosen Himmel türmen,
wenn eiskalte Stürme den Staub
ins Unendliche tragen.«*

HANS STEINMETZ

Seit den Erlebnissen bei der Suche nach den Kali-Gandaki-Quellen sind sieben Monate vergangen. Jetzt bin ich wieder in Jomosom. Es ist Anfang Februar, und der Winter hat das Land fest in seinem Griff. Jomosom ist zwar das Tor zu Mustang, und es erfüllt einen mit Vorfreude, wenn man hier aus dem Flugzeug steigt und weiß, daß man in ein paar Stunden weiterkommt, aber es ist mehr als frustrierend, wenn man hier hängenbleibt. Ein Zwangsaufenthalt in Jomosom ist auch in den Sommermonaten schon nerventötend, aber im Winter schier unerträglich. Genau das ist nun eingetreten. Dabei hat alles so vielversprechend begonnen. Meine Partner in Kathmandu hatten in kürzester Zeit das Permit arrangiert und auch alle notwendigen reisetechnischen Vorbereitungen getroffen. Etwas schwieriger war es, Lopsang zu überreden, noch einmal mitzukommen. Er kam gerade von einer anderen Tour zurück und wollte eigentlich zu Losar, dem tibetischen Neujahrsfest, bei seiner Familie sein. Außerdem war da die große Fete in Bodnath, die er mit seinen tibetischen Freunden feiern wollte, mit reichlich Chang natürlich. An dem freilich sollte es auch in Mustang nicht fehlen.

»Aber um diese Jahreszeit, bei der Kälte und dem Wind, wo selbst die Lopas das Land verlassen, was willst du dort«, hielt er mir entgegen. Ich erwiderte, nicht daran zu glauben, daß mehr als die Hälfte der Bewohner im Winter nicht da sind, und ob er sich nicht an Tashi Chusangs Worte erinnere, der uns versicherte, Losar würde auch in Lo Mantang gefeiert werden. Bestimmt wird es auch dort ein großes Neujahrsfest geben, versuchte ich ihm die Tour schmackhaft zu machen. Das könne er sich nicht vorstellen, denn der König sei um diese Zeit immer in Bodh Gaya und mit ihm die meisten Bistas. Lo Mantang wäre um diese Zeit kalt, öde und leer. Trotz der vielen Vorbehalte aber entschloß er sich mitzukommen. Kurz bevor wir nach Pokhara flogen, leistete ich bei seiner Familie Abbitte und versprach aus Dank, der jüngsten Tochter die Schulausbildung in Sikkim zu ermöglichen.

In Pokhara begannen dann die Schwierigkeiten. Unser Begleitoffizier, der meinen Paß und das Trekking-Permit mitbringen sollte, war nicht da. Er hätte mit dem Bus von Kathmandu kommen und uns hier treffen sollen. Als er auch am nächsten Morgen nicht auftaucht, bleibt uns nichts anderes übrig, als ohne die notwendigen Papiere nach Jomosom zu fliegen. Seitdem sitzen wir in diesem Nest fest. Zu allem

Unglück hat es nachts geschneit, und nun liegt Mausknietief Schnee auf der Landepiste. Im Funkturm wird heftig diskutiert, ob man es in Anbetracht dieser Umstände verantworten könne, die Maschinen aus Pokhara anzufordern. Lopsang hat sich bereits unter das Expertengremium gemischt und verkündet selbstsicher, daß es mit der Landung kein Problem sei, denn seinerzeit in Lukla hätten die Maschinen bei viel tieferem Schnee aufgesetzt. Aber seinerzeit ist nicht heute, und heute werden keine Maschinen kommen. Das beschließen die Vertreter der Airlines mit Blick auf die halbleeren Passagierlisten einstimmig. Denn selbst wenn der Schnee schmilzt, ist die Landebahn naß; wenn sie naß ist, dann ist sie auch rutschig, und somit können die Maschinen nicht abgebremst werden, lautet die Begründung in unwiderlegbarer Logik. Damit ist es klar, daß wir einen weiteren Tag in Jomosom verbringen werden. Denn auch der Offizier am Checkpoint folgt ähnlichen Gedankengängen. Unser Versuch, wenigstens bis Kagbeni zu kommen, das noch nicht Sperrgebiet ist, um dort auf den Begleitoffizier zu warten, scheitert an der Bestimmung, daß die Gruppe geschlossen von Jomosom losmarschieren muß. Warum wir ausgerechnet um diese Zeit nach Mustang wollen, wundert sich der Beamte, wir sollten lieber die Annapurna-Rundtour machen, da würden wir sicher mehr Menschen treffen, als in Mustang um diese Zeit. Das glaube ich gern, aber das gilt nicht nur für diese Zeit. Lopsang verbringt den Nachmittag damit, weitere Träger anzuheuern, damit wir die verlorenen Tage wieder aufholen können. Freude kommt auf, als sich am Nachmittag die Sonne zeigt. Im Nu taut der Schnee auf der Landepiste weg. Ich sitze den ganzen Tag auf der Terrasse von »Om's Home«, trinke ungezählte Tassen Tee und beobachte die Entwicklung am Himmel.

»Tomorrow plane come, tomorrow you go«, sagt die Wirtin bei jeder neuen Bestellung.

Am nächsten Morgen herrscht tatsächlich gutes Flugwetter, und bereits in aller Frühe schwebt eine »Twin-Otter« nach der anderen ein. Gleich mit der ersten Maschine kommt unser Begleitoffizier. »Alles in Ordnung mit dem Permit«, teilt er uns mit und entschuldigt sich für die Verspätung. Jetzt geht alles sehr schnell. In wenigen Minuten sind die Lasten gepackt, dann geht es hinüber zum Checkpoint, wo der Offizier schon auf uns wartet, um zu prüfen, ob wir genügend Kerosin zum Kochen mitführen.

Danach wird das Trekking-Permit kontrolliert, zuletzt noch ein Eintrag ins Buch, und dann sind wir dahin.

Schon vom ersten Schritt an schlagen die Träger ein rekordverdächtiges Tempo an. In kerzengerader Linie zieht die Gruppe entlang des steinigen Kali-Gandaki-Tales nordwärts. Im Vergleich zum Sommer führt er nun viel weniger Wasser, so daß es möglich ist, ihn mühelos zu durchqueren.

Vorhergehende Bildseiten: Das Dorf Samar im Winterkleid.
Braune gestaffelte Bergrücken, die sich wie Wellenkämme nach Norden hin fortsetzen, werden überragt von den eisbedeckten Gipfeln des Mustang Himal, in dem der wichtigste Quellfluß des Kali Gandaki entspringt.
Auf dem winterlichen Marsch von Chele nach Samar erwarten uns eisige Temperaturen und ein schmaler, in den Fels gehauener Pfad, der sich als schneefreies Band durch den zerfurchten Canyon zieht.
Winter im Pilgerort Muktinath, der Buddhisten wie Hindu gleichermaßen heilig ist.
Oben: In Samar wurden wir von einem Wintereinbruch überrascht. Trotzdem setzen wir unseren Weg nach Norden fort.

Im Eiltempo nach Tsarang

Knapp zwei Stunden später sind wir bereits in Kagbeni. Der Ort wirkt um diese Jahreszeit wie ein verschlafenes Bergdorf in den Alpen außerhalb der Fremdensaison. Außer ein paar Kinder, die in den schmalen Gassen spielen, nimmt kaum jemand von uns Notiz, als wir im Stechschritt durchlaufen. Dahinter betreten wir wieder das Flußbett, das nun zunehmend schmäler wird. Im Sommer sind uns in diesem Abschnitt viele Karawanen begegnet, und das Geklingel der Glocken, die an den Hälsen der Leittiere baumelten, bildeten eine vertraute Geräuschkulisse. Aber nun treffen wir kilometerweit keine Menschenseele. Nur der heftige Wind, der pünktlich gegen elf Uhr

Der Canyon zwischen Samar und Chele steckt tief im Winterkleid, Nebel und Wolken treiben ein Versteckspiel mit den Gipfeln.

vormittags einsetzt, ist auch jetzt ständiger Begleiter. Im Sommer war er warm und angenehm, doch nun weht er eisig kalt die Kali-Gandaki-Schlucht hinauf.
Hoch über dem Flußbett, auf einer schrägen Terrasse, erscheint das Dorf Tangbe. Minuten später verschwindet es wieder wie im Film, wenn die Kamera einen Schwenk vollführt. Nach der nächsten Biegung kommt Chhuksang in Sicht. Auch dieser Ort, den ich vom vergangenen Aufenthalt her gut kenne, ist diesmal nur eine Durchgangsstation auf unserem Weg. Unsere Eile erregt das Auge des Gesetzes, das uns in Person eines Polizeioffiziers in Zivil in den Weg tritt und neugierig nach dem Permit fragt. Er ist Thakali, ein Angehöriger des Nachbarvolkes im Süden, wie so manch anderer Bewohner von Chhuksang auch. Der Grund für die Anwesenheit von Leuten aus dem Thakkhola sind in der Nähe gelegene Salzvorkommen. Den gewieften Thakalis ist es nämlich gelungen, durch entsprechende Schachzüge die Rechte zur Ausbeutung der Resourcen zu ergattern. Was den Lopas natürlich mächtig stinkt. Nach ihrem Empfinden haben sie allein das Recht, die Salzvorkommen abzubauen, denn schließlich sind sie ein Vermächtnis von Padmasambhava höchstpersönlich, den sie als zweiten Buddha verehren. Nach ihren Legenden soll Padmasambhava, als er von Ngari (Westtibet) nach Lo kam, das Salz von dort mitgebracht haben. Auf seinem Weg durch das Land folgte er der Spur eines Dämons, der sich entlang des Kali Gandaki bewegte. Dabei habe Padmasambhava viel seines Salzvorrates ausgestreut, und deshalb gebe es in Lo heute kaum eine Wasserstelle, wo kein Salz vorhanden ist. An den Stellen jedoch, wo er mehr verlor, sind heute ergiebige Salzquellen. Den Dämon, der das Land bedrohte, konnte er in der Nähe von Ghemi stellen. Er erdrosselte ihn mit einer Gebetsfahne. Danach schleuderte er Lunge und Leber auf den gegenüberliegenden Berg, der eine blutrote Farbe annahm. Aus den Gedärmen errichtete Rigzin Wangmo – die Gattin des Königs Jampa Dadrön – Mönthang-Ringmo, die längste Mani-Mauer von Lo. An der Herzstelle aber entstand das Kloster Lo Gekar mit einem Chörten an jeder Ecke und der Meditationsklause von Padmasambhava in der Mitte.
Auch unser Weg verläuft weiter entlang des Kali Gandaki, aber der Dämon mit dem wir an diesem Tag kämpfen, heißt Zeit. Es ist bereits später Nachmittag, als wir

den Fluß überqueren und den Aufstieg nach Chele beginnen. Den Weg kenne ich vom Sommer her gut. Das hat den Vorteil, daß ich weit vorauslaufen kann, ohne in Gefahr zu geraten, mich zu verirren, andererseits ist es nicht immer gut zu wissen, wie weit es noch bis zum Ziel ist. Das ist gerade in diesem Augenblick der Fall. Wir sind nun in Chele angekommen, alle wissen, daß der nächste Ort Samar noch ein gutes Stück entfernt liegt und der Weg dorthin durch einen steilen Canyon führt. Es gibt heftige Diskussionen darüber, ob wir Samar bis zum Einbruch der Dunkelheit erreichen können oder nicht. Bevor weitere Zeit durch theoretische Überlegungen verloren geht, packe ich entschlossen meinen Rucksack und ziehe los. Als ich mich nach einigen Minuten umblicke, sehe ich, daß alle nachkommen.

Zunächst gilt es bis zum Rand des Canyons hochzusteigen. Dann windet sich der Saumpfad, stets leicht ansteigend, durch zerklüftete Wände aus Konglomerat. Auf der gegenüberliegenden Seite, durch die tiefe Schlucht getrennt, taucht das Dorf Gyakhar auf. Noch ein letzter Aufschwung, dann haben wir den Canyon hinter uns. Eine Steinpyramide, aus der sich zerfetzte Gebetsfahnen recken, verheißt das Ende des Aufstieges. Dahinter setzt sich der Weg über ein kleines Plateau fort, und als wir den nördlichen Rand erreichen, erblicken wir Samar. Wir haben es gerade noch geschafft. Kaum sind die letzten eingetroffen, beginnt es zu dunkeln. Lopsang hat diesmal bei der Quartierfrage die Qual der Wahl, denn wir werden geradezu mit Angeboten überhäuft. Platz gibt es genug. Die lukrative Möglichkeit, Geld zu verdienen, hat die meisten Bewohner in den Süden gelockt. Es hat den Anschein, als wäre beinahe jede gehfähige Person fort. Zurückgeblieben sind nur Frauen, die Kleinkinder zu versorgen haben, Kranke und Alte. Wir beziehen ein fast leerstehendes Haus, in dem genügend Räume zur Verfügung stehen, daß darin alle unterkommen. Nur ich entschließe mich, mein Zelt im ummauerten Hof aufzustellen, der in früheren Zeiten als Viehpferch diente. Bis spät in die Nacht hinein wird gekocht, und nach dem Essen gibt es noch reichlich Chang. Trotz der langen und anstrengenden Tagesetappe ist die Stimmung ausgelassen und fröhlich. Die Gehleistung kann sich sehen lassen. Wir haben an einem einzigen Tag eine Strecke zurückgelegt, für die wir im Sommer zuvor zweieinhalb Tage benötigten.

Als ich am nächsten Morgen aus dem Zelt blicke, glaube ich meinen Augen nicht zu trauen. Alles ringsum ist weiß, der Boden, die Mauern, das Zelt sind unter einer dicken Schneedecke begraben. Zuerst glaube ich an einen bösen

Traum als Folge des abendlichen Changgelages, aber als ich den Kopf herausstrecke und kalter Schnee unangenehm über meinen Nacken rieselt, merke ich, daß es Wirklichkeit ist. Das hat uns gerade noch gefehlt, ein Wintereinbruch ausgerechnet am Tag, an dem uns die längste Etappe bevorsteht. Gestern marschierten wir noch überwiegend im Bett des Kali Gandaki, auf relativ niedriger Höhe und ohne nennenswerte Anstiege, aber nun erwarten uns mehrere Pässe, die uns Treppe für Treppe in größere Höhen hinaufführen. Im Haus wird bereits beraten. Alle sind damit einverstanden, daß wir trotzdem versuchen wollen, Tsarang zu erreichen. Dort würden wir ein komfortables Quartier vorfinden, und am nächsten Tag hätten wir nur noch eine kurze Etappe nach Lo Mantang.

In kurzer Zeit sind alle abmarschbereit. Der nächtliche Schneefall ist ein ernstes Problem, denn wir müssen nun zusätzlich Spurarbeit leisten. Kein Mensch außer uns ist unterwegs, und es sieht wirklich so aus, als wären wir die einzigen Narren, die in dieser Zeit gegen Norden ziehen. Aber die Götter zeigen Erbarmen, jedenfalls jene, die für Wetter und Wind verantwortlich sind. Bald lichtet sich die Wolkendecke, allmählich kommt die Sonne durch, und in einer Schnelligkeit, wie wir es nicht erwartet hatten, taut der Schnee vor unseren Füßen weg. Auch bleibt uns der beißend kalte Wind an diesem Tag erspart. Deshalb sind wir bereits um die Mittagszeit in Geling, am Nachmittag erreichen wir Ghemi und gegen Abend kommen wir in Tsarang an. Wir peilen schnurstracks Gyaltsen Bistas Haus an. Dort lassen wir uns erschöpft in der gemütlich warmen Wohnküche nieder. Wir hatten schon befürchtet, er würde mit seiner Familie ebenso fort sein wie die meisten Bistas, aber für ihn scheint keine wirtschaftliche Notwendigkeit zu bestehen, auf Saisonarbeit zu gehen. Unsere Ankunft ist auch für Gyaltsens Familie eine große Überraschung und eine freudige noch dazu, wie sie beteuern, denn um diese Zeit gibt es nicht viel Besuche und noch weniger Nachrichten von der Welt draußen. Sofort werden wir mit Tee und Keksen bewirtet, auch der Chang läßt nicht lange auf sich warten. Maia, die hübsche Tochter von Gyaltsen, ist wieder die perfekte Gastgeberin. Aber an diesem Abend vermögen weder weibliche Anmut noch Chang unsere Lebensgeister zu wecken. Wir haben nur noch einen Wunsch: Wir möchten schlafen, der Müdigkeit nachgeben, die uns überfällt. Am nächsten Morgen sieht die Welt wieder ganz anders aus. Wir haben uns erholt, vor uns liegt nur noch die leichte Etappe nach Lo Mantang, und bei etlichen Tassen Frühstückstee entspinnt sich eine angeregte Unterhaltung. Gyaltsen ist äußerst erpicht darauf, die letzten Neuigkeiten aus Kathmandu zu hören, mir dagegen liegt eine ganz andere Frage brennend auf der Zunge. Sie betrifft mehr oder weniger den Grund meiner Reise.

»Wann beginnt Losar, das Neujahrsfest«, frage ich Gyaltsen in der nächsten Gesprächspause.

»Losar wird hier schon seit langer Zeit nicht mehr gefeiert«, antwortet er in einem gleichgültigen Tonfall, der noch mehr sagt als die Worte.

»Und in Lo Mantang?«

»Auch nicht, abgesehen von einzelnen Familien, die eine kleine Feier veranstalten, so wie wir.«

Nach diesen Worten beschleicht mich ein böser Verdacht. Hatte ich Tashi Chusang etwa mißverstanden? Er sagte doch, daß Tenpa Chirim und Losar die wichtigsten Feste in Lo sind. Das Tenchi-Fest wurde um drei Monate verlegt, aber Losar? Kann man auch das Neujahrsfest einfach verlegen? Das ist genauso, als würden wir Neujahr statt am 1. Januar am 1. Mai begehen. Bisher hielt ich so einen Gedanken für absurd, aber in Lo ist scheinbar alles möglich, und ich muß mit allem rechnen.

»Bleibt doch da, hier gibt es den besten Losar-Chang. Wollt ihr probieren?« versucht uns Gyaltsen zu trösten. Nach solchen Nachrichten kann ein Becher Chang nicht schaden, und auch Lopsang läßt sich nicht lange bitten. Ich kann gut nachempfinden, was nun in ihm vorgeht. Getrennt von der Familie und den Freunden, die in Bodnath feiern werden, muß er dieses für Buddhisten so wichtige Fest im fernen Lo begehen. Bevor wir unsere Enttäuschung in weiteren Bechern Chang ertränken, erscheint ein Lopa, der von einer Herde Blauschafen berichtet, die auf einem Hang unterhalb des Klosters grasen. Die Nachricht bringt uns wieder auf die Beine. Unter der Führung des Lopas nähern wir uns vorsichtig der Herde. Wir haben Glück, ein günstiger Wind erlaubt es uns, daß wir relativ weit herankommen, ohne von den Tieren ge-

Oben: Die Blauschafe kommen auf der Suche nach Futter bis an den Ort Tsarang heran.

wittert zu werden. Dann legen wir uns flach auf den Boden und kriechen auf eine Geländekante zu, die sich direkt oberhalb der Herde befindet. Die Kamera halte ich schußbereit in den Händen. Ich spähe über die Kante hinunter. Die Tiere sind ganz nahe. Erst das Klicken der Kamera und die Bewegungen beim Aufziehen des Hebels schrecken sie auf. Sekunden später sind alle in der tiefen Schlucht des Tsarang Chu verschwunden. Es waren nur Weibchen, aber die ersten Blauschafe, die ich in Mustang zu Gesicht bekam, und wenn die Fotos etwas werden, sind es auch meine ersten Aufnahmen, die ich von diesen scheuen und heute so selten gewordenen Tieren besitze.

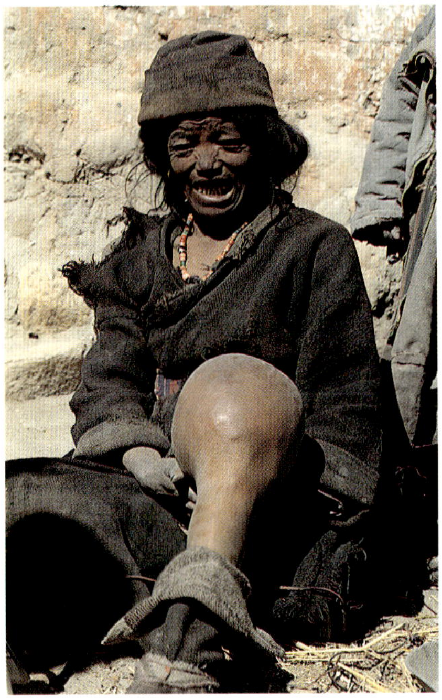

Wintertage in Lo Mantang

Der Weg von Tsarang nach Lo Mantang ist einfach. Mustangs »Highway Number One« zieht sich über sanft geschwungene Hügel nordwärts, vorbei an einem Chörten, der aus Dank für die Abwehr feindlicher Invasoren errichtet wurde, und strebt dann einer Schwelle zu, von dessen Höhe man auf Lo Mantang hinunterschaut. Der erste Anblick von Lo Mantang, wenn man von Süden kommt, hat nichts von seiner Faszination eingebüßt, auch wenn ich nun schon zum zweitenmal an dieser Stelle stehe. Lopsang wirft einen Stein zum Haufen, der den Übergang markiert, und schleudert das machtvolle »Lha gyal lo« – »Die Götter werden siegen« – in Richtung Lo Mantang. Dann folgen wir gemeinsam den Trägern, die bereits im Tal verschwunden sind.

Oben: Jeden Tag kommen Kranke in unser Lager, um Hilfe und Medizin zu erbitten.
Folgende Doppelseite: Lama von Chöde Gompa führt im Haus einer wohlhabenden Bista-Familie eine Reinigungszeremonie durch.

Obwohl die Stadt halbleer ist, erregt unsere Ankunft ungleich mehr Aufsehen, als beim ersten Mal. Das mag vielleicht daran liegen, daß sie um diese Zeit keine Fremden erwarteten, vor allem aber, weil die Leute nun einfach mehr Muße haben, als in den Sommermonaten, wo alle mit der Feldarbeit beschäftigt sind. Wie dem auch sei, jedenfalls mit unserer Ankunft ist der Platz, an dem wir unser Lager aufschlagen, automatisch zum Mittelpunkt der Stadt geworden. Ob morgens, mittags oder abends – stets drängt sich zumindest eine neugierige Kinderschar um die Zelte. Obwohl uns ein Quartier in den Häusern angeboten wurde, habe ich mich entschlossen, die Zelte wieder dort aufzuschlagen, wo wir bereits im Sommer für mehrere Wochen campierten. Mit Lopsang unternehme ich den ersten Stadtrundgang. Erwartungsvoll ziehen wir los und hoffen, viele alte Bekannte zu treffen.

Zwei Stunden später ist mir klar, warum kein Losar-Fest stattfinden kann. Die Bilanz unserer Erkundung ist ernüchternd. Daß das Herrscherpaar nicht da sein würde, war mir schon in Kathmandu klar, aber so leer stellte ich mir den Palast nicht vor. Von den 23 Dienstboten des Königs waren nur drei da, zwei Frauen vom Küchenpersonal und der Rittmeister. Überflüssig zu erwähnen, daß auch der Wachhund anwesend war, und die Art wie er uns begrüßte, ließ keinen Zweifel, daß er uns noch immer nicht zu seinen guten Bekannten zählte. Enttäuschend war auch der Besuch im Chöde-Kloster. Bis auf acht Lamas und zwei Novizen sind alle Mönche des Heiligtums in den Süden gegangen. Mit ihnen auch ihr Abt Tashi Tenzing.
Auch Tashi Chusang ist nicht hier, aber immerhin treffen wir seinen Sohn an, ebenfalls ein Nyingmapa-Lama, der uns freundlich empfängt und bedauert, daß sein Vater nicht hier sei. Er wäre aber gerne bereit, uns Auskunft zu geben, wenn wir Fragen hätten, nur wisse er nicht so viel wie der Amji (Lama-Arzt).

Von den schillerndsten Figuren der Stadt, den Bistas, ist ebenfalls keine Spur zu sehen. Jüngere Männer sind eine Rarität um diese Zeit; abgesehen vom Postmeister und dem Pferdeknecht des Königs, sind nur alte Männer und Knaben in der Stadt zurückgeblieben. Geschlossen sind auch alle Einrichtungen der nepalischen Verwaltung, wie zum Beispiel die Schule und die Polizeistation. Die Krankenstation, sofern diese überhaupt den Namen verdient, ist fest verrammelt. Zugezogen dafür ist ein Vertreter des renommierten King Mahendra Trust of Nature Conservation, der seine Aktivitäten nun bis hierher ausdehnt. Ein beträchtlicher Teil der Gebühren für das Permit, die jeder fremde Besucher in Kathmandu zu entrichten hat, kommen diesem Projekt zugute. Im Konsens mit der lokalen Bevölkerung sollen Möglichkeiten erarbeitet werden, die Lebensverhältnisse zu verbessern und am Tourismus zu partizipieren, von dem bisher vor allem die Trekkingagenturen in Kathmandu profitieren. Gleichzeitig will man die negativen Auswüchse des Tourismus minimieren und die genuine Kultur fördern, heißt es in den Zielsetzungen. Ob das gelingt, wird die Zukunft erweisen, zumal die nepalische Regierung mit ihrer Hindu-zentrierten Politik eine ganz andere Entwicklung forciert.

Die Exklusivität, die einzigen Fremden im Ort zu sein, hat den Vorteil, daß sich nun oft die Gelegenheit ergibt, die Schätze von Lo Mantang in Augenschein zu nehmen. Viele Stunden verbringe ich in den dunklen Hallen der beiden ältesten Heiligtümer, in der Thubchen und Jampa Gompa. Es gibt immer wieder etwas Neues zu entdecken; interessante Details der Mandalas, Darstellungen, die mir bisher entgangen sind, oder besonders fein gestaltete Gottheiten. Es ist schon ein Genuß, einfach dort zu sein, die Atmosphäre aufzunehmen, die Schwingungen zu spüren, die den Kultstätten innewohnen.

Oft besuche ich zusammen mit Lopsang den Sohn von Tashi Chusang. Er beteuert zwar jedesmal, er sei nicht so gelehrt wie der Vater, aber bald zeigt sich, daß er durchaus etwas vom Erzähltalent seines Vaters geerbt hat. Auch versteht er sich in der Kunst und der Magie und gilt in Lo Mantang als Experte für die Herstellung von Geisterfallen, die Dö genannt werden. Das ist ein mit wertvollen Dingen gefüllter Ziegenkopf, der mit Fadenkreuzen verziert wird.

Diese Gebilde sieht man überall in Lo Mantang an den Außenmauern der Gebäude und vor allem in der Nähe der Eingangstür, denn die sollen alles Böse abwehren und die Bewohner vor all den Kalamitäten schützen, an denen der Mensch in der Welt zu leiden hat. Die Fadenkreuze, die die eigentlichen Geisterfallen darstellen, bestehen aus einem Holzrahmen in Form eines Kreuzes, um das Fäden in allen Regenbogenfarben kreuzweise geflochten sind. Er würde uns empfehlen, am Eingang zu unserem Lager ein solches Dö anzubringen, denn die bösen Geister lauern überall, sie sind immer bereit Übel zu verursachen, klärt uns der Lama auf. Er würde gerne für uns ein Dö herstellen. Wir willigen ein. Der Preis ist zwar hoch, aber schließlich hat Sicherheit seinen Preis. Allerdings, gegen den größten Plagegeist von Lo – dem mörderischen Wind – kann uns auch das Dö nicht schützen. Nachmittags ist der eisige Wind so unerträglich, daß alles Leben in der Stadt erstirbt und selbst die abgehärteten Lopas sich in den Häusern verschanzen. In diesen Stunden ziehe ich mich gerne ins Zelt und in den warmen Schlafsack zurück, um zu lesen.

Wenn der Sturm gegen Abend wieder abflaut, dann kommen die Kranken. Oft können wir wirklich helfen. Viele der offenen Wunden und eiternden Geschwüre, die wir täglich behandeln, heilen nach wenigen Tagen ab. Aber immer häufiger werden wir zu schweren Fällen in die Häuser gerufen. Lopsang ist als Dolmetscher immer dabei, und schweren Herzens muß er ihnen übersetzen, daß wir nicht helfen können. Der einzige Rat, den wir ihnen geben können, nämlich den nächsten Arzt aufzusuchen oder noch besser ins Krankenhaus nach Kathmandu zu gehen, erscheint mir wie purer Hohn. Denn weit und breit gibt es keinen Arzt, die Baracke, in der die Erste-Hilfe-Station sein soll, ist geschlossen, und ihr traditioneller Amji, der Lama-Arzt Tashi Chusang, ist in Kathmandu, um sich selbst einer Augenbehandlung zu unterziehen. Selbst wenn sie es sich leisten könnten, wären die meisten Kranken zu schwach, den beschwerlichen Weg bis zum nächsten Flugplatz in Jomosom durchzustehen. So bleibt nur die Hoffnung, durch ihren unerschütterlichen Glauben das Leiden zu besiegen.

So vergehen die Tage im Wechselspiel von Besuchen und Gegenbesuchen, während der Zeitpunkt, an dem das tibetische neue Jahr beginnt, immer näher rückt. Lopsang hat sich mit einem Lama von Chöde Gompa angefreundet, und ich merke, daß der fromme Mann immer häufiger in unser Lager kommt. Das wäre ein erfreulicher Umstand, wenn der Lama nach dem Besuch nicht jedesmal so große Schwierigkeiten hätte, den Weg wieder zurück in sein Kloster zu finden. Das liegt aber nicht an den nächtlich unbeleuchteten Gassen von Lo Mantang, sondern an einer unscheinbaren weißen Aluflasche, in der Lopsang seine Notration an Whisky mitführt. Diese Flasche steht im Mittelpunkt ihrer täglichen Sitzungen, wobei sich die Stimmung nach jedem Schluck hebt, den die beiden in regelmäßigen Abständen und mit großen Verbrüderungsgesten zelebrieren.

Noch vor Neujahr, an einem eisig kalten Morgen, laufe ich nach Norden, zur tibetischen Grenze hinauf. Ich bin schon sehr früh aufgebrochen, um wenigstens für ein paar Stunden dem lähmenden Wind zu entkommen, der gewöhnlich um die Mittagszeit einsetzt. Mein Weg führt entlang des Kali Gandaki, auf jener Route also, die wir bei der Suche nach den Quellen des heiligen Flusses folgten. Das gibt mir noch einmal Gelegenheit, die beiden Klöster Nyiphu und Garphu zu besuchen. Dann steige ich noch bis zur Stelle auf, an der der Kali Gandaki sich in zwei Quellflüsse aufspaltet, und stelle befriedigt fest, daß auch um diese Jahreszeit der Zufluß aus dem Mustang Himal der wasserreichste ist. Nach der Ankunft in Lo Mantang hatte ich mit dem Gedanken gespielt, noch einmal zu unserer Quelle hochzusteigen, aber in Anbetracht der tiefen Temperaturen und vor allem des mörderischen Windes, der oben noch viel kälter sein muß, habe ich diesen Plan schnell verworfen. Auf dem Rückweg nach Lo Mantang, als mich der Sturm umzuwerfen drohte, habe ich einen guten Vorgeschmack bekommen, was mich dort oben erwartet hätte.

Am nächsten Tag ist Losar. Die bescheidenen Festlichkeiten beginnen mit Rezitationen der Mönche von Chöde Gompa. Die wenigen Lamas wirken wie verloren in der Säulenhalle des Dukhang. Hin und wieder unterbrechen die Mönche ihren monotonen Singsang, dann ergreifen sie ihre Instrumente, und beschwörende Musik setzt ein. Der »Don Camillo« ist auch dabei, er bläst die Trompete, und seine unmotivierten Einsätze lassen erkennen, daß er sich bereits einen morgendlichen Schluck genehmigt hat.

Dann finden nur noch kleine Familienfeiern statt. Wohlhabende Lopas können es sich leisten, einen Lama ins Haus zu rufen, der Reinigungszeremonien und Opferungen ausführt. Am späteren Nachmittag, wenn der Wind nachläßt, trifft sich ein Teil der Bewohner am Platz vor dem Königspalast. Einige Buben haben selbstgebastelte Musikinstrumente dabei, und ein paar junge Mädchen tanzen zum Rhythmus der Trommeln und Saiteninstrumente. Der krönende Abschluß des Tages findet jedoch im neuen Wirtshaus von Lo Mantang statt. Es befindet sich außerhalb der Stadtmauern, gegenüber den Chörten und der Mani-Mauer. Bei unserem letzten Besuch befand es sich im Baustadium, aber nun ist es fertig und in kurzer Zeit zum Mittelpunkt des gesellschaftlichen Lebens geworden. Wie in jedem Haus bildet das Erdgeschoß den Stall. Über eine Holzleiter geht es nach oben, wo sich neben den Wohnräumen der Familie auch die Gaststube befindet. An diesem Abend bleibt die Gaststube leer, gefeiert wird im Erdgeschoß, mitten im Stall. Die untergestellten Pferde tragen es mit Fassung, als immer mehr Leute in den Innenhof strömen und der strohbedeckte Boden zur Tanzfläche wird. Mir wurde der Logenplatz zugewiesen. Von der Balustrade des darüberliegenden Stockwerks blicke ich hinunter auf eine Szenerie wie auf einem Brueghel'schen Gemälde. Die Hofmusikanten des Königs spielen auf, ein dicht gedrängter Kreis von Menschenleibern schließt die Tanzfläche ein, auf der sich drei junge Frauen und drei Männer im Rhythmus der Musik bewegen. Lopsang hat die Rolle des Mundschenk übernommen und versorgt die Tänzer mit Chang. Sein schwankender Gang, mit dem er nach jeder Runde wieder zur Gaststube hinaufklettert, beweist, daß er auch das eigene leibliche Wohl nicht vergißt. Zu fortgeschrittener Stunde lichten sich die Reihen der Besucher, dann verstummt auch die Musik, und in den Gassen der Stadt verhallen die Schritte der letzten Nachtschwärmer.

Oben: Über den Eingängen der Häuser von Lo Mantang hängen Dö zur Abwehr böser Kräfte. Sie bestehen aus einem gefüllten Ziegenkopf und Fadenkreuze, in denen sich böse Geister verfangen.

Die letzten Nomaden

Am nächsten Morgen hat Lopsang königliche Pferde organisiert. Der Rittmeister des Königs bringt sie uns persönlich. Nachdem Lopsang sie Probe geritten und für gut befunden hat, wird der Mietpreis vereinbart. Als auch diese Prozedur vorüber ist, kann es losgehen. Wir wollen zu den Nomaden hinaufreiten, die am Fuße des Mustang Himal leben. Mehrere Familien hüten die Yaks des Königs und versorgen ihn mit Butter und Wolle. Beat hat diese Tour im Sommer unternommen, in der Zeit, als ich zur Quelle des Kali Gandaki unterwegs war, und hat so begeistert davon erzählt, daß ich trotz der Kälte und des

Windes den Ausflug unternehme. Er berichtete mir auch von einer Herde Blauschafe, die er gleich in der Nähe des Nomadenlagers beobachten konnte. Wenn die Blauschafe schon im Sommer dort zu sehen sind, dann müßten erst recht im Winter welche da sein, wenn sie der Futtermangel in tiefere Regionen treibt.

Es ist noch früh am Morgen und windstill, als wir Lo Mantang in Richtung Norden verlassen. Der Rittmeister des Königs hat es sich nicht nehmen lassen, uns zu begleiten. Er reitet nun voraus und findet die richtige Stelle, um den zugefrorenen Bach unterhalb der Stadt zu überqueren. Wir kommen an Namgyal vorbei und halten uns stets am westlichen Rande der fruchtbaren Talebene, die zwischen den Ausläufern des Mustang Himal und einer Reihe von Zeugenbergen eingebettet liegt. Die Felder sind jetzt braun und trocken. Nirgendwo zeigt sich eine Menschenseele. Im Sommer gab es hier Wiesen, auf denen Yaks und Pferde standen, ganze Teppiche von Blumen säumten sprudelnde Wasserkanäle. Aber von all dem Wunder ist im Winter nichts zu sehen.

Nun taucht vor uns Tingkhar auf. Ein halbes Dutzend Häuser scharen sich um ein weißes, klotziges Gebäude. Das ist der Sommerpalast des Königs. Mit den eckigen schmucklosen Wandfluchten und den winzigen Fensteröffnungen macht er einen abweisenden Eindruck. Aus der Ferne wirkt er eher wie eine wehrhafte Burg, als wie ein Sommerdomizil. Die Königsfamilie samt Gefolge haben hier in der Zeit gewohnt, als die Khampas das Land beherrschten und als Operationsbasis für Angriffe gegen die Chinesen benutzten. Erst mit der Wiederbelebung des Tenchi-Festes im Jahre 1972 sind sie wieder nach Lo Mantang zurückgekehrt.

Nach Tingkhar beginnt das Gelände anzusteigen, und wir überqueren einen kahlen Bergrücken, von dessen Höhe wir auf das Dorf Kyimaling herabblicken. Dahinter ist auch die tiefe Schlucht zu erkennen, in der der Hauptquellfluß des Kali Gandaki fließt. Wir aber wenden uns nun direkt nach Westen, reiten im Zickzack der immer steiler ansteigenden Talfurche bergwärts. Dort, wo sich das Tal vor uns zu einer Schlucht verengt, stehen drei schwarze Zelte. Die wachsamen Hunde haben unser Kommen längst angekündigt, und so sind uns einige Zeltbewohner bereits entgegengeeilt, um uns willkommen zu heißen. Drei Familien und eine Schar von Kindern leben in diesem Lager. Die Zelte sind klein und denkbar primitiv. Ein brusthoher ringförmiger Steinwall schützt den Lagerplatz vor dem Wind. Wir werden sofort in das größte Zelt gebeten und bekommen den Ehrenplatz gleich neben dem Zeltaltar zugewiesen. Wie bei den Nomaden Tibets herrscht auch hier eine genaue Raumordnung. Rechts vom Eingang befinden sich die Sitzplätze der Männer, links die der Kinder und Frauen. Mittelpunkt ist der gemauerte Herd, der das Zelt praktisch in zwei Hälften teilt. Das ganze Inventar ist auf das Wanderleben abgestimmt. An der Zeltwand lagern die Vorräte, Riemen, Gurte, Zaumzeug und schwere Decken aus Yakhaar. Das Auftauchen eines Fremden sprengt die traditionelle Raumordnung. Das Zelt ist zum Bersten voll, denn alle wollen einen Blick auf die seltsamen Besucher werfen. Die Zeltherrin strahlt vor Freude, als wir ihr unsere Geschenke überreichen: Tee, Zucker und Gerstenmehl. Sie kann es gut gebrauchen, denn das Leben der letzten Nomaden Mustangs ist hart. Ich kann mich nicht erinnern, jemals in Tibet ein ärmlicheres Nomadenzelt betreten zu haben. Der wertvollste Besitz eines Nomaden, nämlich die Yaks, sind Eigentum des Königs. So können sie nicht mehr erwirtschaften, als die Nahrung, die sie zum Leben brauchen.

In der Zwischenzeit ist der Tee bereitet. Die Zeltherrin gießt den Inhalt aus der dampfenden Kanne in einen hölzernen Zylinder und vermischt ihn mit frischer Milch. Dann füllt sie unsere Tassen randvoll und läßt uns nicht eher gehen, bis wir mindestens drei Tassen davon geleert haben. Dann machen wir uns auf die Suche nach den Blauschafen. Wir reiten parallel zum Gebirge nach Norden, aber so genau wir auch das Gelände ringsum absuchen, wir können von den Wildschafen keine Spur entdecken. Schließlich geben wir auf und reiten in die nächste Talfurche hinab. Hier stoßen wir noch auf ein einzel-

Linke Seite: Zu Losar, dem tibetischen Neujahr, tanzen Gruppen von Mädchen und Jungen auf dem Platz vor dem Königspalast.
Am Abend spielen die Hofmusikanten des Königs auf.
Bruno Baumann in tibetischer Tracht.
Oben: Lopsang mit seinem Lamafreund, der uns täglich besucht.

nes Nomadenzelt. Es wird von einer jungen Familie mit fünf Kindern bewohnt. Der Mann trägt über seinem Schafspelz noch eine chinesische Jacke aus der Kollektion »Mao-Look«. Sie ist die einzige Nomadenfamilie, die ich in Lo treffe, die eigene Yaks besitzt. Vielleicht lassen sich noch weitere solcher freien Nomaden in abgelegenen Ecken des Mustang Himal finden, aber viele werden es gewiß nicht sein. Der Rückweg nach Lo Mantang ist ein einziger Kampf mit dem Wind. Manchmal ist er so stark, daß wir absteigen müssen, um nicht aus dem Sattel geworfen zu werden. Schließlich erreichen wir müde und durchfroren das schützende Lager.

Linke Seite oben: Nomaden beim Bereiten von Buttertee.
Darunter: Die einzige freie Nomadenfamilie, die wir in Lo trafen.
Oben: Zu Gast bei den Nomaden, die die Yaks des Königs hüten.
Folgende Doppelseite: Als wir aus der tiefen Schlucht des Narsing Chu heraussteigen, liegt das Land Lo zu unseren Füßen. Weit reicht der Blick nach Norden, wo die Gipfel des Mustang Himal leuchten und eine sanfte Schwelle den Grenzpaß zu Tibet anzeigt.

Auf alten Khampa-Pfaden nach Muktinath

Am nächsten Morgen heißt es Aufbruch, gilt es endgültig Abschied zu nehmen von Lo Mantang und all den liebenswerten Menschen. Vor unserem Lagerplatz hat sich eine ansehnliche Menschenmenge eingefunden, um uns zu verabschieden. Viele der Kranken sind darunter, denen wir helfen konnten. Einige drücken mir Bündel bedruckter Papierfetzen in die Hand. Das sind Lungta, sogenannte Windpferde, die man auf Pässen gegen den Himmel schleudert, damit der Wind sie den Göttern zuträgt. Etwas wehmütig laufe ich die staubige Piste hinunter, um

vieles reicher durch all die wunderbaren Erlebnisse. Gleichzeitig ahne ich, daß ich vielleicht nie mehr wieder hierher kommen werde, und wenn, dann würde ich es nicht mehr so vorfinden und erleben, denn der Augenblick ist unwiederholbar. Dann durchquere ich den Fluß, der die »Ebene der Verheißung« in eine fruchtbare Oase verwandelt, und spure hinter der Trägerkolonne zum Paß hinauf. Von hier aus habe ich die Stadt zum erstenmal erblickt, und an dieser Stelle werde ich sie zum letztenmal sehen. Deshalb will ich hier die Lungta werfen. Ich warte, bis Lopsang da ist, gemeinsam steigen wir hinauf bis zur Steinpyramide und den flatternden Gebetsfahnen, die die Paßhöhe markieren. Ein scharfer Wind fegt von Süden her über die Schwelle. Ein zufällig des Weges kommender junger Lopa gesellt sich noch dazu. Jeder von uns nimmt ein Bündel »Windpferde«, Lopsang gibt das Kommando, und wir schleudern im Trio das »Lha gyal lo« heraus, während wir die Lungta gegen den Himmel werfen. Immer und immer wieder, bis Tausende »Windpferde« in der Luft tanzen und eine ganze Armee dieser Götterboten in Richtung Lo Mantang schweben.

Gleich nach dem Paß verlassen wir die Hauptroute nach Tsarang. Statt dessen folgen wir einem schmalen Pfad in Richtung Südosten, der zunächst entlang der Kammlinie einer Bergkette und später über halsbrecherische Geröll- und Sandhalden zum Dorf Dhi hinunterführt. Der schmucke Ort liegt direkt am Ufer des Kali Gandaki. Hier werden wir schon wie gute alte Bekannte willkommen geheißen und schlagen unser Lager auf einer von Bäumen beschatteten Terrasse oberhalb des Flußbettes auf.

Am nächsten Tag ziehen wir durch die gigantische Schlucht des Kali Gandaki, der sich zwischen himmelhoch aufragenden Wänden in vielen Mäandern hin- und herwindet. Wenn ich daran denke, welche Schwierigkeiten uns dieser Abschnitt im Sommer bereitete und wie gefährlich die vielen Flußüberquerungen waren, kommt mir jetzt alles wie ein Spaziergang vor. Der Kali Gandaki führt wesentlich weniger Wasser als im Sommer. Am meisten aber überrascht mich der Gachang Chu, der schwarze Zufluß aus dem Damodar Himal, den wir damals nur mit großer Mühe überwinden konnten. Er ist nun zu einem harmlosen Rinnsal mutiert und kann keinesfalls der bedeutende Quellfluß sein, für den man ihn bisher hielt.

Bis zu unserem Tagesziel – Tangye – ist es nicht mehr weit. Daher bleibt mir viel Zeit, nach Saligrams zu suchen, den berühmten schwarzen runden Steinen, die versteinerte Meeresschnecken enthalten. Mit der Zeit entwickle ich ein Auge für solche Steine, und als ich den steilen Hang nach Tangye hinaufsteige, merke ich, daß mein Rucksack viel schwerer geworden ist.

Tangye präsentiert sich in neuem Gewand. Alle Häuser sind frisch bemalt. Das geschieht immer an einem bestimmten Tag im Jahr. Das Verfahren ist denkbar einfach, und die Lopas brauchen dazu weder Pinsel noch Walzen. Sie steigen auf die Dächer und gießen die Farbe aus Eimern über die Wände hinab. Auch die bunten Strei-

Oben: Vom Paß aus, an dem Lo Mantang zum letztenmal zu sehen ist, werfen wir Tausende Lungta – Windpferde – in den Himmel, Botschaften, die der Wind den Göttern zuträgt.

fen an den Wänden von Klöstern und Chörten sind auf diese Weise entstanden.

Gerne wäre ich von Tangye nach Damodar Kund zu den heiligen Seen im Herzen des Damodar Himal gewandert, aber dafür reicht die verbleibende Zeit nicht mehr aus. So lenken wir am nächsten Tag die Schritte weiter in Richtung Süden. Gleich nach Überquerung des Tangye Chu beginnt der Aufstieg zu einem über 4000 Meter hohen Paß.

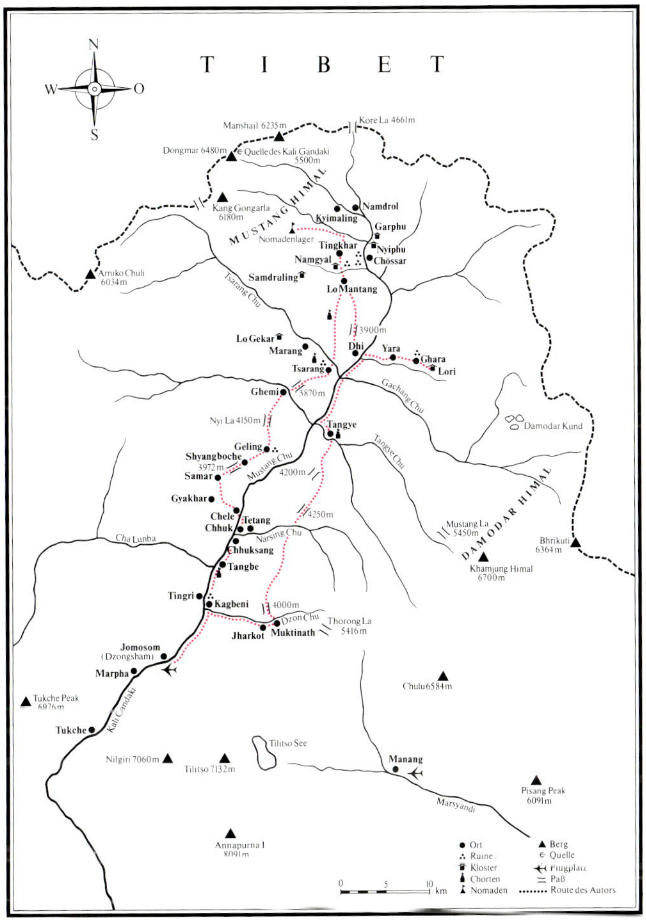

Hier verlassen wir die bekannte Route nach Chhuksang, folgen einem Saumpfad in Richtung Osten, der uns zu einem weiteren Paß hinaufführt. Von der windigen Paßhöhe in 4300 Meter blicke ich auf ein Land herunter, das mit seinen gähnenden Spalten, Löchern und Türmen wie ein zerrissener Gletscher aussieht. Die blendend weiße Kette des Damodar Himal zur Linken, ziehen wir stundenlang am Rande dieser Erosionslandschaft entlang, schwingen uns von Sattel zu Sattel, ohne wesentlich an Höhe zu verlieren.

Dann stehen wir unvermittelt vor einem tiefen Taleinbruch, auf dessen Grund der Narsing Chu fließen muß. Der Fluß selbst kann von dieser Stelle aus nur erahnt werden. In mehreren Geländestufen bricht der Canyon in das tief eingeschnittene Flußtal ab. Als wir den ersten Absatz erreichen, finden wir uns inmitten einer zauberhaften Landschaft. Eine Hochalm, völlig unerwartet in dieser kargen Felswüste, liegt vor uns.

Die Sonne verschwindet allmählich hinter den Gipfeln des Mustang Himal. Unwirklich leuchten die gegenüberliegenden Talwände auf. Sie scheinen zum Greifen nahe, aber dazwischen liegen fast 1000 Meter Ab- und Aufstieg, so tief hat sich der Narsing Chu in diese Landschaft eingegraben. Nur widerstrebend folge ich den Trägern in die düstere Schlucht hinab. Einer nach dem anderen verschwindet vor mir im kalten Schatten. Steil, im undurchschaubaren Zickzack, geht es über loses Geröll in die Tiefe. Jetzt sind uns die abschüssigen Sandhänge willkommen. Wir nehmen sie direkt, auf die Stöcke gestützt, halb rutschend, halb springend. In wenigen Minuten haben wir auf diese Weise eine Strecke hinter uns gebracht, für die wir im Aufstieg mehrere Stunden benötigen würden. Unten angekommen, schlagen wir unser Lager auf einer kleinen Terrasse oberhalb des Flusses auf.

Der nächste Tag beginnt mit einem schweißtreibenden Aufstieg. Jetzt gilt es ähnliche Hänge mühsam hochzukraxeln, wie wir sie gestern leichtfüßig hinuntergelaufen sind.

Als wir schließlich am oberen Rand des Canyons stehen, eröffnet sich ein grandioser Blick über Mustang. »Faszinierend häßlich«, so beschrieb der britische Bergsteiger Tilman das Land zu seinen Füßen, auf das er von den Höhen des Damodar Himal hinabblickte. Faszinierend, da stimme ich zu, aber häßlich?

Lo ist ein Land, das einer seltenen Laune der Natur entsprungen scheint, ein Landstrich, den die Kräfte der Erosion – Wind und Wasser – zu den unglaublichsten Formen strukturiert hat, zu Gebilden, die keine menschliche Phantasie ersinnen könnte. Das Gesichtsfeld dehnt sich noch einmal aus. Weit reicht der Blick nach Norden hinauf, wo ein gezackter brauner Kamm den Himmel berührt und in einer letzten großen Woge gegen das tibetische Hochland anbrandet. Es fällt schwer, sich von diesem Anblick zu lösen.

Dann wenden wir uns wieder gegen Süden. Stundenlang überqueren wir nun Rücken um Rücken, tasten uns entlang schmaler Saumpfade, die luftige Höhen durchschneiden, und blicken voll Staunen zu den weißen Eisgipfeln auf. Die Pyramide des Dhaulagiri ist die herausragende Erscheinung, steil und abweisend, steht sie völlig isoliert da, während der Annapurna mit seinen wuchtigen Nordwand seltsam unsymmetrisch hinter dem Nilgirikamm und Tilitso aufsteigt. Die kalten, majestätischen Gipfel im Süden bilden einen vollkommenen Kontrast zur chaotischen und phantastischen Landschaft, aus der wir kommen.

In einer langgezogenen Schleife windet sich der Pfad zum letzten Paß hinauf. Die mächtige Steinpyramide verkündet, daß wir uns an einer Grenze befinden – ethnisch, kulturell und landschaftlich. Nach Norden zu erstreckt sich das Lande Lo, und im Süden liegt tief unter uns Muktinath. Der bekannte Pilgerort steht im Brennpunkt dreier Religionen – Hindu, Buddhisten und Bön verehren ihn gleichermaßen. Klöster und Heiligtümer aller drei Religionen bilden hier eine verwobene Einheit, machen Muktinath zu einer Stätte der Begegnung unterschiedlicher Völker und Glaubensbekenntnisse.

Die Gebetsfahnen auf den Dächern leuchten uns im Gegenlicht wie Funkfeuer entgegen, und hauchzarte Nebelschleier, die sich mit dem aufsteigenden Rauch vermischen, gleiten über das Tal. Vielleicht ist es gerade hier angemessen, wo unterschiedliche Religionen friedlich nebeneinander existieren, den Wunsch zu äußern, daß auch die Lopas in Zukunft ihre Religion uneingeschränkt ausüben können und staatliche Mittel nicht bloß in die Restaurierung von Klöstern fließen, um sie für Touristen attraktiv zu machen, sondern auch die innere Substanz gefördert wird. Das würde aber heißen, neben den staatlichen Schulen auch traditionelle buddhistische Ausbildung zuzulassen.

Links oben: Als »faszinierend häßlich« bezeichnete der britische Bergsteiger Tilman das Land zu seinen Füßen, als er vom Damodar Himal nach Mustang hineinblickte.
Unten: Muktinath im ersten Morgenlicht. Der Ort ist Hindu, Buddhisten und Bön gleichermaßen heilig.
Oben: Die riesige Steinpyramide mit den Gebetsfahnen markiert eine deutliche Grenze. An dieser Stelle verlassen wir das bis zum Jahre 1992 für Fremde gesperrte Königreich und steigen hinunter zum Pilgerort Muktinath.

Dazu sind gute Lehrer notwendig. Die buddhistische Kultur der Lopas bezieht ihre Kraft von der Qualität spiritueller Lehrer. Die Heiligtümer sind nur leere Hülsen, wenn diese fehlen, oder wie Tashi Chusang, der weise alte Mann von Lo, es ausdrückt:
»Ein guter Lehrer sieht alles und erkennt die Unwissenheit.
Denn Unwissenheit ist die Ursache von Begierde,
Begierde ist die Ursache von Haß,
Haß ist die Ursache von Verblendung,
Verblendung ist die Ursache von Egoismus,
Egoismus ist die Ursache von Eifersucht.«
»Diese fünf Gifte in die fünf Weisheiten umzuwandeln, ist der Sinn unseres Lebens«, fügt er noch leise hinzu.

ANHANG

LUDMILLA TÜTING

Zum Schweigen verpflichtet

Der geheime Guerillakrieg in Mustang

Fünfzehn Jahre lang, praktisch unberührt von der Weltöffentlichkeit, führten tibetische Freiheitskämpfer von Mustang aus einen erbitterten Guerillakrieg gegen China. Nicht einmal den Bewohnern Nepals kamen mehr als diffuse Gerüchte zu Ohren. Der verzweifelte Kampf von 1960 bis 1974 gegen die kommunistischen Besetzer Tibets wurde einfach totgeschwiegen.

Die Guerillas, allesamt Flüchtlinge, verfügten in Mustang zu ihrer besten Zeit über 6000 Mitglieder. Sie wurden unter dem Namen »Khampa« bekannt, weil ihr Widerstand bereits einige Jahre zuvor in der tibetischen Ostprovinz Kham begonnen hatte. Dort war die chinesische Volksbefreiungsarmee am 7. Oktober 1950 einmarschiert, um Tibet »friedlich zu befreien« und ins vermeintliche »Mutterland zurückzuholen«. Heute weiß man, daß die »friedliche Befreiung« über eine Million Todesopfer kostete und die tibetischen Kulturdenkmäler nahezu vollständig zerstörte. Die Khampas, die vom amerikanischen und später auch vom indischen Geheimdienst heimlich unterstützt wurden, griffen von nepalischem Boden aus chinesische Garnisonen und Militärkonvois an, wobei es auf beiden Seiten viele Todesopfer gab, holten Tausende von Flüchtlingen heraus und bauten auf Wunsch des CIA ein ausgedehntes Spionagenetz auf. Ihr Operationsgebiet erstreckte sich über 500 km entlang der gesamten westlichen Grenze, von Langtang (nördlich von der Hauptstadt Kathmandu) bis nach Humla (Nordwestgrenze). Ihr Hauptquartier war Mustang. Von hier aus drangen sie 200 km und tiefer nach Tibet vor.

Der Partisanenkrieg wurde in China, Indien und Nepal mit einer totalen Zensur belegt und von einer gezielten Desinformationskampagne begleitet, die bis heute greift. Indien hatte China bereits 1954 Tibet »als integralen Bestandteil« zugestanden, Nepal 1956, obwohl beide in den vergangenen 1000 Jahren engste Verbindungen zu einem unabhängigen Tibet und nicht zu China unterhalten hatten. Die Grenzen von Ladakh (Nordwest-Indien) über Nepal bis Arunchal Pradesh (Nordost-Indien) sind seit 1959 hermetisch abgeriegelt. Ausländer dürfen sich bis auf 20 Kilometer der Grenze nicht einmal nähern. Lediglich bei einigen Trekkingzielen werden seit 1974 mit steigender Tendenz Ausnahmen gemacht. Für Grenzbewohner und Pilger wurden in den vergangenen Jahren wieder Saumpfade über einige Pässe geöffnet. Auf der Straße darf man – seit 1985 – den Himalaya an einer einzigen Stelle durchqueren, in Kodari, 115 km nordöstlich von Kathmandu. Der Tourismus ermöglichte 1987 eine direkte Flugverbindung von Kathmandu nach Lhasa.

Die Khampas selbst verpflichteten sich aus mehreren Gründen zum Schweigen: Die Unterstützung durch die Geheimdienste unterlag der höchsten Geheimhaltungsstufe, die Situation der tibetischen Flüchtlinge in Nepal und in Indien (mit dem Sitz des Dalai Lama und der tibetischen Exilregierung) ist wegen eines ständig drohenden Chinas sehr delikat und die geopolitische Situation hochsensibel. Insbesondere das kleine Nepal sieht sich einem ständigen Balanceakt ausgesetzt, um seine gleichermaßen mächtigen Nachbarn Indien und China nicht zu verärgern.

Die Rolle des CIA

Der CIA unterstutzte die Widerstandskämpfer bereits 1955 in Kham, zunächst über Formosa (heute Taiwan). 1956 wurden die ersten Tibeter auf Formosa und dem US-Pazifikstützpunkt Guam zu Partisanen und Fallschirmspringern ausgebildet, später auch auf Okinawa, von wo aus alle Tibetoperationen abgehört wurden. Mit Geld, Waffen, Funkgeräten und Selbstmord-Giftkapseln sprangen sie vier Monate später über Kham, 1957 auch nahe Lhasa ab. Gleichzeitig begann der CIA, die Rebellen mit Waffen aus der Luft zu versorgen. Besonders erfahrene Khampas verhalfen dem Dalai Lama nach dem Aufstand im März 1959 in Lhasa und der endgültigen Besetzung Tibets zur Flucht nach Indien.

Bis 1962 wurden rund 500 Khampas unter allerhöchster Geheimhaltung in Camp Hale in den Rocky Mountains im US-Staat Colorado zu Guerillakämpfern und Fallschirmspringern ausgebildet. Dabei wurde den Tibetern nicht einmal verraten, in welchem Land sie sich befanden. Nach 1959 erfolgte die Versorgung der Rebellen, die sich in den folgenden Jahren in Mustang konzentrierten, hauptsächlich auf dem Landweg von Pakistan und Indien aus. Auch aus der Luft wurden noch Waffen abgeworfen, aber nur in Tibet selbst. In Kathmandu sollen damals rund 4000 amerikanische Entwicklungshelfer gearbeitet haben, zehnmal soviel wie heute. Im Stadtteil Kalimati, wo sich im Rabi Bhawan noch heute das Hauptquartier der USAID befindet, hatten die Amerikaner sogar einen eigenen kleinen Flugplatz, von dem aus ein Kleinflugzeug und ein Bell-Hubschrauber mit einem Spezialmotor für große Flughöhen stationiert waren. Die CIA-eigene Fluglinie hieß »Civil Air Transport«.

Die Khampas in Mustang waren trotz der extremen Abgeschiedenheit und der widrigen Umstände (u. a. mangelnde medizinische Versorgung, harsches Klima) gut organisiert. Viele hatten ihre Familien verloren und bereits harte Zeiten und schwere Kämpfe hinter sich.

Oben: Tibetische Widerstandskämpfer.

Aber traditionell von einem unbändigen Freiheitswillen für sich, ihren Glauben und Tibet erfüllt, stolz, selbstbewußt, zäh und todesmutig, zweifelten sie keinen Moment an ihrer Mission. Ihr oberster Chef war der älteste Bruder des Dalai Lama, Gyalo Thondup, der vom indischen Exil aus den Widerstand mit Hilfe der USA, Taiwans und Indiens koordinierte. Der Dalai Lama selbst, schon damals als junger Mann vom gewaltlosen Widerstand überzeugt, griff nicht ein, ließ die Khampas jedoch gewähren.

Khampas in Mustang

In Mustang gab es zwölf unabhängige »Magars«, Regimenter, mit jeweils einem eigenen Kommandeur. Diese unterstanden sehr erfahrenen Generälen, die ihrerseits Gyalo Thondup auf dem laufenden hielten. Eine der Operationszentralen befand sich beim Kloster Samdruling, südwestlich von Lo, eine andere in Kesang am Fuße des Niligiri. Die Magars waren entfernt von den Dörfern stationiert, in Zelten, Häusern und alten Höhlen, oder nahe einsam gelegenen Klöstern wie Lori, Lo Gekar und Samdruling. Andere hatten ihre Camps in versteckten Tälern wie Te und Kangra aufgeschlagen oder an den Ufern des abgelegenen Damodarsees, wo allein 2000 Mann lagerten. Kranke, Schwache und die Versorgungstrupps lebten in den Dörfern. Kagbeni beispielsweise war der Umschlagplatz für Bau- und Feuerholz, Ghemi für Getreide, in Tangbe wurde der Transport koordiniert. Khampas waren auch hinter dem Annapurna-Massiv auf der Manangseite zu finden. Die wild aussehenden Gestalten waren leicht an ihrer Größe zu erkennen und an ihrem roten oder schwarzen Wollschweif, den sie, in ihre Zöpfe geflochten, um den Kopf geschlungen trugen.

Oben: Tibetische Widerstandskämpfer präsentieren stolz ihre Flagge und im Kampf erbeutete chinesische Waffen.

Die ganze Region, 1962 zum Sperrgebiet erklärt, war ihr Territorium geworden, in dem sie allen Fremden mißtrauten. Die Lopas, auch die jungen Frauen, arrangierten sich allen Gerüchten zum Trotz, recht gut mit den Khampas. Manche hatten zwar Angst vor ihnen und klagten über das verstärkte Fällen der Bäume, aber alle sympathisierten mit den neuen Herren, kämpften sie doch schließlich für ihr gemeinsames Oberhaupt, den Dalai Lama.
(Aus Vorsicht und politischen Gründen allerdings kann man heute jedoch auch andere, Kathmandu-loyale Stimmen hören.) Die Khampas nahmen nicht nur, sondern bauten und reparierten auch Wege und Brücken und brachten den Handel in Schwung. Darüber hinaus unterhielten sie über ihre nepalische Unterstützergruppe »Lo Dik« zwei Restaurants in Kathmandu und Butwal sowie in Pokhara das Hotel Mount Annapurna, das die wichtigste Lebensader zwischen den Khampas und der Außenwelt war.

»Vier Flüsse, sechs Bergketten«

Die Khampas waren bereits als organisierte Guerillas nach Mustang gekommen. 1958 hatten sich die Partisanen aus Ü Tsang (Zentraltibet, die heutige sog. Autonome Region Tibet), die »Mimang Tsongdu« (Volksversammlung), und aus Kham und Amdo (Ost- und Nordost-Tibet) die »Chushi Gangdrug« (Vier Flüsse, sechs Bergketten) zur »Tensung Dhanglang Magar«, dem »Freiwilligen Regiment zum Schutz der buddhistischen Lehre«, zusammengeschlossen. Auf englisch wurde die Vereinigung als »National Volunteer Defence Army (NVDA)«, die »Nationale Freiwilligen-Verteidigungsarmee«, bekannt. Zu diesem Zeitpunkt gehörten ihr 80.000 Mann an. Ihr Führer war der 1964 an seinen Kriegsverletzungen

gestorbene General Gompo Tashi Andrugtsang. Die Überlebenden und ihre Familien führen das Tensung Dhanglang Magar noch heute als politische Vereinigung in Nepal und Indien fort.
Im November 1962, nach einem kurzen indisch-chinesischen Grenzkrieg, stellte Indien zunächst klammheimlich eine 10.000 Mann starke, rein tibetische Grenztruppe auf, die »Special Frontier Force (SFF)«, die den Codenamen »Establishment 22« erhielt. Geführt von indischen Generälen, unterstand sie dem Kommando des indischen Geheimdiensts und war überall an der Grenze im Hochgebirge stationiert. Sie beteiligte sich inoffiziell auch an Überfällen in Tibet und bildete Khampas für Mustang aus. Heute ist sie eine Eliteeinheit der indischen Armee.

Ein dramatisches Ende

Doch letztlich waren die Khampas von der Welt alleingelassen und ihr Widerstand vergeblich. 1965 erklärte China Ü Tsang zur sogenannten Autonomen Region Tibet. 1966 begann die »Große Proletarische Kulturrevolution«, unter der Tibet in den ersten drei Jahren besonders heftig zu leiden hatte. Die Bilanz nach Maos Aufruf »Ohne Zerstörung kann es keinen Aufbau geben«: Über 6000 vollkommen zerstörte Klöster, Tempel und Heiligtümer. Nur ein gutes Dutzend überlebte des Wahn der Roten Garden. 1971 bereitete der außenpolitische Berater des amerikanischen Präsidenten, Henry Kissinger, – zunächst heimlich – die Annäherung Chinas und der USA vor. Die Khampas wurden sofort wie eine heiße Kartoffel fallengelassen und konnten nur lapidar feststellen: »Wir waren im kalten Krieg gegen den Kommunismus lediglich Mittel zum Zweck.« Indien allein sah sich außerstande, die Khampas weiter zu unterstützen. 1972 besuchte Richard Nixon Peking und bestätigte Chinas gewünschte »Ein-China-Theorie«. Taiwan war nun ebenfalls out.
Sofort übte die neue, anerkannte Großmacht China massiven Druck auf Nepal aus, dem Treiben der »chinesischen Kriegsverbrecher, Banditen und Reaktionäre« in Mustang ein Ende zu bereiten. In der offiziellen nepalischen Presse erschienen nach 15-jährigem Schweigen plötzlich wüste Berichte über die »Mörder und Vergewaltiger« in Mustang, die heute noch mit Genuß von der pekingtreuen Presse zitiert werden. 1973 wurde die gesamte Region nördlich von Pokhara (ab Tatopani) zum Sperrgebiet erklärt und die Khampas aufgefordert, sich zu ergeben. Aber die Tibeter widersetzen sich trotz lukrativer Angebote in der naiven Hoffnung, irgendwie werde ihnen die Welt zu Hilfe kommen. Auf vertrautem Gelände waren sie den 10.000 nepalischen Soldaten weit überlegen. Die hartgesottenen Männer ergaben sich mit Tränen in den Augen erst, als der Dalai Lama sie im Juli 1974 per Tonbandansprache persönlich bat, die Waffen niederzulegen. Ein knappes Dutzend zog den Selbstmord vor. Sieben Anführer wurden verhaftet. Der Oberbefehlshaber, Gyato Wangdü, ein Neffe des verstorbenen Generals Gompo Tashi Andrugtsang, floh mit 40 Getreuen. Die anderen Khampas, ca. 3000–4000, wurden für ein halbes Jahr interniert und durften sich dann als Flüchtlinge in Nepal niederlassen. Viele zogen jedoch weiter nach Indien.
König Birendra und sein Innenminister Hom Bahadur Shrestha hatten die Oberhand nur durch zwei für sie glückliche Umstände behalten. Zum einen durch das persönliche Eingreifen des Dalai Lama, zum anderen, weil sie einen Streit zwischen dem 1969 abgesetzten General

Oben: Eine Gruppe tibetischer Guerilla-Führer hoch zu Roß.

Baba Yeshi und seinem Nachfolger Gyato Wangdü zu nutzen verstanden. Als Gegenleistung für die nepalische Staatsbürgerschaft und Landbesitz (u. a. in Jorpati nahe Bodnath) verriet Baba Yeshi nicht nur sämtliche Details aus Mustang, sondern auch das geheime Netzwerk in Tibet, was Nepal prompt an China weitergab. Mit seinem Wissen gelang es letztendlich auch, Wangdü auf seiner Flucht im Juli 1974 am Tinkar-Paß in Nordwest-Nepal mit Hilfe der Chinesen in eine tödliche Falle zu locken.
Die sieben verhafteten Anführer saßen bis 1980 ohne Gerichtsverhandlung im Gefängnis und wurden dann von einem einzigen Richter zu lebenslanger Haft verurteilt, weil sie, verkürzt gesagt, ein befreundetes Land angegriffen hatten. Wenige Tage nach dem Urteil wurden sie jedoch nach internationalem Druck vom König amnestiert. Drei von ihnen wurden allerdings wenig später erneut verhaftet und für längere Zeit eingesperrt.
P. S. Der Weg nach Jomosom und Muktinath wurde 1976, der nach Mustang 1977 wiedereröffnet. Lo Mantang blieb bis 1992 verschlossen.

Oben: Verfallener Stützpunkt tibetischer Widerstandskämpfer in Mustang.

Ludmilla Tüting, freie Journalistin, lebt seit 1974 in Kreuzberg (Berlin) und Kathmandu (Nepal) und hat zahlreiche Publikationen und Bücher zu den Themen Nepal, Tibet, Tourismus, Umwelt, Entwicklung und Menschenrechte verfaßt, darunter: »Kahlschlag im Himalaya – Menschen, Bäume, Erosionen«, Sympathie Magazin »Nepal verstehen«, Marco Polo-Reiseführer »Nepal« und die »Bibel« (vergriffen) »Nepal für Globetrotter«. Sie ist Mitbegründerin der Menschenrechtsgruppen »Human Rights Forum Nepal« und »Nepal Watch«.

Abriß der Geschichte von Lo

Mitte des 7. Jahrhunderts
Der tibetische König Songtsen Gampo erobert Mustang auf seinem Weg nach Westtibet.

Mitte des 10. Jahrhunderts
Nach dem Zerfall von Großtibet wird Mustang (Lo) wieder erwähnt.

12. Jahrhundert
Mustang taucht unter dem Namen Lo als eine Gruppe von Festungen auf, die unter der Herrschaft des Fürstentums Gungthang stehen. Da diese Fürsten enge Beziehungen zu den Äbten von Sakya unterhalten, gerät auch Mustang unter den Einfluß dieser buddhistischen Schule.

13. Jahrhundert
Sherab Rinchen, ein gelehrter Mönch aus Mustang, wird Berater des tibetischen Königs.

1380–1450
Amepäl begründet eine Herrscherdynastie und macht Mustang zu einem autonomen Königreich.

1387
Erste Erwähnung von Lo Mantang.

1427
Erster Besuch von Künga Sangpo in Lo, dem Abt des zentraltibetischen Klosters Ngor.

1447
Dritter und letzter Besuch von Ngorchen Künga Sangpo in Lo auf Einladung von Amepäls Sohn Agön Sangpo.

1450
Agön Sangpo, ein Sohn Amepäls, wird König von Lo.

1466 und 1477/78
Gyältsab Künga Wangchuk (1424–1478), der 4. Abt des Ngor-Klosters, besucht auf Einladung von König Ahang Tsangchen Tashigön zweimal Lo und stirbt dort während seines letzten Aufenthaltes.

1472–1474
Auf Einladung von König Ahang Tsangchen Tashigön besucht der Gelehrte Sakya Chogden Legpä Lodrö das Königreich Lo.

1489
Tod des dritten Königs Lo, Ahang Tsangchen Tashigön, Sohn von Agön Sangpo und Bruder des Tsarang-Abtes Lowo Khenchen.

1456–1532
Lebenszeit von Lowo Khenchen, dem »Herrn des Lernens«, der als ein bedeutender Abt des Klosters von Tsarang in die Geschichte eingeht.

1640
Mongolische Truppen dringen unter der Führung von Sokpo Gaden Tsewang in Mustang ein.

Ende 16. Jahrhundert
Regierungszeit von König Ahang Döndrup Dorje und Gründung des Palastes von Tsarang.

um 1710
Unter der Herrschaft von König Ahang Tsewang, der auch Phuntsog Tsuggyän Norbu genannt wurde, entsteht das Kagyüpa-Kloster Samdruling.

1760
Der König von Jumla erobert Mustang und die Festungen entlang des Kali Gandaki.

1790
Das Königreich Jumla fällt an den Gurkha-König. Damit wird Mustang automatisch Teil des nepalischen Gurkha-Reiches.

1788–1792
Lo-König Ahang Wangyäl Dorje vermittelt im Krieg zwischen Nepal und Tibet.

1854–1856
Der König von Mustang unterstützt Nepal im zweiten Krieg gegen Tibet.

1862
In der Regierungszeit von König Jung Bahadur Rana wird in Thak eine Zollstelle eingerichtet, und damit beginnen die Thakalis den Handel entlang des Kali Gandaki zu kontrollieren.

1928
Das Salzmonopol wird offiziell abgeschafft. Aber Mustangs jahrhundertelange Einnahmequelle war schon lange vorher durch die Konkurrenz alternativer Salzhandelsrouten versiegt.

1950–1959
Chinesische Annexion Tibets und Flucht des Dalai Lama nach Indien. Mustangs Grenze zu Tibet wird gesperrt.

1960
Tibetische Widerstandskämpfer – Khampas – errichten eine Basis in Kesang, in der Nähe von Jomosom.

1961–1973
Mustang ist Rückzugsgebiet und Operationsbasis tibetischer Khampa-Guerillas, die mit Unterstützung des amerikanischen CIA gegen die Chinesen kämpfen. Mustang wird von der nepalischen Regierung zum Sperrgebiet erklärt.

1973
Nach der Anerkennung der Volksrepublik China durch die USA wird die Unterstützung des tibetischen Widerstandes eingestellt. Daraufhin rückt die nepalische Armee in Mustang ein.

1974
Wangdui, einer der beiden Khampa-Führer, wird mit seiner Gruppe von nepalischen Soldaten gestellt und erschossen.

1991
Öffnung Mustangs für ausländische Besucher. Unter strengen Auflagen und in Begleitung eines Polizeioffiziers wird zunächst einer beschränkten Anzahl von Fremden der Besuch gestattet.

Literaturhinweise

Armington, Stan: »Trek ot Mustang.« Kathmandu 1992

Baumann, Bruno: »Die Götter werden siegen.« München 1992

Berry, Scott: »A Stranger in Tibet.« Kalkutta 1989

Fürer-Haimendorf, Christoph: »Himalayan Traders.« London 1975

Gibbons, Bob / Pritchard-Jones, Sian: »Mustang. A Trekking Guide.« Kathmandu 1993

Hagen, Toni: «Afoot in Roadless Nepal.« National Geographic Magazine, Washington 1961

– : »Nepal.« Bern 1980

– : »Brücken bauen zur Dritten Welt.« St. Augustin 1992

Hedin, Sven: »Transhimalaya.« Leipzig 1909

– : »Southern Tibet.« Stockhom 1916–1922, 9 Bde.

Henss, Michael: »Mustang. Tibetisches Königreich im hohen Norden Nepals.« Ulm 1993

Jackson, David P.: »The Mollas of Mustang.« Dharamsala 1984

Kawaguchi, Ekai: »Three Years in Tibet.« London 1909

Kopp, Hans: »Sechsmal über den Himalaya.« Berwang 1989

Nath Tiwari, Devendra: »Cave Burials from Western Nepal, Mustang.« Ancient Nepal Journal Nr. 85, Kathmandu 1984

Peissel, Michel: »Das verbotene Königreich im Himalaya.« Berlin 1968

– : »Die Chinesen sind da.« Wien/Hamburg 1972

– : »Königreiche im Himalaya.« Wörgl 1985

– : »Expedition. Mit dem Luftkissenboot durch den Himalaya.« Wien/Hamburg 1974

– : »Mustang, Remote Realm in Nepal.« National Geographic Magazine, Washington 1965

Snellgrove, David: »Himalayan Pilgrimage.« Boston 1981

– : »Four Lamas of Dolpo.« 2 Bde., Glasgow 1967

Steinmetz, Hans / Wellenkamp, Jürgen: »Nepal. Ein Sommer am Rande der Welt.« Stuttgart 1956

Thapa, Manjushree: »Mustang Bhot in Fragments.« Kathmandu 1992

Tichy, Herbert: »Land der Namenlosen Berge.« Wien 1954

– : »Menschenwege – Götterberge.« Wien 1960

Tilman, H. W.: »The Seven Mountain-Travel Books.« 3. Aufl. London 1988

Tucci, Giuseppe: »Journey to Mustang.« Kathmandu 1977

– : »Preliminary Report on Two Scientific Expeditions in Nepal.« Rom 1953

– : »Nepal. In Search of the Malla.« New York 1962

Bruno Baumann ist der erste Europäer, der die »Wüste des Todes« zu Fuß durchquert hat. Sein Buch ist fesselnde Lektüre und prachtvoller Bildband in einem mit faszinierenden Fotos aus der geheimnisvollen Wüste am Rand der Seidenstraße.

Takla Makan
Mein Weg durch die Wüste des Todes
206 Seiten · 145 Abb. · Schuber

Das umfassendste Buch über Tibet, das reich bebildert endlich auch die staatlich geheim gehaltenen Gebiete und Kultur Tibets vorstellt. Bruno Baumann durchstreifte kaum bekannte Regionen des Schneelandes, besuchte alte Klöster und Kultstätten, lebte bei Nomaden und nahm an geheimnisvollen Festen teil.

Die Götter werden siegen
Mit einem Vorwort des Dalai Lama
288 Seiten mit 239 Farbfotos · Schuber

DIE GESUNDHEIT SCHÜTZEN, DIE LEISTUNGSFÄHIGKEIT STEIGERN

Im extremen Einsatz bewährt

Auf seinen extremen Expeditionen testete Bruno Baumann Trevira Finesse Bekleidung, hergestellt von dem bekannten Sportbekleidungshersteller Firma „Big Pack“.

Physische und mentale Leistungsfähigkeit setzt nicht nur beste Kondition voraus, sondern auch klimatisierende Bekleidung. Nur sie garantiert die für Hochleistungen ideale Körpertemperatur – von etwa 36,8 °C bis maximal 37,5 °C – eine Bandbreite von kaum mehr als einem halben Grad Celsius!

Besonders extreme Anforderungen an die Bekleidung werden bei Expeditionen verlangt. Aus sonnigen Minusgraden werden durch extreme Wetterstürze schnelle scharfe Frostgrade. Frieren und Frösteln schaffen zudem ein leistungsfeindliches Unbehagen. Von gleicher Bedeutung wie das Bewahren vor Unterkühlung ist der Schutz vor Überwärmung. Funktional konstruierte und richtig kombinierte Trevira Finesse Bekleidung verfügt neben Wind- und Wetterschutz über wirksame Luft- und Wasserdampfdurchlässigkeit, die Hitzestaus und Schwitzen vermeidet. Die Körpertemperatur wird im optimalen Leistungsbereich gehalten. Auch die gefürchtete Unterkühlung bei Durchnässung – durch Schweißausbrüche von innen oder Feuchte von außen – wird vermieden.

Die microfeinen Stoffporen lassen die mehrtausendfach größeren Regen-, Nebel- und Nieseltropfen nicht in das Gewebe dringen. Kältebrücken werden ausgeschlossen.

„Sportliche“ Schweißmoleküle werden durch die mehrtausendfach größeren Stoffporen von Trevira Finesse rasch verdampft. Die Körpertemperatur bleibt stabil, das Gewebe innen trocken.

Die hohe Vielzahl der dicht gelagerten Microfilamente macht dicht gegen den Wind. Auskühlung wird vermieden. Wohlbefinden und Leistungskraft werden gesichert.

TREVIRA® FINESSE

Achten Sie auf diese Marke, sie garantiert kontrollierte, gute Qualität.

Hoechst Aktiengesellschaft, Verkauf Fasern, D-65926 Frankfurt am Main

Hoechst

Bildquellennachweis

Archiv Bruno Baumann: 112/113, 139, 196
Helmut Burisch: 23, 25, 75, 84/85
Beat Curti: 131
Toni Hagen: 31, 35 (2), 37, 38, 39
Andreas Pracht: Umschlagbild, 69, 83, 88/89, 145
Axel Strasser: 110/111, 115, 136 (2)
Archiv Ludmilla Tüting: 196
Katharina Vouk: 174 unten
Alle anderen Bilder: Bruno Baumann

*Besonderer Dank gilt folgenden Firmen,
die die Expedition unterstützt haben:*

BIG PACK: Zelte, Schlafsäcke, Rucksäcke, Bekleidung
CARRERA: Brillen
HOECHST: Trevira Finesse Microfaser Bekleidung
KODAK: Filme
LEKI: Stöcke
MARKILL: Kocher
SALOMON: Trekkingschuhe
THAI AIR: Flüge

Umschlaggestaltung, Layout und Herstellung:
Wolfgang Heinzel
Karten: Christel Aumann, München
Satz: Typographischer Betrieb Hans Numberger, München
Reproduktionen: Fotolito Longo, Bozen
Druck und Binden: Amilcare Pizzi, Mailand
Printed in Italy 1993
ISBN 3-7766-1815-9

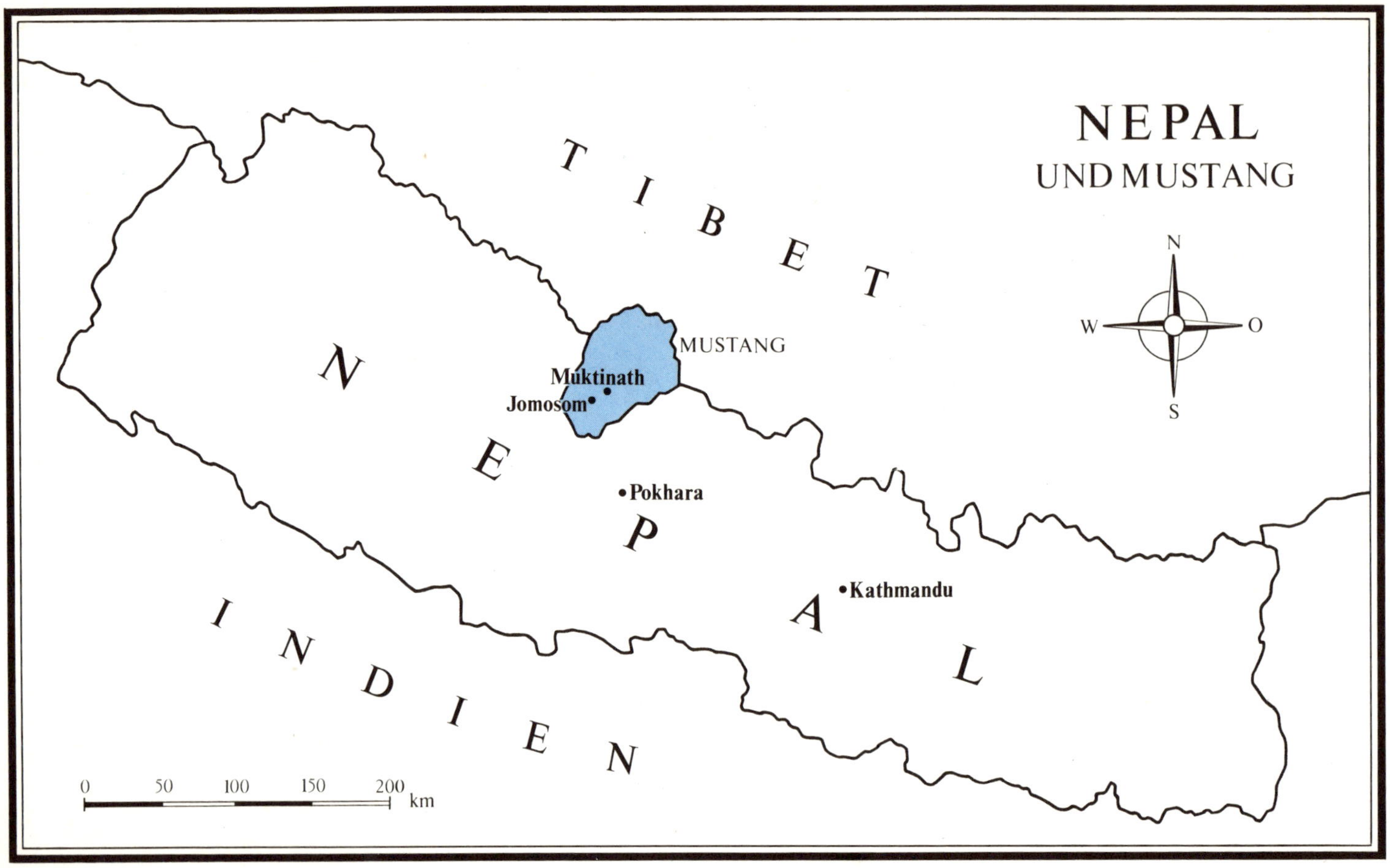
NEPAL
UND MUSTANG
N
W
O
S
TIBET
MUSTANG
Muktinath
Jomosom
NEPAL
Pokhara
Kathmandu
INDIEN
0 50 100 150 200 km

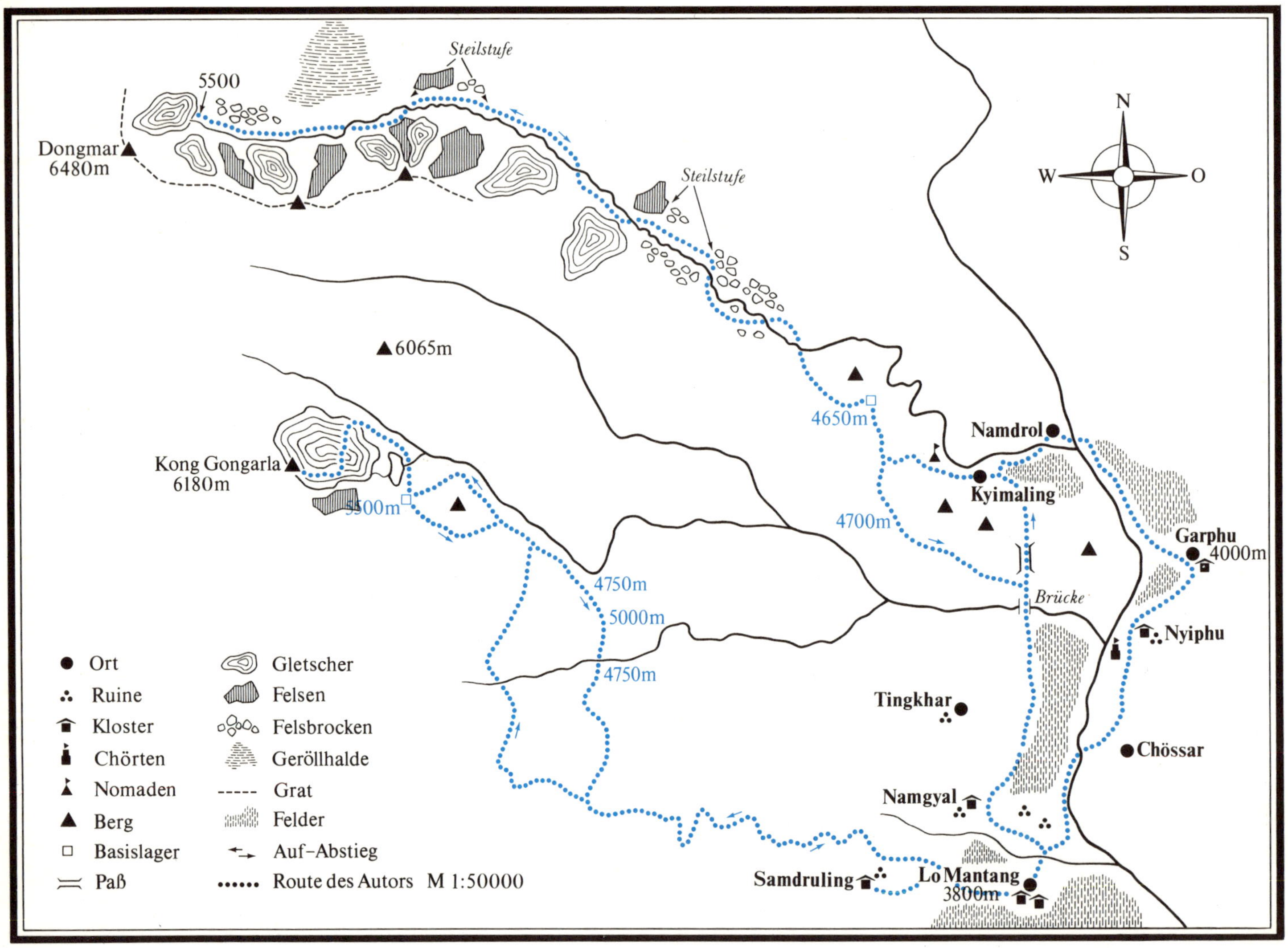
Steilstufe
5500
Dongmar
6480m
Steilstufe
N
W
O
S
6065m
4650m
Namdrol
Kong Gongarla
6180m
5500m
Kyimaling
4700m
Garphu
4000m
4750m
Brücke
5000m
Nyiphu
4750m
Tingkhar
Chössar
Namgyal
Samdruling
Lo Mantang
3800m
Ort
Ruine
Kloster
Chörten
Nomaden
Berg
Basislager
Paß
Gletscher
Felsen
Felsbrocken
Geröllhalde
Grat
Felder
Auf-Abstieg
Route des Autors M 1:50000